2026 선재국어

쉽고 빠르게 익히는 국어 독해 기술

수비니겨 독해

이선재·선재국어연구소 편저

머리말 INTRO

빠르게 읽고 정확하게 독해하자!
신유형 공무원 국어에 특화된 독해 훈련서

"선생님, 어떻게 하면 좀 더 **빠르고 정확하게 독해 문제를 풀 수 있을까요?**"

독해에 어려움을 느끼는 학생들이 가장 많이 하는 질문입니다. 속도에 신경을 쓰면 내용이 기억나지 않고, 촘촘하게 정보를 기억하며 읽으면 속도가 너무 느려지는 것이지요.

그렇다면 **독해의 속도와 정확도를 높이는 특별한 방법**은 없을까요. 시간에 쫓기는 수험생들이 짧은 시간 안에 익힐 수 있는 독해 비법, 딱 **공무원 시험의 지문과 문제 유형에 특화**되어 **가장 효율적으로 공무원 시험에 대비할 수 있는 방법**.

《2026 수비니겨 독해》는 이러한 고민 끝에 기획된 책으로, 다음과 같은 방식으로 공무원 국어 고득점을 위한 독해 비법을 탐구합니다.

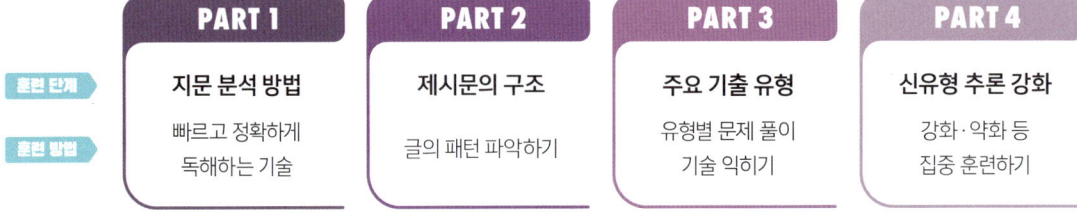

공무원 국어 시험의 특성에 딱! 맞게 훈련하자

공무원 국어 시험의 제시문은 250~650자 정도의 중단문 위주로 구성됩니다. 또한 대부분의 문항이 지문당 1문으로 구성되어 있고, 일부 문제만 지문당 2문의 복합형으로 구성되어 있습니다. 따라서 공무원 국어 시험에서 고득점을 얻기 위해서는 **중단문 지문을 속도감 있게 읽고 답을 골라내는 능력**이 무엇보다 필요합니다.

《2026 수비니겨 독해》는 철저히 이러한 능력을 키우기 위한 내용으로 구성되어 있습니다. 즉 인혁처 1, 2차 예시 문제와 국가직, 지방직 시험에 출제된 **지문의 성격과 문제의 유형을 철저히 분석**하여 이를 철저하게 대비하도록 하였습니다.

PART 1 에서는 지문을 올바르게 분석하는 방법을 훈련합니다. 이를 위해 무엇이 중심 내용인지를 파악하여 **지문을 빠르게 읽는 방법 및 선택지가 구성되는 방법** 등을 학습합니다. 이 방식은 특히 글이 조금만 길어져도 어려움을 호소하는 학생들에게 매우 효과적입니다. 또한 출제자가 문제를 내는 방식을 학습하여 **선택지를 구성하는 방식**을 파악하고, 이를 통해 **오답을 피하는 방식**을 학습합니다.

PART 2 에서는 자주 출제되는 제시문의 구조를 익혀 **글의 패턴을 파악하는 훈련**을 합니다. 시험에서 출제되는 지문은 일정한 패턴을 보입니다. 따라서 이것을 익혀 두면 보다 정확하게 글의 구조를 분석할 수 있어 문제 풀이의 속도와 정확도를 높일 수 있습니다.

학습 동영상 gong.conects.com | 카페 cafe.naver.com/sjkins
인스타그램 @sj_ssam | 유튜브 선재국어TV

PART 3 에서는 자주 출제되는 기출 유형과 이의 풀이 방식을 훈련합니다. 2차례의 인혁처 예시 문제와 국가직·지방직 시험에서 공통적으로 출제되었던 문제 유형을 익히고, 이를 풀이하는 올바른 방법을 훈련합니다. 수험생들은 이를 통해 **공무원 국어 시험의 유형을 정확하게 파악**하고 이를 대비할 수 있을 것입니다.

PART 4 에서는 신유형에 속하는 추론형을 집중적으로 훈련합니다. 특히 논증 평가 영역을 강화·약화, 견해 평가, 사례 평가 등으로 세분화하여 보다 심도 있게 문제에 접근하는 방법을 파악합니다.

PART 5 에서는 지금까지 배웠던 모든 유형을 모의고사로 구성하여 실전 감각을 키우는 훈련을 합니다.

이처럼 《2026 수비니겨 독해》는 기본적인 독해의 유형은 물론 **출제 기조 전환 이후의 신유형 문제까지도 완벽히 대비**할 수 있도록 충분한 이론과 문제가 수록되어 있습니다. 따라서 수험생들이 이 책에 실린 독해 방법을 체화하여 충실히 학습한다면, 어떠한 문제가 나와도 빠르게 풀 수 있을 것이라고 생각합니다.

독하게 독해하라! 선재국어 《독해야 산다 1일 1독》과 함께 훈련하자

수비니겨 독해
- 독해가 약한 수험생을 위한
- 신유형과 추론형 강화를 위한
단기 집중 훈련

독해야 산다 1일 1독
- 독해력을 높이고
- 다양한 문제를 통해 감을 유지하는
꾸준한 독해력 강화 훈련

이번에 출간되는 《2026 수비니겨 독해》가 단기간에 진행되는 집중적인 스킬 훈련과 실전 연습이라면, 《독해야 산다 1일 1독》은 평소에 꾸준히 수행해야 하는 기본 훈련에 해당됩니다. 이 책을 통해 독해의 핵심 비법을 익히면서 선재국어의 독해력 강화 프로그램인 《독해야 산다 1일 1독》에 성실히 참여한다면, 시험에서 어떤 난도의 문제가 나와도 무난히 풀 수 있는 힘, 진정한 독해력을 갖추리라 확신합니다.

이 책이 부디 합격을 앞당기는 전략서가 되기를, 그리고 합격한 이후에도 여러분이 더 넓은 세상에서 더 넓은 텍스트의 바다를 헤엄쳐 갈 때, 조금이나마 도움이 되는 지침서가 되기를 소망합니다.

2025년 8월, 노량진 연구실에서
이선재 씀

커리큘럼 CURRICULUM

개념의 최소화, 문풀의 일상화
선재국어 훈련형 커리큘럼

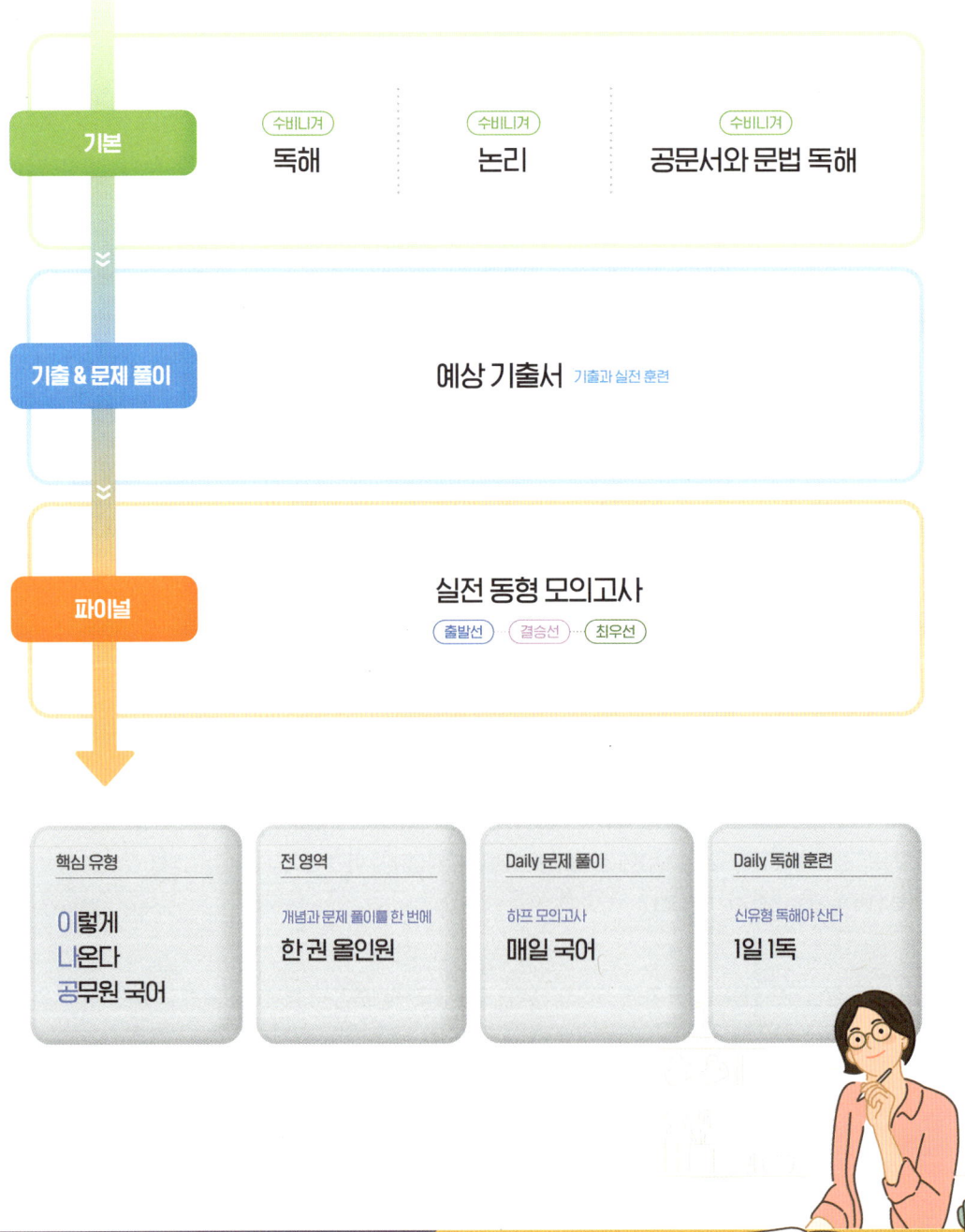

차례 CONTENTS

PART 1 빠르고 정확하게 읽는 방법
01 주요 정보 파악하기 ·· 008
02 주요 정보 요약하기: 구조화 10개념 ············· 020
03 선택지 구성 방식 ··· 028

PART 2 제시문의 구조 분석
04 이항 대립형·대비 구조 ································ 046
05 비교와 유추 구조 ··· 048
06 일반적·구체적 구조 ····································· 050
07 열거식 구조 ··· 052
08 원인과 결과 구조 ··· 054
09 통념과 반박 구조 ··· 056
10 통시적·과정적 구조 ····································· 058
11 자문자답 구조 ··· 060

PART 3 자주 출제되는 기출 유형 훈련
12 제목·주제·중심 내용 찾기 ··························· 064
13 내용 일치 1: 난도가 낮은 경우 ··················· 066
14 내용 일치 2: 난도가 높은 경우 ··················· 068
15 내용 추론: 정보를 이용하여 판단하기 ······· 070
16 생략된 내용의 추론: 빈칸 추론 ··················· 072
17 문장·문단 배열하기: 논리적 연결 관계 ····· 074
18 글의 수정: 표현과 내용의 적절성 ··············· 076
19 개요의 작성 및 수정 ····································· 078
20 화법: 말하기의 실제 ····································· 080
21 글의 전개 방식 ··· 082

PART 4 신유형 훈련 논증과 강화·약화
22 논증의 개념과 논증 방식 ····························· 086
23 논증의 분석 ··· 090
24 논증 평가 1: 강화와 약화 ··························· 094
25 논증 평가 2: 견해의 비교 평가 ··················· 108
26 논증 평가 3: 사례의 적절성 평가 ··············· 118
27 논리 형식의 지문 적용 ································ 122

PART 5 실전 감각 모의고사
01 실전 감각 모의고사 1회 ······························· 134
02 실전 감각 모의고사 2회 ······························· 142

정답과 해설

수비니겨 독해 훈련의 단계

1단계	2단계	3단계
기계적으로	**구조적으로**	**종합적으로**
시력으로	개념어 암기로	사고력으로

PART 1
빠르고 정확하게 읽는 방법

글을 요약하고 선택지의 함정을 피하라

POINT 01~03

선재 쌤's TALK

글을 빠르고 정확하게 읽기 위한 기본적인 능력은 무엇일까요?
텍스트의 주요 정보와 부차적 정보를 변별하고 이를 이해하는 능력일 것입니다.
이를 위한 우리의 첫 번째 탐구 과제는 **문장과 문단에서 주요 정보가 어디에 있는지를,
한 번만 읽으면서 바로 찾아내는 방법**을 익히는 것입니다. 문장과 문단에도 주요 정보가 놓이는 위치가 있습니다. 그렇기 때문에 수학 공식처럼 이를 익혀 습관적으로 표시하는 훈련이 필요해요.
우리의 **최종 목표인 텍스트의 심층적 이해와 해석**에 이르기 위해, 가장 기본적인 독해 능력부터 키우도록 합시다.

탐구 1

1. 주요 정보가 놓이는 위치를 한 번에 찾기
2. 구조화 10개념을 사용하여 텍스트를 요약하기
3. 선택지의 구성 방식을 익혀 함정을 피하기

POINT 01 주요 정보 파악하기

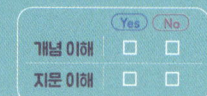

Point!
1. 문장의 연결 구조를 파악하면서, 주요 정보의 위치를 확인하는 훈련을 한다.
2. 제시문을 읽을 때, 반드시 일정한 방식으로 주요 정보와 부차적 정보를 표시하는 연습을 한다.

하나의 문단은 **주요 정보를 담고 있는 주제문**과 이를 뒷받침하는 문장으로 구성되어 있다. 이때 주제문은 일반적이고 포괄적인 내용을, 뒷받침 문장은 세부적이고 구체적인 내용을 담고 있다.

주제문을 찾는 것이 중요한 이유는, 문단의 핵심 내용은 주로 일반적인 성격을 지닌 주제문에 담겨 있기 때문이다. 따라서 글의 주요 정보를 파악하고 요약하는 것은 주제문을 찾는 능력과 직결된다고 할 수 있다.

> 예) 철수는 과일을 좋아한다.   예를 들어 사과, 딸기, 배를 좋아한다.
>   a   ←   b
>   일반적 진술   ←   구체적 진술
>   주제문   ←   뒷받침 문장

이 문장은 일반적 성격을 지닌 a를 구체적 성격을 지닌 b가 보충하는 구성을 취하고 있으므로, a가 주제문(주요 정보)에 해당한다. 이렇듯 주요 정보는 세부 정보를 포괄하는 일반화된 자리에 존재한다(예) 과일 ⊃ 사과, 딸기, 배). 그런데 이러한 주요 정보는 일반화라는 내용적 요소가 아닌 문장의 형식적 요소로도 파악될 수 있다.

다음은 문장 안의 연결 관계를 나타내는 표현(조사, 어미 등), 그리고 문장과 문장의 연결 관계를 나타내는 표현(접속어, 부사 등)을 기준으로 간략하게 문장의 구조를 유형화한 것이다. **연결 관계를 나타내는 표현들의 기능과 성격에 대한 이해를 바탕**으로, 문장 안에서 **주요 정보가 놓이는 위치**를 쉽게 파악할 수 있다.

01 'A and B' 유형

이 유형은 '~고, ~와/과, ~뿐만 아니라, ~ 동시에, 그리고, 또한' 등의 표현으로 문장이 연결된 구조이다. 이때 A와 B는 양쪽이 모두 주요 정보일 수도 있고, 아니면 둘을 일반화하는 다른 개념이 주요 정보일 수도 있다.

또한 '~고', '그리고' 등은 대등적 연결의 의미뿐만이 아니라 인과 관계나 시간의 선후 등을 나타내기도 한다. 이때 주로 A는 배경이나 원인이며, B는 이를 바탕으로 나온 결과로, B에 주요 정보가 있는 경우가 많다.

02 'A but B' 유형

이 유형은 '~지만, ~에도 불구하고, ~ 아니라, ~라기보다는, ~와 달리, 그러나, 하지만, 그런데' 등의 표현으로 문장이 연결된 구조이다. 가장 많이 볼 수 있는 유형 중 하나로, 앞의 내용을 부정하거나 앞의 내용과 반대되는 내용이 이어지는 것(역접)을 나타낸다. 이때에는 뒤에 나오는 B가 주요 정보일 확률이 높다.

03 'A이다. 물론 B이다(일 수 있다). 그러나 C이다' 유형

이 유형의 경우, 주요 정보는 A에 있다. B에서 예상되는 반론을 미리 제시하고 C에서 이를 재반박함으로써, 결론적으로 C는 A의 논지를 강화하는 역할을 한다. '그러나' 다음에 놓였다고 해서 주지와 역접 관계라고 판단하면 안 되는 구조이다.

04 'A 그래서(~므로, ~어서, ~니까, 그러니까) B' 유형 / 'A 그러므로(따라서, 이처럼) B' 유형

'원인, 이유, 근거(A)'와 '결과, 결론(B)'으로 연결된 구조이다. 결과·결론에 해당하는 B에 주요 정보가 제시되는데, '이와 같이, 이처럼' 등 지시적인 말 뒤에 주요 정보가 요약되어 나오는 경우가 많다.

05 'A 때문에 B이다', 'B인 것은 A 때문이다' 유형

'원인, 이유, 근거(A)'와 '결과, 결론(B)'으로 연결된 구조이다. 이러한 경우에는 결과·결론에 해당하는 B가 주요 정보가 된다.

06 'A 즉(다시 말하면) B' 유형

'즉, 다시 말하면' 등은 앞의 내용을 다시 설명하거나 보충하는 역할을 하므로 대개 A에 주요 정보가 제시된다. 다만 A가 부정문으로 진술되거나 모호한 혹은 난해한 내용을 담고 있을 경우, A에 제시된 예시를 B에서 일반화하여 설명하는 경우에는 B가 주요 정보가 된다.

07 'A 예를 들어(가령, 이를테면, 예컨대) B' 유형

'예를 들어, 가령, 이를테면, 예컨대' 등은 주요 정보에 대한 예시가 나온다는 표지이므로 A나 B에 주요 정보가 제시된다. 예시는 문장이든 문단이든, 항상 ( )로 표시하는 습관을 들이는 것이 좋다.

08 'A ~듯이(~처럼, ~같이) B' 유형

비교, 비유, 유추 등으로 연결된 구조이다. B에 주요 정보가 올 가능성이 높다.

09 'A ~(으)면(~더라도) B' 유형

가정(조건)과 결과로 연결된 구조이므로 B에 주요 정보가 올 가능성이 높다.

10 '[수식어, 용언의 관형사형 A] + B' 유형

수식어나 동사와 형용사의 꾸밈을 받는 B에 주요 정보나 개념어가 많이 온다.

POINT 01 주요 정보 파악하기

연습하기

01-10 다음 문장을 읽고 주요 정보를 표시하시오.

01 철수는 공무원이고 영희는 군인이다.

02 철수는 공무원이지만, 영희는 군인이다.

03 철수는 공무원이다. 물론 어떤 사람들은 여기에 대해서 의심하기도 하지만 이것은 반박할 수 없는 사실로 밝혀졌다.

04 • 철수는 공무원이므로 일반 직장인들과 달리 정년이 보장된다.
    • 철수는 공무원이다. 따라서 철수는 공공 기관에서 근무한다.

05 철수는 공적인 일을 처리하는데, 이는 그가 공무원이기 때문이다.

06 철수는 공무원이다. 즉 그는 공적 서비스를 제공하는 사람이다.

07 철수는 공무원이 되고 싶다. 이를테면 서울시 공무원이나 교행직 공무원이 되기를 원한다.

08 우공이산이라는 말을 증명하듯이, 철수는 우직하게 노력하여 공무원이 되었다.

09 철수가 이번 시험에 합격하면, 철수는 공무원이 될 것이다.

10 열심히 공부해서 공무원 시험에 합격한 철수는 공적 서비스를 제공하는 공무원이 되었다.

선재 쌤's TIP 주요 정보를 표시하는 방법

독해할 때, 적절한 방식으로 표시를 하면서 읽는 것은 매우 중요합니다. 왜냐하면 이렇게 표시를 해 두면 주요 정보와 부차적 정보를 쉽게 구별할 수 있을 뿐만 아니라, 글의 내용 전개 방식을 한눈에 알아볼 수 있기 때문이죠. 또한 긴 지문을 읽을 때, 글의 흐름에 따라 적절하게 표시를 하면서 읽는 것은 집중력과 암기력을 높여 시간을 절약하는 데에도 도움이 됩니다. 주요 정보를 표시하는 대표적인 방식을 익혀서 꾸준히 연습하도록 하세요.

1 접속어나 연결하는 말: 물결표(∼)

2 비교 대상 VS 대조 대상: 동그라미(○)와 세모(△)

3 원인과 결과: • a 때문에 b이다.: 인 ⟶ 과
　　　　　　　• b이다. 그 이유는 a 때문이다.: 과 ⟵ 인

4 문제점과 해결안, 대책: 문제 ⟶ 해결

5 질문과 답변: Q ⟶ A

6 일반화와 구체화: G ⊃ E, 예시는 전체를 (　　)로 표시할 것

7 순서, 과정: 1 ⟶ 2 ⟶ 3

8 단순 열거: 1, 2, 3

01 다음 글의 중심 내용으로 가장 적절한 것은?

> 모든 재화(財貨)가 상품화되는 자본주의 사회에서는 근로자의 노동 능력이 상품화되어 임금이 그 가격으로서 성립된다. 현실적으로 임금 수준을 결정짓는 것은 노동의 공급 사정, 노동력의 수요 사정, 노동자와 사용자 간 임금 교섭에 있어서 교섭력 관계 등이다. 전통적인 경제학에서는 생산성이 높은 근로자가 더 높은 임금을 받는다고 설명한다.
> 그러나 이와 반대로 임금의 크기가 생산성의 결정 요인이 된다고 보는 것이 '효율 임금 이론'이다. 즉, 임금이 높으면 자발적으로 열심히 일하려는 유인이 생긴다고 보는 것이다. 이 점에 착안한 기업은 일부러 균형 임금보다 더 높은 임금을 지급함으로써 열심히 일하게끔 하기도 한다. 시장에서 통용되는 임금보다 더 높은 임금을 받는다는 것을 아는 근로자는 일을 게을리할 수 없다. 일을 게을리했다가 발각되면 이렇게 높은 임금을 받을 기회를 박탈당할 수 있기 때문이다. 실제로 조그만 태만이 큰 손실을 불러올 수 있는 종류의 직업, 예컨대 반도체의 웨이퍼 작업을 하는 근로자나 금융 기관의 딜러들에게는 비교적 높은 임금이 지급되는 경향이 있다.

① 임금의 크기가 노동의 질을 결정한다.
② 임금은 근로자의 생산성에 따라 결정된다.
③ 기업은 생산성을 높이기 위해 최선의 노력을 한다.
④ 임금은 노동 시장의 공급과 수요에 따라 결정된다.

02 다음 글의 핵심 논지로 가장 적절한 것은?

> 수소는 어디까지나 다른 에너지를 써서 만들어야 하는 2차 에너지이다. 즉 어디선가 만들어 온 에너지를 다른 곳으로 옮겨 오는 '전달 물질'이라고 해석해도 무방하다. 이 때문에 수소에는 여러 가지 이름이 있다. 태양광 발전이나 풍력 발전 등 신재생 에너지로 만든 수소는 '그린 수소', 수소 생산 과정에서 발생하는 이산화탄소를 솎아 내는 수소는 '블루 수소'라고 부른다. 현재 생산되는 수소 대부분은 화석 연료를 써서 수소를 생산하는 '그레이 수소'이다. 엄밀하게 수소는 친환경 에너지라고 구분하지 않는다. 일부 사람들은 '수소가 청정에너지라는 건 그저 허상일 뿐'이라고 이야기하기도 한다.
> 그러나 어떤 수소든 사용하는 그 순간은 환경 오염이 전혀 없는 연료이다. 환경 오염 물질의 일괄 관리가 가능한 점이 수소의 큰 장점이라고 생각할 수 있다는 의미이다. 운송 분야에서도 수소는 커다란 가치가 있다. 특히 트럭 등 대형 운송 수단에 적합하다. 큰 배터리를 싣고 다닐 필요가 없으므로 전기 차에 비해 상대적으로 가벼워지기 때문이다. 수소는 이제 피할 수 없는 선택이고 화석 연료 시대는 막을 내리고 있다. 문제는 우리가 어떻게 새로운 시대를 준비하느냐이다.

① 수소보다 뛰어난 친환경 에너지를 개발해야 한다.
② 친환경 에너지로서의 수소의 성격을 명확히 해야 한다.
③ 화석 연료와 수소 중 효율성이 높은 에너지를 택해야 한다.
④ 수소의 장점을 극대화해 화석 연료 이후의 시대를 대비해야 한다.

03 다음 글의 주제로 가장 적절한 것은?

> 인간이 이성이라는 기능을 가지고 있다고 해서 인간이 하는 일 모두가 합리적이라든가 합리적이어야 한다고 생각하는 것은 잘못이다. 합리성이 아니라 힘이나 감정에 따라 처리해야 할 일이 얼마든지 있는 것이다. 만원 지하철은 힘으로 밀고 들어가 타야 하며 사랑하는 사람과의 포옹은 감정으로 해야 한다. 이성적 존재도 얼마든지 비합리적일 수 있고 또 그래야 인간적일 수 있는 것이다.
>
> 그러나 이치를 따져서 최선의 선택을 해야 할 필요가 있는 일들이 있는데, 이런 일들을 힘이나 감정으로 해결하려 하는 것은 사랑을 힘으로 해결하려는 것처럼 원칙을 혼동하는 것이 된다. 합리적으로 처리해야 할 일을 힘이나 감정으로 해결하려는 것은 원칙의 잘못된 적용이라는 문제점 때문에 잘못된 것이기도 하지만 그보다는 인간성을 비하시키는 결과를 초래한다는 점에서 더욱 멀리해야 할 일이다. 인간들 간의 문제를 밀림의 원칙에 따라 처리하려는 것은 인간을 야수의 위치로 전락시키는 일인 것이다.

① 합리적으로 처리해야 할 일을 힘이나 감정으로 처리하려 해서는 안 된다.
② 인간은 동물과는 달리 합리적으로 일을 처리할 수 있는 능력을 지니고 있다.
③ 합리적으로 처리해야 할 일과 감정적으로 처리해야 할 일을 잘 구별해야 한다.
④ 인간성을 고양하기 위해서는 합리적으로 일을 처리하려는 태도를 지녀야 한다.

04 다음 글에서 설명한 원형 감옥의 감시 메커니즘을 가장 핵심적으로 표현한 문장은?

> 원형 감옥은 원래 영국의 철학자이자 사회 개혁가인 제러미 벤담의 유토피아적인 열망에 의해 구상된 것으로 알려져 있다. 벤담은 지금의 인식과는 달리 원형 감옥이 사회 개혁을 가능케 해 주는 가장 효율적인 수단이 될 수 있다고 생각했지만, 결국 받아들여지지 않았다. 사회 문화적으로 원형 감옥은 그 당시 유행했던 '사회 물리학'의 한 예로 간주될 수 있다.
>
> 원형 감옥은 중앙에 감시하는 방이 있고 그 주위에 개별 감방들이 있는 원형 건물이다. 각 방에 있는 죄수들은 간수 또는 감시자의 관찰에 노출되지만, 감시하는 사람들을 죄수는 볼 수가 없다. 이는 정교하게 고안된 조명과 목재 블라인드에 의해 가능하다. 보이지 않는 사람들에 의해 감시되고 있다는 생각 자체가 지속적인 통제를 가능하게 해 준다. 즉 감시하는지 안 하는지 모르기 때문에 항상 감시당하고 있다고 생각해야 하는 것이다. 따라서 모든 규칙을 스스로 지키지 않을 수 없는 것이다.

① 원형 감옥은 시선의 불균형을 확인시켜 주는 장치이다.
② 원형 감옥은 타자와 자신, 양자에 의한 이중 통제 장치이다.
③ 원형 감옥은 관찰자를 신의 전지전능한 위치로 격상하는 세속적 힘을 부여한다.
④ 원형 감옥은 피관찰자가 느끼는 불확실성을 수단으로 활용해 피관찰자를 복종하도록 한다.

POINT 01 주요 정보 파악하기

01 다음에 제시한 한 문장을 한 번만 읽고, 주요 정보가 있는 곳을 적절히 표시하시오.

❶ 산업 발전의 원동력인 에너지는 식물이 적절한 햇빛과 물이 없으면 성장할 수 없듯이 우리 생활 수준을 향상시키는 데 필수적인 요소이다.

❷ 킬러 T 세포는 도로에서 모든 운전자를 대상으로 음주 단속을 하는 경찰처럼 세포 하나하나를 점검하여 바이러스에 감염된 세포를 찾아낸다.

❸ 역사적으로 소설과 영화는 매우 가까운 관계였는데, 이는 소설과 영화가 모두 '이야기'를 '전달'해 주는 예술 양식이었기 때문이다.

❹ 대기업과 중소기업 간의 임금과 복지 격차로 인해 많은 청년들이 중소기업 취업을 기피하면서 청년들의 실업률이 높아졌다.

❺ 사막에 사는 식물의 씨앗들은 일반적으로 습기가 조금 있을 때에는 발아하지 않고, 대부분이 물에 흠뻑 젖어야 발아를 한다.

❻ 언어들 사이에 널리 혹은 우연히 존재할 수 있는 유사성이 아니라 그들이 친족이기 때문에 공유할 수밖에 없는 체계적인 유사성이 있음을 밝혀내야 언어 간의 친족 관계를 증명할 수 있다.

❼ 뚝배기는 금속이나 유리로 만든 서양의 그릇에 비해 모양은 투박하지만, 흙으로 두껍게 빚어져서 열을 오래 보존시켜 준다.

❽ 국립 미술관이 과거와 현재를 넘나들며 공공적 의제를 이끌고 국립 박물관이 다가올 시대와 적극 소통하려면, 박물관과 미술관은 서로 분리되어서도, 이질적으로 운영되어서도 안 된다.

❾ 해마는 입력된 정보를 단기 기억으로 유지하고 또 새로운 장기 기억을 획득하는 데 필수적이지만, 기존의 장기 기억을 유지하거나 변형하는 부위는 아니다.

❿ 자동차 배기가스는 잘 보이지 않기 때문에 이동 양상을 관찰하기 어렵지만 공장의 오염 물질은 연기 형태로 대량 방출되므로 오염 물질의 이동 양상을 관찰하기 쉽다.

02 다음에 제시한 두 문장을 한 번만 읽고, 주요 정보가 있는 곳을 적절히 표시하시오.

❶ 일반적으로 도서는 인류의 가장 우수한 지성인, 예지자들의 두뇌의 총화를 축적한 저장고라 하겠다. 그 속에는 인문 과학, 사회 과학, 자연 과학, 문학, 미술, 음악 등 학술과 예술에 관한 것은 물론, 기타 취미와 오락 등 인간 생활에 관계된 것으로 없는 것이 거의 없다.

❷ 감각이 체계적인 지식으로 발전하는 데는 문제가 있다. 그것은 바로 감각이 주관적이어서 사람과 시기에 따라 동일하지 않기 때문이다.

❸ 중국은 광대한 나라였다. 그러므로 그 넓은 나라를 효과적으로 통치하기 위해서는 천자로 대표되는 정치적 권위가 절실하게 요구되었다.

❹ 현대인들은 과학 기술이 주는 혜택 때문에 인류의 미래를 낙관적으로 전망한다. 그러나 낙관적 미래 전망이 얼마나 가벼운 것인지 깨닫게 해 주는 심각한 현상들이 많다.

❺ 뜻 문자는 단어를 상징적인 의미의 기호로 표현한 문자로서 한자가 대표적이다. 반면, 소리 문자는 알파벳과 같이, 단어의 요소나 소리를 기호로 나타내는 문자이다.

❻ 언어의 기능은 의사소통이다. 즉, 우리가 일상생활을 할 때 주위의 사람들과 의사소통을 하게 하는 것이 언어의 주요 기능이며 실상 언어 발생의 동기와 목적이 의사소통의 필요성에 있었다고 볼 수 있다.

❼ 물론 경찰의 강력한 단속과 처벌로 이러한 무질서를 바로잡을 수 있을지도 모른다. 하지만 이는 미봉책에 불과할 뿐, 국민 모두의 마음속에 기초 질서 정신이 자리 잡지 않고는 올바른 질서를 만들어 낼 수 없는 것이다.

❽ 특히 중요한 것은 다문화 가족이 그들이 가지고 있는 강점을 활용하여 취약 계층이 아닌 주류층으로 설 수 있도록 지원해야 한다는 것이다. 뿐만 아니라 이민자에 대한 지원 시기를 놓치거나 차별과 편견으로 인하여 내국인에게 증오감을 갖게 해서는 안 된다.

❾ 애를 낳으면 엄마는 정신이 없어지고 지적 능력이 감퇴한다는 것이 일반 여성들의 고정 관념이었다. 그런데 올봄 퓰리처상 수상 작가인 캐서린 엘리슨이 《엄마의 뇌: 엄마가 된다는 것이 우리의 뇌를 얼마나 영리하게 하는가》라는 책을 써서 뉴욕 타임스 등의 기사가 되고, CBS, NBC, BBS 등의 기사가 된 바 있다.

⑩ 조선 시대는 입법, 사법, 행정의 권력 분립이 제도화되어 있지 않았기에 재판관과 행정관의 구별이 없었다. 즉 독립된 사법 기관이 존재하지 않았으므로 재판은 중앙의 몇몇 기관과 지방 수령인 목사, 부사, 군수, 현령, 현감 등과 관찰사가 담당하였다.

⑪ 서양의 유토피아도 초기에는 동양의 복고적 의식과 별다른 차이가 없었으나 모어의 유토피아를 계기로 그러한 의식이 급변하게 된다. 다시 말해서 인간 역사의 진보에 대한 낙관이 유토피아의 내용을 고대의 움직이지 않는 질서로부터 신세기의 역동적인 물질계로 바꾸어 놓은 것이다.

⑫ 우리는 흔히 나무와 같은 식물이 대기 중에 이산화 탄소로 존재하는 탄소를 처리해 주는 것으로 알고 있지만, 바다 또한 중요한 역할을 한다. 예를 들어 수없이 많은 작은 해양 생물들은 빗물에 섞인 탄소를 흡수한 후에 다른 것들과 합쳐서 껍질을 만드는 데 사용한다.

⑬ 이처럼 다양성의 확보는 자원의 효율적 사용과 사회 안정에 중요하지만 많은 비용이 들기도 한다. 예를 들어 출산 휴가를 주고, 노약자를 배려하고, 장애인에게 보조 공학 기기와 접근성을 제공하는 것을 비롯해 다문화 가정, 외국인 노동자를 위한 행정 제도를 개선하는 일 등은 결코 공짜가 아니다.

⑭ 이윤 추구라는 기업의 특성과 기업을 떠난 범사회적인 문제들의 심각성은 기술적 질서가 이끄는 중앙 집권적 문화에 대한 선호도를 높이게 될 것이다. 따라서 기술은 이제 생산 수단만이 아니라 그 자체의 질서와 역동성을 지닌 유사 주체로서의 양상을 보이게 되었다.

⑮ 가족은 개인이 나서 자라며 그 인격을 형성하는 보금자리인 동시에, 가족 속에서 사회의 성원이 되기 위한 사회화 과정을 통하여 개인의 한계를 초월하는 사회적 인간으로 만들어지는 훈련장이기도 하다. 그러한 의미에서 가족은 인간 양육 및 교육을 담당하는 가장 강력한 제도체인 것이다.

⑯ 사회 문제의 원인은 사회 구조에서 비롯되는 경우가 많기에 그 해결책도 사회 구조적 원인의 제거에서 찾을 수 있다. 그래서 사회 문제로 대립하는 두 개인이나 집단이 있을 때 그들의 도덕과 양심에만 호소하여 해결책을 찾으려 해서는 안 된다.

⑰ 얼핏 보면 전통 예술과 현대 예술은 서로 대립하는 것처럼 보이지만, 이 둘은 겉보기와는 달리 상호 보완의 가능성을 품고 있다. 오늘날 현대 무용은 성립 시기에 배제했던 고전 발레의 동작을 자기 속에 녹여 넣고 있으며, 현대 음악도 전통적 리듬과 박자를 받아들여 풍성한 표현 형식을 얻고 있다.

03 다음에 제시한 문단을 한 번만 읽고, 주요 정보가 있는 곳을 적절히 표시하시오.

❶ 역사의 경과와 더불어 중세적 사회에서는 비교적 다수의 제사권 참여가 이루어져 종래의 제사 독점에서 오는 의례의 신비성도 차차 희박해지고, 기술력의 상승으로 자연의 불규칙성도 어느 정도 극복되어 가면서, 의례가 가지는 주술적 효과에 대한 믿음도 흔들리게 된다. 그리고 집단의 의례 자체를 종교적 외포의 대상으로서가 아니라, 예술적 감상과 오락의 대상으로 바라보는 여유가 생기게 된다.

❷ 지식 정보 사회에서는 경제 성장에 따라 소득 수준이 향상되고 교육 기회가 확대되면서 물질적 풍요를 뛰어넘는 삶의 질을 고민하게 되었고, 모든 재화와 서비스를 선택할 때 기능성을 능가하는 문화적·미적 가치를 고려하게 되었다. 뿐만 아니라 정보 통신이 급격하게 발달함에 따라 세계 각국의 다양한 문화를 보다 빠르게 수용하면서 문화적 욕구와 소비를 가속화시켰고, 그 상황 속에서 문화와 경제는 서로 도움이 되는 보완적 기능을 하게 되었다.

❸ 근대 자유 민주주의는 역사적으로 민주주의의 특정한 형태로서 아테네에서 민주주의가 사라진 후 거의 2,000년이 지나서 역사의 무대에 등장하였다. 전체 서구 역사에서 볼 때 민주주의가 자유주의보다 먼저 출현했지만, 근대에 들어와서는 자유주의가 민주주의에 비해 200년이나 앞서 등장해서 그 후에 등장한 민주주의가 적응해야 하는 세계의 틀을 창조하였다. 곧 자유 민주주의는 기본적으로 자유주의가 설정한 한계 내에서 규정되고 구조화된 민주주의라고 말할 수 있다.

❹ 여기서 우리는 같은 시대의 의미를 파악할 때도 민족주의자의 눈과 제국주의자의 눈은 서로 다른 평가를 내리고 있음을 본다. 따라서 오늘의 시대적 의미를 파악하는 것도 어떤 사람의 눈으로 파악하느냐에 따라 달라지기 때문에, 역사를 파악하는 데 있어서는 누가 보는 역사냐 하는 것이 중요한 문제가 된다. 이런 점에서 역사의식은 곧 주체 의식이라고 할 수 있다.

POINT 01 주요 정보 파악하기

정답

01

① 산업 발전의 원동력인 에너지는 식물이 적절한 햇빛과 물이 없으면 성장할 수 없듯이 우리 생활 수준을 향상시키는 데 필수적인 요소이다.

② 킬러 T 세포는 도로에서 모든 운전자를 대상으로 음주 단속을 하는 경찰처럼 세포 하나하나를 점검하여 바이러스에 감염된 세포를 찾아낸다.

③ 역사적으로 소설과 영화는 매우 가까운 관계였는데, 이는 소설과 영화가 모두 '이야기'를 '전달'해 주는 예술 양식이었기 때문이다.

④ 대기업과 중소기업 간의 임금과 복지 격차로 인해 많은 청년들이 중소기업 취업을 기피하면서 청년들의 실업률이 높아졌다.

⑤ 사막에 사는 식물의 씨앗들은 일반적으로 습기가 조금 있을 때에는 발아하지 않고, 대부분이 물에 흠뻑 젖어야 발아를 한다.

⑥ 언어들 사이에 널리 혹은 우연히 존재할 수 있는 유사성이 아니라 그들이 친족이기 때문에 공유할 수밖에 없는 체계적인 유사성이 있음을 밝혀내야 언어 간의 친족 관계를 증명할 수 있다.

⑦ 뚝배기는 금속이나 유리로 만든 서양의 그릇에 비해 모양은 투박하지만, 흙으로 두껍게 빚어져서 열을 오래 보존시켜 준다.

⑧ 국립 미술관이 과거와 현재를 넘나들며 공공적 의제를 이끌고 국립 박물관이 다가올 시대와 적극 소통하려면, 박물관과 미술관은 서로 분리되어서도, 이질적으로 운영되어서도 안 된다.

⑨ 해마는 입력된 정보를 단기 기억으로 유지하고 또 새로운 장기 기억을 획득하는 데 필수적이지만, 기존의 장기 기억을 유지하거나 변형하는 부위는 아니다.

⑩ 자동차 배기가스는 잘 보이지 않기 때문에 이동 양상을 관찰하기 어렵지만 공장의 오염 물질은 연기 형태로 대량 방출되므로 오염 물질의 이동 양상을 관찰하기 쉽다.

02

① 일반적으로 도서는 인류의 가장 우수한 지성인, 예지자들의 두뇌의 총화를 축적한 저장고라 하겠다. 그 속에는 인문 과학, 사회 과학, 자연 과학, 문학, 미술, 음악 등 학술과 예술에 관한 것은 물론, 기타 취미와 오락 등 인간 생활에 관계된 것으로 없는 것이 거의 없다.

② 감각이 체계적인 지식으로 발전하는 데는 문제가 있다. 그것은 바로 감각이 주관적이어서 사람과 시기에 따라 동일하지 않기 때문이다.

③ 중국은 광대한 나라였다. 그러므로 그 넓은 나라를 효과적으로 통치하기 위해서는 천자로 대표되는 정치적 권위가 절실하게 요구되었다.

④ 현대인들은 과학 기술이 주는 혜택 때문에 인류의 미래를 낙관적으로 전망한다. 그러나 낙관적 미래 전망이 얼마나 가벼운 것인지 깨닫게 해 주는 심각한 현상들이 많다.

⑤ 뜻 문자는 단어를 상징적인 의미의 기호로 표현한 문자로서 (한자가 대표적)이다. 반면, 소리 문자는 (알파벳과 같이), 단어의 요소나 소리를 기호로 나타내는 문자이다.

⑥ 언어의 기능은 의사소통이다. 즉, 우리가 일상생활을 할 때 주위의 사람들과 의사소통을 하게 하는 것이 언어의 주요 기능이며 실상 언어 발생의 동기와 목적이 의사소통의 필요성에 있었다고 볼 수 있다.

⑦ 물론 경찰의 강력한 단속과 처벌로 이러한 무질서를 바로잡을 수 있을지도 모른다. 하지만 이는 미봉책에 불과할 뿐, 국민 모두의 마음속에 기초 질서 정신이 자리 잡지 않고는 올바른 질서를 만들어 낼 수 없는 것이다.

⑧ 특히 중요한 것은 다문화 가족이 그들이 가지고 있는 강점을 활용하여 취약 계층이 아닌 주류층으로 설 수 있도록 지원해야 한다는 것이다. 뿐만 아니라 이민자에 대한 지원 시기를 놓치거나 차별과 편견으로 인하여 내국인에게 증오감을 갖게 해서는 안 된다.

⑨ 애를 낳으면 엄마는 정신이 없어지고 지적 능력이 감퇴한다는 것이 일반 여성들의 고정 관념이었다. 그런데 올봄 퓰리처상 수상 작가인 캐서린 엘리슨이 《엄마의 뇌 : 엄마가 된다는 것이 우리의 뇌를 얼마나 영리하게 하는가》라는 책을 써서 뉴욕 타임스 등의 기사가 되고, CBS, NBC, BBS 등의 기사가 된 바 있다.

⑩ 조선 시대는 입법, 사법, 행정의 권력 분립이 제도화되어 있지 않았기에 재판관과 행정관의 구별이 없었다. 즉 독립된 사법 기관이 존재하지 않았으므로 재판은 중앙의 몇몇 기관과 지방 수령인 목사, 부사, 군수, 현령, 현감 등과 관찰사가 담당하였다.

⑪ 서양의 유토피아도 초기에는 동양의 복고적 의식과 별다른 차이가 없었으나 모어의 유토피아를 계기로 그러한 의식이 급변하게 된다. 다시 말해서 인간 역사의 진보에 대한 낙관이 유토피아의 내용을 고대의 움직이지 않는 질서로부터 신세기의 역동적인 물질계로 바꾸어 놓은 것이다.

⑫ 우리는 흔히 나무와 같은 식물이 대기 중에 이산화 탄소로 존재하는 탄소를 처리해 주는 것으로 알고 있지만, 바다 또한 중요한 역할을 한다. 예를 들어 (수없이 많은 작은 해양 생물들은 빗물에 섞인 탄소를 흡수한 후에 다른 것들과 합쳐서 껍질을 만드는 데 사용한다.)

⑬ 이처럼 다양성의 확보는 자원의 효율적 사용과 사회 안정에 중요하지만 많은 비용이 들기도 한다. 예를 들어 (출산 휴가를 주고, 노약자를 배려하고, 장애인에게 보조 공학 기기와 접근성을 제공하는 것을 비롯해 다문화 가정, 외국인 노동자를 위한 행정 제도를 개선하는 일 등)은 결코 공짜가 아니다.

⑭ [이윤 추구라는] 기업의 특성과 [기업을 떠난] 범사회적인 문제들의 심각성은 [기술적 질서가 이끄는] 중앙 집권적 문화에 대한 선호도를 높이게 될 것이다. 따라서 기술은 이제 생산 수단만이 아니라 [그 자체의 질서와 역동성을 지닌] 유사 주체로서의 양상을 보이게 되었다.

⑮ 가족은 개인이 나서 자라며 그 인격을 형성하는 보금자리인 동시에, 가족 속에서 사회의 성원이 되기 위한 사회화 과정을 통하여 개인의 한계를 초월하는 사회적 인간으로 만들어지는 훈련장이기도 하다. 그러한 의미에서 가족은 인간 양육 및 교육을 담당하는 가장 강력한 제도체인 것이다.

⑯ 사회 문제의 원인은 사회 구조에서 비롯되는 경우가 많기에 그 해결책도 사회 구조적 원인의 제거에서 찾을 수 있다. 그래서 사회 문제로 대립하는 두 개인이나 집단이 있을 때 그들의 도덕과 양심에만 호소하여 해결책을 찾으려 해서는 안 된다.

⑰ 얼핏 보면 전통 예술과 현대 예술은 서로 대립하는 것처럼 보이지만, 이 둘은 겉보기와는 달리 상호 보완의 가능성을 품고 있다. (오늘날 현대 무용은 성립 시기에 배제했던 고전 발레의 동작을 자기 속에 녹여 넣고 있으며, 현대 음악도 전통적 리듬과 박자를 받아들여 풍성한 표현 형식을 얻고 있다.)

03

❶ 역사의 경과와 더불어 중세적 사회에서는 비교적 다수의 제사권 참여가 이루어져 종래의 제사 독점에서 오는 의례의 신비성도 차차 희박해지고, 기술력의 상승으로 자연의 불규칙성도 어느 정도 극복되어 가면서, 의례가 가지는 주술적 효과에 대한 믿음도 흔들리게 된다. 그리고 집단의 의례 자체를 종교적 외포의 대상으로서가 아니라, 예술적 감상과 오락의 대상으로 바라보는 여유가 생기게 된다.

❷ 지식 정보 사회에서는 경제 성장에 따라 소득 수준이 향상되고 교육 기회가 확대되면서 물질적 풍요를 뛰어넘는 삶의 질을 고민하게 되었고, 모든 재화와 서비스를 선택할 때 기능성을 능가하는 문화적·미적 가치를 고려하게 되었다. 뿐만 아니라 정보 통신이 급격하게 발달함에 따라 세계 각국의 다양한 문화를 보다 빠르게 수용하면서 문화적 욕구와 소비를 가속화시켰고, 그 상황 속에서 문화와 경제는 서로 도움이 되는 보완적 기능을 하게 되었다.

❸ 근대 자유 민주주의는 역사적으로 민주주의의 특정한 형태로서 아테네에서 민주주의가 사라진 후 거의 2,000년이 지나서 역사의 무대에 등장하였다. 전체 서구 역사에서 볼 때 민주주의가 자유주의보다 먼저 출현했지만, 근대에 들어와서는 자유주의가 민주주의에 비해 200년이나 앞서 등장해서 그 후에 등장한 민주주의가 적응해야 하는 세계의 틀을 창조하였다. 곧 자유 민주주의는 기본적으로 자유주의가 설정한 한계 내에서 규정되고 구조화된 민주주의라고 말할 수 있다.

❹ 여기서 우리는 같은 시대의 의미를 파악할 때도 민족주의자의 눈과 제국주의자의 눈은 서로 다른 평가를 내리고 있음을 본다. 따라서 오늘의 시대적 의미를 파악하는 것도 어떤 사람의 눈으로 파악하느냐에 따라 달라지기 때문에, 역사를 파악하는 데 있어서는 누가 보는 역사냐 하는 것이 중요한 문제가 된다. 이런 점에서 역사의식은 곧 주체 의식이라고 할 수 있다.

POINT 02 주요 정보 요약하기
: 구조화 10개념

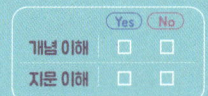

① 요약은 일반화를 지향한다. 따라서 주요 내용을 찾고 이를 다시 일반화된 개념어로 압축하는 과정을 익힌다.
② 독해 속도를 높이기 위해 먼저 **구조화 10개념을 익히고 글을 요약하는 연습**을 꾸준히 하자.

    글 읽는 속도가 느리거나 내용을 잘 정리하지 못하는 수험생들에게 추천하는 방법은, 아예 **글의 사고 구조를 유형화해서 먼저 암기하자는 것**이다. 즉 일반적인 글에서 가장 많이 쓰이는 방식을 개념어로 정리해 놓고, 역으로 이를 글에서 찾는 방식이다.

    물론 이러한 구조화 방식으로 모든 제시문을 이해할 수 있는 것은 결코 아니다. 글의 수준이 높을수록, 배경지식을 요구하는 전문적인 글일수록 이러한 방식으로만 이해하는 것은 한계가 명확하다. 그러나 공무원 시험이 주로 중급 정도의 중단문 길이로 출제된다는 것을 감안한다면, 이 방법은 분명 수험적 기술로 가장 효과적일 것이다. 또한 이 방법은 이후 고급 독해로 나아가는 초석이 될 수 있을 것이다.

    먼저 다음의 **구조화 10개념**(일반적인 글에서 가장 많이 사용하는 개념)을 암기하도록 하자. 그리고 독해 실력이 올라갈수록 구조화를 위한 나만의 개념은 다양해지게 되니, 구조화 10개념을 바탕으로 점차 **요약 개념어를 풍부하게** 늘려 나가자.

예 • 법이 없으면 안전한 생활을 할 수 없게 되는 것이 우리의 사회 현실이고 보면 법은 없어서는 안 될 존재이다.
    → 법의

• 책 읽기에는 상당량의 정신 에너지와 훈련이 요구되며, 독서의 즐거움을 경험하는 습관 또한 요구된다.
    → 책 읽기의

• 언어의 내용은 의미이며, 형식은 음성이다. 이러한 의미와 음성의 관계는 마치 동전의 앞뒤와 같아서 이 중에서 어느 하나라도 결여되면, 언어라고 할 수 없게 된다. 즉, 음성만 있고 의미가 없다거나, 의미만 있고 음성이 없다면, 언어로서 성립할 수가 없게 되는 것이다.
    → 언어에서 의미와 음성의

01 개념: 정의, 명칭, 의미 등
대상의 개념, 정의, 지정 등을 의미한다. 개념은 주로 글의 화제어, 즉 토픽(topic)이 된다.

02 예시: 사례, 구체화 등
부차적 내용으로, 주지를 뒷받침하는 역할을 한다. 글을 읽을 때 (   )로 표시하는 습관을 들이자.

03 비교: 공통점, 일치 등
주된 논의 개념을 설명하기 위해 다른 대상과의 공통점을 제시하는 것이다.

04 대조: 차이, 대비, 차별점 등
비교와 함께, 대상의 특징을 설명하기 위해 가장 많이 사용된다.

05 인과: 원인, 이유, 배경 / 결과, 영향 등
일의 원인과 결과를 의미한다. 인과 관계는 반드시 화살표(→)로 표시하며 글을 읽는 습관을 들이자.

06 특성: 특징, 성질(성격), 요건, 중요성, 중요도 등
대상이 지닌 특징적인 면을 의미한다.

07 종류: 유형, 분류 등
대상의 종류, 유형, 분류 등을 의미한다.

08 효과: 효능, 효용성, 의의, 기능, 역할, 필요성 등
화제가 지닌 효용이나 의의, 화제의 필요성 등을 의미한다.

09 문제: 폐해, 폐단, 부정적 영향, 위험성
어떤 일의 문제, 폐해, 폐단, 부정적 영향 등을 의미한다.

10 해결: 대안, 대책, 방안, 전망, 예측, 영향 등
문제에 대한 해결, 대안, 대책, 방안, 전망 등을 의미한다.

01 다음 글의 중심 내용으로 가장 적절한 것은?

2025 국가직 9급

> 동물이 신체의 내부 온도를 정상 범위 안에서 유지하는 과정을 '체온 조절'이라고 한다. 체온 조절을 위하여 동물은 신체 내부의 물질대사를 통해 열을 발생시키거나 외부 환경에서부터 열을 획득한다. 조류나 포유류는 체내의 물질대사에 의하여 생성된 열로 체온을 유지하기 때문에 '내온 동물'이라고 부른다. 대부분의 내온 동물은 외부 온도가 변화해도 안정적으로 체온을 유지한다. 추운 환경에 노출되어도 내온 동물은 충분한 열을 생성해서 주변보다 더 따뜻하게 체온을 유지할 수 있다.
>
> 이와 달리 양서류나 많은 종류의 파충류와 어류는 열을 외부에서부터 획득하기 때문에 '외온 동물'이라고 부른다. 외온 동물은 체온 조절을 위한 충분한 열을 생성하지는 않지만 그늘을 찾거나 햇볕을 쬐는 것과 같은 행동을 통해 체온을 조절한다. 외온 동물은 열을 외부에서 얻기 때문에 체내의 물질대사를 통해 큰 에너지를 생성할 필요가 없어서 동일한 크기의 내온 동물보다 먹이를 적게 섭취한다.
>
> 한편 체온의 안정성을 기준으로 동물을 '항온 동물'과 '변온 동물'로 구분하기도 한다. 주위 환경과 관계없이 비교적 일정한 체온을 유지하는 동물을 항온 동물, 주위 환경에 따라서 체온이 변하는 동물을 변온 동물이라고 부른다. 한때는 내온 동물과 외온 동물을 각각 항온 동물과 변온 동물이라고 부르기도 했다.
>
> 그런데 체온 조절을 위해 열을 획득하는 방식과 체온의 안정성을 유지하는 것은 별개의 문제이다. 외온 동물에 속하는 많은 종류의 해양 어류는 일정한 온도가 유지되는 물에서 서식하기 때문에 체온이 크게 변하지 않는다. 반대로 어떤 내온 동물은 체온의 변화가 급격하게 일어나기도 한다. 예컨대 박쥐 중에는 겨울잠을 자면서 체온을 40℃나 떨어뜨리는 종류도 있다. 내온 동물과 외온 동물을 구분하는 방식과 항온 동물과 변온 동물을 구분하는 방식 사이에는 어떠한 상관관계도 없다.

① 내온 동물과 외온 동물의 특징을 통해 항온 동물과 변온 동물의 특징을 밝힐 수 있다.
② 체온 조절을 위한 열 획득 방식과 체온의 안정성은 동물을 분류하는 서로 다른 기준이다.
③ 동물을 내온 동물과 외온 동물로 구분하는 기준은 항온 동물과 변온 동물로 구분하는 기준보다 모호하다.
④ 체온 조절을 위한 열 획득 방식보다 체온의 안정성을 유지하는 방식이 동물을 분류하는 더 적합한 기준이 된다.

02 다음 글의 주제로 가장 적절한 것은?

우리가 무엇을 본다고 느낄 때, 우리 몸에서는 과연 어떤 일이 일어나고 있는 것일까요? 눈앞에 놓인 물체가 연필인지를 식별하기 위해서 어떤 과정들을 거치게 되는 것일까요? 물체를 보는 과정에는 빛이 중요한 역할을 합니다. 연필 표면에서 반사된 빛이 눈의 각막과 수정체를 거쳐 굴절되면서 눈 안의 뒤쪽에 있는 망막 표면에 연필 영상으로 맺힙니다. 망막은 신경 세포들이 층층이 모여서 영상을 기록하기 좋은 구조를 하고 있습니다. 망막 세포는 망막에 도달한 빛을 흡수하면서 전기 신호를 만듭니다. 마치 디지털카메라로 사진을 찍을 때 영상이 전자 소자(電子素子)들에 의해서 전기 신호로 변환되어 기록되는 것과 비슷합니다. 영상의 조그만 부분 부분을 기록하고 있는 전기 신호를 망막의 세포 하나하나가 뇌로 전달합니다. 시신경은 세포 하나하나가 사용하는 신경 섬유가 모여서 다발을 이룬 것입니다. 한쪽 눈의 시신경에는 백만 개 이상의 신경 섬유가 있어서 많은 수의 세포들이 많은 양의 신호를 동시에 뇌로 전달하고 있는 셈이지요. 눈이 '연필이구나.' 하는 판단을 하지는 않습니다. 눈은 신호를 변환하고 전달하는 일을 할 뿐입니다. 눈이 전달하는 신호를 뇌가 해석하여 물체를 인식하는 것이지요.

① 물체의 식별 과정에서의 빛의 역할
② 눈을 통해 물체를 인식하는 과정
③ 눈에서 뇌로 전달되는 전기 신호의 특징
④ 망막과 디지털카메라의 기능적 유사성

03 다음 글의 중심 내용으로 가장 적절한 것은?

대중성이 정체성 판단의 기준이 되어야 한다는 이야기는 애써 어떤 것을 한국적인 것이라고 보존하는 것이 무의미할 수 있음을 함축한다. 즉 판소리의 맥이 끊어지면 한국 고유의 정신이 사라지게 되므로 이것을 막기 위해서 국가가 지원하고 언론이 후원해야 한다는 생각은 잘못이라는 뜻이다.

우리의 옛것을 발굴하여 소개하는 것은 지금의 문화를 풍요롭게 하므로 환영할 일이다. 더욱 많은 선택지를 갖는 것이 제한된 선택지를 갖는 것보다 낫지 않은가? 옛것이 지금의 취향에 잘 맞지 않을 가능성이 크기 때문에 국가나 공공 기관에서 어느 정도의 후원을 하는 것은 경쟁의 공정함을 지키는 방편이 될 것이다. 문제는 마치 이것이 없어지면, 즉 이것이 계승되지 않으면 한국 문화의 원형을 이루는 중요한 한 부분이 상실되는 것처럼 과장하는 데 있다.

잃어버린 우리의 옛것을 찾아 한국의 전통문화를 우리에게 소개하는 것까지는 아주 바람직한 일이다. 하지만 그것으로 충분하다. 공정한 경쟁이 이루어진 다음에는, 대중성을 확보하는 것이 지배적인 문화, 즉 우리의 것이 된다고 보아야 할 것이다.

① 판소리가 대중성을 확보하도록 국가나 공공 기관에서 후원해야 한다.
② 지금의 문화를 풍요롭게 하는 전통문화만을 한국적인 것으로 보아야 한다.
③ 잃어버린 옛 문화를 발굴 및 소개하여 한국 문화의 정체성을 탐구해야 한다.
④ 공정한 경쟁을 통해 대중성을 확보한 것이 한국의 정체성 탐구의 대상이 되어야 한다.

01 다음 글에 주요 정보를 표시하고, 구조화 10개념을 사용하여 요약하시오.

❶ 무엇보다도 한글은 발성 기관의 소리 내는 모습을 따라 체계적으로 창제된 과학적인 문자일 뿐만 아니라 더 나아가 문자 자체가 소리의 특질을 반영하고 있다.

❷ 프레임(frame)이란 우리가 세상을 바라보는 방식을 형성하는 정신적 구조물이다. 프레임은 우리가 추구하는 목적, 우리가 짜는 계획, 우리가 행동하는 방식, 그리고 우리 행동의 좋고 나쁜 결과를 결정한다.

❸ 비운을 직접 전면적으로 목격하는 일, 또 더구나 스스로 직접 그것을 겪는 일이라는 것은 너무나 끔찍한 일이기에, 그것을 간접 경험으로 희석한 비극을 봄으로써 '비운'이란 그런 것이라는 이해와 측은지심을 갖게 되고, 동시에 실제 비극이 아닌 그 가상적인 환영 속에서 비극에 대한 어떤 안도감도 맛보게 된다.

❹ 구체적으로 법의학은 죽은 사람의 신원을 확인한다. 또 사망의 종류를 판별하여 사망 시간을 알아내야 한다. 현장에서 증거물을 채취해 범인을 색출하는 데 도움을 주는 일을 한다.

❺ 민요는 민중들 사이에서 불려 오던 소박한 노래로서 노동요, 의식요, 유희요 등이 있는데, 노동요로는 농업 노동요와 길쌈 노동요가 많고, 의식요로는 장례 의식요가 많이 전승되며, 유희요로는 강강술래 등이 전해진다.

❻ 환경 오염을 그대로 방치해 두면 환경 재앙을 맞게 될 것이 불을 보듯 뻔한 것처럼 언어 오염도 인간의 영혼과 정신을 멍들게 할 뿐만 아니라 궁극적으로는 아예 의사소통 자체를 불가능하게 만들지도 모른다.

❼ 이른바 원격지 교역이나 역외 교역의 경우에는 상호 간의 서로 다른 교환 규칙을 매개해 줄 수 있는 제3의 완충 장치가 요구되었는데, 그러한 필요성의 결과로 탄생한 것이 바로 화폐 거래 시스템이라는 설명이다.

❽ 미디어와 콘텐츠의 디지털화는 기존 매스 미디어의 일방적인 커뮤니케이션만이 아니라 콘텐츠 창작자 혹은 콘텐츠 제공자가 일반 대중과 쌍방향적으로 교류, 소통하게 하는 미디어 환경을 만들고, 이것은 새로운 형식의 콘텐츠들을 창조하고 발전시키는 기반이 되었다.

❾ 빈부 격차 현상은 기본적으로 장기적인 불황과 고용 사정의 악화로 인해 저임금 근로자와 영세 자영업자들의 생업 기반이 무너진 탓에 심화되었다.

❿ 문제(文帝) 시대에 도가 사상이 일세(一世)를 풍미했던 적도 있었다. 그렇지만 결국 외부적 강제를 부정하는 도가 사상은 국가의 지배 이데올로기가 될 수는 없었다. 한나라가 국력을 회복하고 국가의 여러 가지 제도를 정비함에 따라 도가 사상은 후퇴하지 않을 수 없었다.

02 다음 글을 구조화 10개념 또는 기타 개념어를 사용하여 요약하시오.

❶ 중국에서의 '사(史)'의 개념은 서양에서와 같이 역사적 사실 그 자체와 역사 서술이라는 이중의 뜻을 지니고 있는 동시에 다른 한편으로는 역사를 기록하는 사람, 즉 사관이라는 의미가 강하게 내포되어 있음을 알 수 있다.

❷ 한국의 경우 국민적 정체성은 일제 등의 열강에 대한 저항 과정에서 싹텄고 다른 한편으로는 총독부 명령 체제하에서 이루어진 황국 신민 교육의 결과로 정착되었다.

❸ 산업 사회에서는 대량 생산 체제를 발전시키기 위해 표준화, 집중화, 거대화 등의 원리에 의해 사회가 조직되었지만, 미래 사회에서는 그와는 반대로 다원화, 분산화, 소규모화 등이 사회 조직의 원리가 된다.

❹ 노동은 계약에 의해 시장에서 돈을 받고 팔린 것이다. 그 노동이 어떤 목적에 어떤 방법으로 사용될 것인지는 사실상 전적으로 그 노동을 산 사람의 권한에 속한다. 모든 노동자의 업무와 노동 시간은 딱 한 가지 기준, 회사 전체의 생산성을 극대화하는 방향으로 꽉 짜진다. 그래서 노동자는 기억에 종속된 관계에 놓이게 되고, 이윤 창출을 위한 노동을 수행할 것을 강요당한다.

❺ 일단 언어가 출현하여 정보의 체외 기록이 가능해지면 정보의 비축 용량은 거의 무제한으로 확대된다. 이렇게 되면 두뇌의 기능은 정보의 보관 기구로서보다 정보의 처리 기구로서 더 중요한 의미를 가진다. 기록된 정보를 해독하고 현실에 옮기며 새로운 정보를 기록하는 작업이 모두 두뇌를 통해서 이뤄져야 하기 때문이다.

❻ 생산물 시장에서 일반 재화는 구매자와 판매자 간에 완전한 이전이 가능하고, 수요자와 공급자는 상대방이 누구인가에 대해 전혀 신경 쓸 필요 없이 오로지 그 재화 자체의 가격과 품질을 고려하여 수요·공급 의사를 결정한다. 그러나 노동 시장에서 노동이라는 상품은 공급자 자신과 분리될 수 없기 때문에 노동의 수요자와 공급자는 단순히 물건을 사고파는 것 이상의 인간적 관계를 맺게 되고, 수요·공급에 있어서 봉급, 부가 급여, 직업의 사회적 명예, 근무 환경, 직장의 평판 등 가격 이외의 비경제적 요소가 많은 영향을 미친다.

POINT 02 주요 정보 요약하기: 구조화 10개념

❼ 토플러에 따르면 과학 기술을 유효하게 이용하여 갖가지 사무와 통신용 설비를 설치한 전자 주택[electronic cottage]이 발전함으로써 이제까지 회사라는 한 장소에 모여서 하던 업무의 상당 부분을 가정에서 처리할 수 있게 될 것이다. 그렇게 되면 교통비가 절감되어 임금 상승에 대한 압력이 줄어들고 궁극적으로 물가 안정에 기여할 것이며 환경 보호에도 큰 도움을 줄 것이다. 또 개인적인 측면에서 보더라도 거주지 선택이 자유로워짐으로써 부동산에의 지출 비용을 줄일 수 있고 가족 중심의 사회가 이루어지며 지역 공동체의 안정성이 높아질 것이다.

❽ 몽타주는 두 개 이상의 상관성이 없는 장면을 배치함으로써 새로운 의미를 도출하는 것이다. 예이젠시테인은 몽타주의 개념을 설명하기 위해 상형 문자가 합해져서 회의 문자가 만들어지는 과정에서 아이디어를 빌려 왔다. 그는 두 개의 묘사 가능한 것을 병치하여 시각적으로 묘사 불가능한 것을 재현하려 했다. 가령 사람의 '눈'과 '물'의 이미지를 충돌시켜 '슬픔'의 의미를 드러내며, '문' 그림 옆에 '귀' 그림을 놓아 '도청'의 이미지를 나타내는 식이다.

03 다음 글을 읽고 핵심 내용을 요약하여 한 문장으로 기술하시오.

❶ 세계화에 대한 인식은 이렇듯 스펙트럼이 다양하지만, 현실을 돌아볼 때 그 다양성에도 불구하고 행위의 주체로서 개별 국가에 가해지는 세계 수준에서의 압력이 늘어났다는 점을 부정하기는 어렵다. 경제의 세계화뿐만 아니라 정치와 문화의 세계화 경향이 증대함에 따라 국가 정책의 자율성은 갈수록 그 입지가 줄어드는 것이 현실이기 때문이다. 이런 맥락에서 우리가 살고 있는 지금, 여기에 대한 분석과 대응에서 국민 국가의 수준을 넘어서야 한다는 세계 체제의 문제의식은 의미 있는 것으로 받아들여야 할 것이다.

❷ 여러 개의 박스가 바닥에 널려 있는 방에 바나나를 높이 달아 놓고 침팬지를 넣어 두면 침팬지가 박스를 쌓아 올려 바나나에 접근하는 것을 볼 수 있다. 이처럼 동물이 문제를 해결하는 방법을 지켜보면 신경계가 정보를 처리하는 근본적인 능력을 가지고 있는 것을 알 수 있다. 넓은 의미에서 '지각'은 감각 수용계를 통해 입력된 정보를 인식하고 저장하고 처리하며 사용하는 동물의 신경계 능력을 말한다. 결국 동물의 지각 행동은 문제를 해결하는 행동으로 새로운 상황에 대해 시행착오나 모방 없이 대처하는 창의적인 행동이라 할 수 있다.

❸ 사람은 큰 체구를 가진 고등 동물이지만, 강한 뿔이나 날카로운 이빨이나 발톱 같은 무기가 없고, 추위를 막는 털이나 질긴 가죽도 없으며, 레이더와 같은 감각기도 없고, 비둘기처럼 밝은 눈이나 개처럼 예민한 코도 가지지 못한 불완전한 동물이다. 그러나 인간이 이처럼 동물로서의 불리한 조건을 극복하고 고등 동물이 된 것은 그 까닭이 어디에 있는가? 여러 가지 원인 중에 불의 사용이 가장 중요하다. 인간은 물질을 마찰시키면 열이 나고, 그 열이 불로 변한다는 것을 알았다. 그리고 불을 사용하면서부터 화식(火食)을 하게 되어 위의 부담을 덜고, 어둠을 쫓아 활동하는 시간을 연장하며, 모진 추위를 극복함은 물론, 맹수의 위협에서 해방될 수 있었다. 따라서 인간은 생존의 능력이 증대되어 멀리 한대(寒帶)까지 생활권을 넓혔다. 또한 금속의 제련이 가능하게 되어 도구의 발달이라는 결정적인 진전이 이루어졌던 것이다.

❹ 덴마크는 트랜스 지방에 대해 엄격하게 규제하는 법을 2003년 3월에 최초로 도입한 나라이다. 이 법의 도입으로 가장 먼저 경화유 사용에 철퇴가 가해졌다. 국민이 소비하는 트랜스 지방과 경화유를 2%로 제한하는 내용이 법에 명시된 것이다. 이러한 제한은 최종 생산물이 아니라 사용되는 재료에 대한 것임을 주목해야 한다. 이러한 규제 조치로 덴마크는 산업적으로 생산된 음식은 물론 조리된 음식이라도 트랜스 지방은 채 1그램도 섭취하지 않도록 만들어 준 유일한 국가가 되었다.

❺ 인종의 모든 차이점 중에서 가장 두드러진 것은 피부색이다. 이런 차이는 서로 다른 기후에 오랫동안 노출됨으로써 형성되었다고 설명할 수 있다. 유인원이 몸에서 털을 잃어버려 자외선에 무방비로 노출되자, 직접 내리쬐는 햇빛에 견디기 위해 그들의 흰 속살은 멜라닌으로 보호되는 검은 피부로 변하게 되었다. 아프리카를 떠난 인류의 조상들 중 일부가 일사량이 적은 유럽으로 이동하면서 그들의 피부가 다시 희게 변했다. 뼈를 만드는 데 관여하는 중요 물질인 비타민 D_3를 생성하려면 자외선이 필요하므로 이를 더 받아들이기 위해 피부색이 밝게 바뀌었던 것이다.

POINT 03 선택지 구성 방식
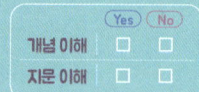

1. 선택지를 만드는 원리를 유형화하여 익히고, 특히 치환과 혼용을 집중적으로 연습한다.
2. 출제자의 눈으로 선택지의 함정을 찾아보며, 오답을 피하는 기술을 익힌다.

독해 문제가 어려운 경우는 크게 **제시문의 수준이 높은 경우**와 **선택지에 함정이 있는 경우**로 나눌 수 있다. 제시문을 성공적으로 분석했다고 해도, 여러 정보가 혼재되어 있는 선택지로 인해 혼란을 겪거나 시간을 낭비한 경험은 누구나 있을 것이다.

선택지의 함정에 빠지지 않기 위해서는 출제자의 관점으로 선택지를 구성하는 원리를 익혀야 한다. 즉 제시문을 분석하는 데에서 나아가, 제시문의 정보를 조합하여 선택지를 만드는 법을 파악하는 것이 필요하다. 선택지는 주로 다음에 열거된 방식을 중심으로 구성된다.

그대로 가져오기	제시문의 내용을 있는 그대로 혹은 유사하게 변형하여 선택지를 구성하는 방식
반대 진술	제시문과 반대되는 내용으로 선택지를 구성하는 방식
비교, 범주, 수치	수치나 정도를 제시문의 내용과 다르게 하여 선택지를 구성하는 방식
인과, 선후의 오류	원인과 결과 및 시간의 선후를 바꿔 선택지를 구성하는 방식
의도의 오류	특정 사건이나 행위의 결과를 행위자의 의도에 따른 결과로 해석하는 방식
치환(바꿔 쓰기)	제시문의 내용을 그 의미 범주에 속하는 다른 개념어로 바꿔 선택지를 구성하는 방식
혼용(섞어 쓰기)	제시문의 내용을 섞어서 선택지를 구성하는 방식
제시문에 없음	제시문에 없는 내용을 추가하여 선택지를 구성하는 방식

01 제시문의 내용을 그대로 가져오는 경우

문제의 난도가 가장 낮은 선택지이다. 제시문에 나온 내용을 그대로 따오거나 약간 변형한 경우이다.

정답과 해설 003쪽

연습하기

> 김삿갓으로 알려진 김병연의 집안은 그의 할아버지인 김익순이 죄를 짓고 사형당하기 전까지 괜찮은 편이었다. 1811년 김익순이 선천 부사로 재직 중일 때 홍경래의 난이 일어났다. 이때 그는 반란군에게 항복했을 뿐만 아니라, 반란이 수습될 무렵에는 반란군 장수의 목을 베어 왔다는 거짓 보고까지 했다. 김익순의 이러한 행적이 드러나 결국 그는 모든 재산이 몰수되고 사형을 당했다. 이후 김병연은 대역죄로 사형당한 인물의 후손이라는 오명을 쓰고 살아갈 수밖에 없었다. 그가 당대의 주류 세력과 관계를 맺지 못한 것도 이 때문이었다. 2025 지방직 9급

01 김병연은 대역죄인의 후손이어서 당대 주류 세력과 관계를 맺을 수 없었다. O | X

02 반대 진술(긍정 진술과 부정 진술)

제시문의 내용과 반대로 진술하거나 반의어를 사용하여 선택지를 구성하는 경우 등을 말한다. 긍정과 부정의 대칭성이 뚜렷할수록 난도는 낮아진다.

정답과 해설 003쪽

연습하기

> 일반적으로 현대적인 건축물에서 창과 문은 각각의 기능이 명확하고 크기와 형태가 달라 구별이 쉽다. 그러나 한국 전통 건축, 곧 한옥에서 창과 문은 그 크기와 형태가 비슷해서 구별하지 않는 경우가 많다. 그리하여 창과 문을 합쳐서 창호(窓戶)라고 부른다. 이것은 창호가 창과 문의 기능과 미를 공유하고 있다는 것을 의미한다.

02 한옥에서는 창호의 형태에 따라 창과 문을 구별하는 것이 일반적이다. O | X

> 《여씨춘추》에 따르면, 천지를 채운 기(氣)가 음악을 통해 균형을 이루는데, 음악의 조화로운 소리가 자연의 기와 공명하여 천지의 조화에 기여할 수 있고, 인체 내에서도 기의 원활한 순환을 돕는다. 음악은 우주 자연의 근원에서 비롯되어 음양의 작용에 따라 자연에서 생겨나지만, 조화로운 소리는 적절함을 위해 인위적 과정을 거쳐야 한다고 지적하고, 좋은 음악은 소리의 세기와 높낮이가 적절해야 한다고 주장하였다.

03 《여씨춘추》에서는 우주 자연의 근원에서 비롯된 자연 그대로의 소리를 좋은 음악으로 보았다. O | X

POINT 03 선택지 구성 방식

03 비교 범주(수치, 범주, 정도의 오류)

'~보다'를 '가장 ~'으로, '모든'을 '어떤'으로 바꾸는 등, 비교 범주나 수치, 정도를 제시문의 내용과 다르게 하는 경우이다. '모두', '어떤', '일부', '다만', '단' 등의 말이 나오면 표시하면서 독해하자.

정답과 해설 003쪽

연습하기

> 영어 공용화 국가의 상황을 긍정적 측면에서 본다면, 영어 공용화 실시는 인종 중심적 문화로부터 탈피하여 다원주의적 문화 정체성을 수립하는 계기가 될 수 있다. 그러나 영어 공용화 국가는 모두 다민족 다언어 국가이기 때문에 한국과 같은 단일 민족 단일 모국어 국가와는 처한 환경이 많이 다르다.

04 단일 민족 단일 모국어 국가 중 일부는 다원주의적 문화 정체성을 수립하기 위해 영어 공용화를 실시하고 있다. ○ | ×

04 원인과 결과, 선후의 뒤바뀜

원인과 결과의 순서나 시간의 선후 순서를 바꾸어서 선택지를 만드는 방식이다. 글을 읽을 때 '원인 → 결과', '시간의 선 → 후' 부분에 화살표(→)로 표시를 하면서 읽도록 한다.

정답과 해설 003쪽

연습하기

> 조선에서의 새로운 무기 수용과 전술의 변화는 단순한 군사적 변화에 그치지 않고 정치적, 경제적 변화를 수반하였다. 대규모 군사력의 운용으로 국가 단위의 재정 수요도 크게 증대했는데, 대동법은 이러한 수요에 부응하는 제도이기도 했다. 선혜청에서 대동법의 운영을 전담하면서 재정권의 중앙 집중화가 시도되었으며, 이에 따라 지방에서 자율적으로 운영하던 재정의 상당 부분이 조정으로 귀속되었다.

05 대동법을 시행하면서 재정권이 중앙으로 집중되자 비로소 군사력을 대규모로 운영할 수 있게 되었다. ○ | ×

> '쓰기'에 의해 코드화된 시각적인 표시는 말을 사로잡게 되고, 그 결과 그때까지 소리 속에서 발전해 온 정밀하고 복잡한 구조나 지시 체계의 특수한 복잡성이 그대로 시각적으로 기록될 수 있게 되고, 나아가서는 그러한 시각적인 기록으로 인해 그보다 훨씬 정교한 구조나 지시 체계가 산출될 수 있게 된다. 그러한 정교함은 구술적인 발화가 지니는 잠재력으로써는 도저히 이룩할 수 없는 정도의 것이다.

06 인간은 시각적 코드 체계(쓰기)를 사용함으로써 정밀하고 복잡한 소리 구조의 지시 체계를 마련할 수 있었다. ○ | ×

05 의도의 오류

어떠한 결과를 의도하였다는 내용이 없는데도 **행위자의 의도가 있었다고 유도하는 선택지**는 '의도의 오류'이므로 조심해야 한다.

정답과 해설 003쪽

연습하기

《삼국사기》에 따르면, 백제 의자왕 때 궁궐 땅속에서 파낸 거북이 등에 쓰여 있는 '백제는 만월(滿月) 신라는 반달'이라는 글귀를 두고 점술사가 백제는 만월이라서 다음 날부터 쇠퇴하고 신라는 앞으로 크게 발전할 징표라고 해석했다고 한다. 결과적으로 점술가의 예언이 적중했다. 이때부터 반달은 더 나은 미래를 기원하는 뜻으로 쓰이며, 그러한 뜻을 담아 송편도 반달 모양의 떡으로 빚었다고 한다.

07 《삼국사기》에 따르면 점술사는 신라가 크게 발전하기를 기원하는 뜻을 담아 예언을 했다. O | X

06 치환(정보 바꾸기, 패러프레이징)

치환이란, 제시문에 있는 A라는 정보를 선택지에서 B로 바꾸어 표현하는 것을 말한다. 치환이 된 선택지에서 주의해야 할 점은 바뀐 **정보의 의미 범주**이다. 문맥의 의미를 고려하여 **적절하게 다른 어휘나 어구로 바꾸어 써야** 하는데, 이때 문맥적 의미에서 지나치게 벗어나게 되면 틀린 선택지가 된다는 점을 항상 주의해야 한다.

정답과 해설 003쪽

연습하기

국제기구인 유엔은 영어, 중국어, 러시아어, 프랑스어, 스페인어, 아랍어 등이 공용어로 사용되나 그곳에 근무하는 모든 외교관들이 이 공용어들을 전부 다 잘해야 하는 것은 아니다. 유럽 연합에서의 공용어 개념도 유엔에서의 경우와 마찬가지로 여러 공용어 중 하나만 알아도 공식 업무상 불편이 없게끔 한다는 것이지 모든 유럽 연합인들이 열 개가 넘는 공용어를 전부 다 배워야 하는 것은 아니다.

08 유럽 연합은 복수의 공용어를 지정하여 공무상 편의를 도모하였다. O | X

과거에 예술은 고급 예술만을 의미했다. 특별한 재능을 가진 예술가의 작품을 귀족과 같은 상층 사람들이 제한된 장소에서 감상하기만 했다. 그러나 사진기와 같은 새로운 기술의 발명으로 기존의 걸작품이 복제되어 인테리어 소품이나 낭만적인 엽서로 사용되면서 대중도 예술 작품을 공유할 수 있게 되었다. 대중은 더 이상 예술 작품을 수동적으로 감상하는 데에 머물지 않고 능동적으로 소비하고 실용적으로 사용하게 되었다.

09 복제와 관련된 기술의 발명은 예술을 둘러싼 상황을 변화시키는 데 기여했다. O | X

POINT 03 선택지 구성 방식

07 혼용(정보 섞기)

제시문의 정보를 섞어서 선택지를 구성하는 경우이다. 일반적으로 **정보를 섞는 문장의 거리가 멀수록, 정보를 섞는 양이 많을수록** 난도는 높아진다.

정답과 해설 003쪽

연습하기

> 용(龍)에 대한 동양의 인식에 의하면, 용은 날개 없이도 자유롭게 하늘을 날아다닐 수 있고 물속에서도 지낼 수 있으며, 네 발이 있으나 땅에서 걷는 일이 없다. 바닷가 사람들은 이러한 용이 주로 바닷속 용궁에서 지낸다고 생각했던 데 비해, 육지 사람들은 주로 하늘 위 구름 속에서 지낸다고 믿었다.

10 육지 농부들은 구름 속 용에게 네 발이 있다고 인식했다. O | X

> 조선 시대에 금속 활자는 희귀한 물건이었고, 오로지 국가만이 소유할 수 있었다. 왜 국가가 금속 활자를 독점했던 것일까? 구텐베르크의 금속 활자 고안에는 상업적 동기가 작용했다. 당시 독일에서는 라틴어 문법 서적 등 인쇄물에 대한 민간의 수요가 많았고, 그 수요는 주로 목판 인쇄에 의해 충족되고 있었다. 구텐베르크는 인쇄물의 생산 가격을 낮추기 위해 금속 활자 인쇄술을 고안했던 것이다. 즉 서양의 인쇄술은 상업적 목적으로 민간의 필요에 의해 민간에서 제작되었다. 반면 조선의 금속 활자는 국가의 필요에 의해 국가에서 제작한 것이었다.

11 서양에서는 민간이 상업적 이익을 얻기 위하여 금속 활자로 인쇄하였지만, 조선에서는 국가가 상업적 이익을 독점하기 위하여 금속 활자로 인쇄하였다. O | X

08 치환과 혼용의 결합

정보를 바꿔 표현하는 것과 섞어 진술하는 것을 결합한 선택지이다. **결합된 양이 많을수록** 난도는 높아진다.

정답과 해설 003쪽

연습하기

> 수학과 과학의 한자 용어 중에는 그 자체만으로는 뜻을 알 수 없는 경우가 많다. 특히 중국이나 일본 용어를 차용한 다수의 용어가 그러하다. 한자어를 사용하면 적은 수의 음절로 함축적으로 조어할 수 있다. 그러나 한자 용어는 수직선(數直線)과 수직선(垂直線)같이 한자로는 다르지만 한글로는 같이 발음되어 혼란을 초래할 수 있다.

12 중국에서 차용한 수학·과학 용어는 우리나라에서 다의적으로 사용되기 때문에 어려움을 초래한다. O | X

09 제시문에 없음

선택지를 만들 때는 **제시문에 없는 내용**을 슬쩍 넣기도 한다. 제시문에서 벗어난 내용을 자의적으로 유추하거나, 글의 전체적 맥락에서 벗어난 전망이나 결론을 함부로 추론하면 안 된다.

정답과 해설 003쪽

연습하기

> 물론 이렇게 문제가 있다고 해서 경제학에서 숫자를 사용하면 안 된다는 말이 아니다. 생산량, 성장률, 실업률, 불평등 수준 등에 관한 주요 숫자를 모르고서는 우리는 실제 세상의 경제를 제대로 이해할 수 없다. 그렇지만 이 숫자들이 무엇을 말해 주고, 무엇을 말해 주지 않는지를 항상 명심해야 한다.

13 경제학에서 사용하는 숫자는 객관성이 부족하기 때문에 실제 경제를 이해하는 데 도움이 되지 않는다. O | X

> 한글은 소리를 나타내는 표음 문자여서 한국어 문장을 읽는 데 학습해야 할 글자가 적지만, 한자는 음과 상관없이 일정한 뜻을 나타내는 표의 문자여서 한문을 읽는 데 익혀야 할 글자 수가 훨씬 많다. 이러한 번거로움에도 한글과 달리 한자가 갖는 장점이 있다. 한글에서는 동음이의어, 즉 형태와 음이 같은데 뜻이 다른 단어가 많아 글자만으로 의미를 파악하지 못하는 경우가 많다. 하지만 한자는 그렇지 않다. 예컨대, 한글로 '사고'라고만 쓰면 '뜻밖에 발생한 사건'인지 '생각하고 궁리함.'인지 구별할 수 없다. 한자로 전자는 '事故', 후자는 '思考'로 표기한다. 그런데 한자는 문맥에 따라 같은 글자가 다른 뜻으로 쓰이지는 않지만 다른 문장 성분으로 사용되기도 해 혼란을 야기한다. 가령 '愛人'은 문맥에 따라 '愛'가 '人'을 수식하는 관형어일 때도, '人'을 목적어로 삼는 서술어일 때도 있는 것이다.

14 한문은 한국어 문장보다 문장 성분이 복잡하다. O | X

15 '愛人'에서 '愛'의 문장 성분이 바뀌더라도 '愛'는 동음이의어가 아니다. O | X

POINT 03 선택지 구성 방식

01 다음 글에서 추론한 내용으로 가장 적절한 것은?   2025 국가직 9급

> 이집트 벽화에서 신, 파라오, 귀족은 특이한 모습으로 표현된다. 신체의 주요 부위를 이상적으로 보여 줄 수 있도록 눈은 정면, 얼굴은 측면, 가슴은 정면, 발은 측면을 향하게 조합하여 그린 것이다. 이는 단일한 시점에서 대상을 표현한 것이 아니라 여러 시점에서 바라본 모습을 하나의 형상에 집약한 것이다. 이렇게 그려진 그들의 모습은 이상적인 부분끼리의 조합을 통해 완전하고 완벽하며 장중한 형상을 보여 주고자 한 의도의 결과이다. 그런데 벽화에 표현된 대상들 중 신, 파라오, 귀족과 같은 고귀한 존재는 이렇게 그려지고, 평범한 일반인은 곧잘 이런 방식과 관계없이 꽤 사실적으로 그려졌다. 그들을 서로 다른 방식으로 표현하였다는 점은 이집트 미술이 특정한 이데올로기를 통해 양식화되어 있음을 선명하게 보여준다.
>
> 이 이데올로기에 따르면, 신과 파라오, 나아가 귀족은 '존재하는 자'이고, 죽을 운명을 가진 평범한 사람들은 그저 '행위하는 자'이다. 평범한 사람들이 일하는 모습을 그릴 때 사실적으로, 그러니까 얼굴이 측면이면 가슴도 측면으로 자연스럽게 그리는 것은, 그들이 썩어 없어질 찰나의 인생을 살고 있기 때문이다. 그러기에 그들은 이 세상에서 실제로 행위하는 모습 그대로 그려진다. 반면 고귀한 존재는 삼라만상의 변화와 관계없이 영원한 세계의 이상을 반영한다. 그러기에 그들은 이상적 규범에 따라 불변의 양식으로 그려진다.
>
> 이렇게 같은 인간을 표현해도 위계에 따라 표현 방식을 달리한 것은 이집트 종교의 영향 때문이다. 이집트 종교는 수직적이고 이원적인 정신성에 그 토대를 두고 있다. 이런 이원론적인 정신성은 양식화된 이상주의적 미술로 표현되는 경향이 있다. 이집트의 벽화가 바로 그 대표적인 사례이다.

① 이집트의 벽화에서는 존재와 행위를 동등한 가치로 표현하고 있다.
② 이집트의 종교가 가지는 정신성은 이집트의 미술 양식에 영향을 끼쳤다.
③ 이집트의 이상주의적 미술에서는 평범한 사람들을 그리지 않고 고귀한 존재들만 표현하였다.
④ 이집트인들은 신체를 바라보는 독특한 시점을 토대로 예술에 관한 이데올로기를 형성하였다.

02 다음 글을 이해한 내용으로 가장 적절한 것은?

> 언어의 형식적 요소에는 '음운', '형태', '통사'가 있으며, 언어의 내용적 요소에는 '의미'가 있다. 음운, 형태, 통사 그리고 의미 요소를 중심으로 그 성격, 조직, 기능을 탐구하는 학문 분야를 각각 '음운론', '문법론(형태론 및 통사론 포괄)', 그리고 '의미론'이라고 한다. 그 가운데서 음운론과 문법론은 언어의 형식을 중심으로 그 체계와 기능을 탐구하는 반면, 의미론은 언어의 내용을 중심으로 체계와 작용 방식을 탐구한다.
> 이처럼 언어학은 크게 말소리 탐구, 문법 탐구, 의미 탐구로 나눌 수 있는데, 이때 각각에 해당하는 음운론, 문법론, 의미론은 서로 관련된다. 이를 발화의 전달 과정에서 살펴보자. 화자의 측면에서 언어를 발신하는 경우에는 의미론에서 문법론을 거쳐 음운론의 방향으로, 청자의 측면에서 언어를 수신하는 경우에는 반대의 방향으로 작용한다. 의사소통의 과정상 발신자의 측면에서는 의미론에, 수신자의 측면에서는 음운론에 초점이 놓인다. 의사소통은 화자의 생각, 느낌, 주장 등을 청자와 주고받는 행위이므로, 언어 표현의 내용에 해당하는 의미는 이 과정에서 중심적 요소가 된다.

① 언어는 형식적 요소가 내용적 요소보다 다양하다.
② 언어의 형태 탐구는 의미 탐구와 관련되지 않는다.
③ 의사소통의 첫 단계는 언어의 형식을 소리로 전환하는 것이다.
④ 언어를 발신하고 수신하는 과정에서 통사론은 활용되지 않는다.

03 다음 글에서 알 수 있는 내용으로 적절하지 않은 것은?

> 《훈민정음해례》가, 한글 창제의 주체인 세종이 직접 지었다는 《월인천강지곡》이나 왕실의 정통성을 노래한 〈용비어천가〉와 표기 방식이 다른 이유는 무엇일까? 특히 〈용비어천가〉가 《훈민정음해례》에 뒤이어 간행되었고, 편찬자들이 대다수 중복되고 있음에도 표기 차이가 나타난 이유는 세종의 의지가 반영되었기 때문이라고 보아야 할 것이다.
> 〈용비어천가〉는 집현전 학사들이 편찬과 주해를 담당해 간행한 것이지만, 세종은 한글 창제 이전에 이미 〈용비어천가〉 편찬을 지시했고, 〈용비어천가〉의 주해 작업이 이루어지던 기간에도 내용의 첨삭에 직접적으로 관여했다. 따라서 표기법에도 세종의 의지가 반영되었을 것이다. 이는 세종이 형태를 중시하는 표기 방식을 지향했다는 것인데, 세종의 지향은 그가 직접 지은 《월인천강지곡》의 표기 방식을 통해서도 유추할 수 있다.
> 그러나 《훈민정음해례》는 집현전 학사들이 주도해 편찬한 것이니만큼 그들이 합의한 표기 방식에 따랐을 것이다. 이러한 사실을 통해 볼 때 이상주의적인 표기 체계를 꿈꾸었던 세종과 현실적인 표기 체계를 수립하고자 했던 집현전의 젊은 학자들 사이에 견해 차이가 있었음을 확인할 수 있다.
> 사실 표기법은 배우고 쓰기 쉬운 쪽으로 결정되어야 하고 소리와 문자가 일대일로 대응된다면 그 편리성이 더해진다는 것은 명확한 사실이지만, 세종은 그러한 현실적인 편리성보다는 형태상의 일관성을 중요시했던 것이다. 세종의 이상주의는 집현전 학사들의 현실론에 부딪혔고, 《석보상절》을 편찬한 수양 대군 역시 집현전 학사들의 견해에 따름으로써 결국 당대의 표기법은 사실상 집현전 학사들의 견해로 굳어지게 되었다.

① 《월인천강지곡》에는 형태를 중시하는 표기 방식이 반영되어 있다.
② 《훈민정음해례》가 〈용비어천가〉보다 먼저 간행되었다.
③ 《훈민정음해례》와 달리 《석보상절》은 소리와 문자가 일대일로 대응하는 표기 방식을 따랐다.
④ 《훈민정음해례》와 〈용비어천가〉는 모두 집현전 학사들이 편찬에 관여하였다.

04 다음 글에서 추론할 수 있는 것은?

포도주는 유럽 문명을 대표하는 술이자 동시에 음료수이다. 우리는 대개 포도주를 취하기 위해 마시는 술로만 생각하기 쉬우나 유럽에서는 물 대신 마시는 '음료수'로서의 역할이 크다. 유럽의 많은 지역에서는 물이 워낙 안 좋아서 맨 물을 그냥 마시면 위험하기 때문에 제조 과정에서 안전성이 보장된 포도주나 맥주를 마시는 것이다. 이런 용도로 일상적으로 마시는 식사용 포도주로는 당연히 고급 포도주와는 다른 저렴한 포도주가 쓰이며, 술이 약한 사람들은 여기에 물을 섞어서 마시기도 한다.

소비의 확대와 함께, 포도주의 생산을 다른 지역으로 확산시키려는 노력도 계속되어 왔다. 포도주 생산의 확산에서 가장 큰 문제는 포도 재배가 추운 북쪽 지역으로 확대되기 힘들다는 점이다. 자연 상태에서는 포도가 자라는 북방 한계가 이탈리아 정도에서 멈춰야 했지만, 중세 유럽에서 수도원마다 온갖 노력을 기울인 결과 포도 재배가 상당히 북쪽까지 올라갔다. 대체로 대서양의 루아르강 하구로부터 크림반도와 조지아를 잇는 선이 상업적으로 포도를 재배할 수 있는 북방 한계선이다.

적정한 기온은 포도주 생산 가능 여부뿐 아니라 생산된 포도주의 질을 결정하는 중요한 요인이다. 너무 추운 지역이나 너무 더운 지역에서는 포도주의 품질이 떨어질 수밖에 없다. 추운 지역에서는 포도에 당분이 너무 적어서 그것으로 포도주를 담그면 신맛이 강하게 된다. 반면 너무 더운 지역에서는 섬세한 맛이 부족해서 '흐물거리는' 포도주가 생산된다(그 대신 이를 잘 활용하면 포르토나 셰리처럼 도수를 높인 고급 포도주를 만들 수 있다.). 그러므로 고급 포도주 주요 생산지는 보르도나 부르고뉴처럼 너무 덥지도 않고 너무 춥지도 않은 곳이다. 다만 달콤한 백포도주의 경우는 샤토 디켐(Chateau d'Yquem)처럼 뜨거운 여름 날씨가 지속하는 곳에서 명품이 만들어진다.

포도주의 수요는 전 유럽적인 데 비해 생산은 이처럼 지리적으로 제한됐기 때문에 포도주는 일찍부터 원거리 무역 품목이 됐고, 언제나 고가품 취급을 받았다. 그런데 한 가지 기억해야 할 점은 이렇게 수출되는 고급 포도주는 오래된 포도주가 아니라 바로 그해에 만든 술이라는 점이다. 우리는 포도주는 오래될수록 좋아진다고 믿는 경향이 있지만, 대부분의 백포도주 혹은 중급 이하 적포도주는 시간이 지날수록 오히려 품질이 떨어진다. 시간이 흐를수록 품질이 개선되는 것은 일부 고급 적포도주에만 한정된 이야기이며, 그나마 포도주를 병에 담아 코르크 마개를 끼워 보관한 이후의 일이다.

① 고급 포도주는 모두 너무 덥지도 춥지도 않은 곳에서 재배된 포도로 만들어졌다.
② 루아르강 하구로부터 크림반도와 조지아를 잇는 선은 이탈리아보다 남쪽에 있을 것이다.
③ 유럽에서 일상적으로 마시는 식사용 포도주는 저렴한 포도주거나 고급 포도주에 물을 섞은 것이다.
④ 병에 담겨 코르크 마개를 끼운 고급 백포도주는 보관 기간에 비례하여 품질이 개선되지는 않을 것이다.

05 다음 글에서 추론할 수 있는 내용으로 적절하지 않은 것은?

> '포스트휴먼'은 그 기본적인 능력이 근본적으로 현재의 인간을 넘어서기 때문에 현재의 기준으로는 더 이상 인간이라 부를 수 없는 존재를 가리키는 표현이다. 스웨덴 출신의 철학자 보스트롬은 건강 수명, 인지, 감정이라는, 인간의 세 가지 주요 능력 중 최소한 하나 이상의 능력에서 현재의 인간이 도달할 수 있는 최대한의 한계를 엄청나게 넘어설 경우 이를 '포스트휴먼'으로 부르자고 제안하였다.
>
> 현재 가장 뛰어난 인간이 가질 수 있는 지능보다 훨씬 더 뛰어난 지능을 가지며, 더 이상 질병에 시달리지 않고, 노화가 완전히 제거되어서 젊음과 활력을 계속 유지하는 어떤 존재를 생각해 볼 수 있다. 이 존재는 스스로의 심리 상태에 대한 조절도 자유롭게 할 수 있어서 피곤함이나 지루함을 거의 느끼지 않으며, 미움과 같은 감정을 피하고, 즐거움, 사랑, 미적 감수성, 평정 등의 태도를 유지한다. 이러한 존재가 어떤 존재일지 지금은 정확하게 상상하기 어렵지만 현재 인간의 상태로 접근할 수 없는 새로운 의식 상태에 놓여 있을 것임은 분명하다.
>
> 이러한 포스트휴먼은 완전히 인위적으로 만들어진 인공 지능일 수도 있고, 신체를 버리고 슈퍼컴퓨터 안의 정보 패턴으로 살기를 선택한 업로드의 형태일 수도 있으며, 또는 생물학적 인간에 대한 개선들이 축적된 결과일 수도 있다. 만약 생물학적 인간이 포스트휴먼이 되고자 한다면 유전 공학, 신경 약리학, 항노화술, 컴퓨터-신경 인터페이스, 기억 향상 약물, 웨어러블 컴퓨터, 인지 기술과 같은 다양한 과학 기술을 이용해 우리의 두뇌나 신체에 근본적인 기술적 변형을 가해야만 할 것이다. '포스트휴먼'은 '내가 이런 능력을 가지고 있었으면 얼마나 좋을까' 하고 누구나 한 번쯤 상상해 보았을 법한 슈퍼 인간의 모습을 기술한 용어이다.

① 포스트휴먼 개념에 따라 제시되는 미래의 존재는 과학 기술의 발전 양상에 따른 영향을 현재의 인간에 비해 더 크게 받을 것이다.
② 포스트휴먼 개념은 인간의 신체적 결함을 다양한 과학 기술을 이용해 보완하여 기술적 한계를 극복한 새로운 인간형의 탄생에 귀결될 것이다.
③ 포스트휴먼은 인간의 현재 상태를 뛰어넘는 능력을 가진 새로운 존재일 것으로 예측되지만 그 형태가 어떠할지 여하는 다양한 가능성에 열려 있다.
④ 포스트휴먼은 건강 수명, 인지 능력, 감정 등의 측면에서 현재의 인간보다 뛰어나기 때문에 포스트휴먼 사회에서는 인간에 대한 개념이 새로 구성될 것이다.

POINT 03 선택지 구성 방식

01-17 다음 글을 읽고, 내용 일치 여부를 판단하시오. 그리고 선택지의 주된 구성 방식을 간략히 쓰시오.

01
> 최근 A 시는 '수업 시간 스마트폰 사용 제한에 관한 조례안'을 주제로 본회의장에서 첫 번째 의회 교실을 운영하였다. 참석 학생들은 1일 시 의원이 되어 의원 선서를 한 후 주제에 관한 자유 발언 시간을 가졌다. 이어서 관련 조례안을 상정한 후 찬반 토론을 거쳐 전자 투표로 표결 처리하였다. 학생들이 의회 과정 전반에 대해 체험할 수 있었던 뜻깊은 시간이었다.

- A 시의 올해 청소년 의회 교실은 의원 선서, 조례안 상정, 자유 발언, 찬반 토론, 전자 투표의 순서로 진행되었다. O | X

[선택지 구성 방식]

02
> 1922년 잽 여사는 아동 권리 사상을 담아 아동 권리에 대한 내용을 성문화하였다. 이를 기초로 1924년 국제 연맹에서는 전문과 5개의 조항으로 된 〈아동 권리에 관한 제네바 선언〉을 채택하였다. 여기에는 "아동은 물질적으로나 정신적으로 정상적인 발달을 위해 필요한 조건이 충족되어야 한다."라든지 "아동의 재능은 인류를 위해 쓰인다는 자각 속에서 양육되어야 한다." 등의 내용이 포함되었다.
>
> 그러나 여기에서도 아동은 보호의 객체로만 인식되었을 뿐 생존, 보호, 발달을 위한 적극적인 권리의 주체로 인식되지는 않았다. 최근에 와서야 국제 사회의 노력에 힘입어 아동은 보호되어야 할 수동적인 존재에서 자신의 권리를 주장할 수 있는 능동적인 존재로 자리매김할 수 있게 되었다. 1989년 유엔 총회에서 채택된 〈아동 권리 협약〉이 그것이다.
>
> 우리나라는 이를 토대로 2016년 〈아동 권리 헌장〉 9개 항을 만들었다. 이 헌장은 '생존과 발달의 권리', '아동이 최선의 이익을 보장받을 권리', '차별받지 않을 권리', '자신의 의견이 존중될 권리' 등 유엔의 〈아동 권리 협약〉의 네 가지 기본 원칙을 포함하고 있다.

❶ 〈아동 권리에 관한 제네바 선언〉, 〈아동 권리 협약〉, 〈아동 권리 헌장〉에는 모두 아동의 발달에 대한 내용이 들어가 있다. O | X

[선택지 구성 방식]

❷ 〈아동 권리에 관한 제네바 선언〉은 아동을 적극적인 권리의 주체로 인식함으로써 아동의 권리에 대한 진전된 성과를 이루었다. O | X

[선택지 구성 방식]

03

언어마다 고유의 표기 체계가 있는데, 이는 읽기 과정에 영향을 미친다. 알파벳 언어는 표기 체계에 따라 철자 읽기의 명료성 수준이 달라진다. 철자 읽기가 명료하다는 것은 한 글자에 대응되는 소리가 규칙적이어서 글자와 소리의 대응이 거의 일대일이라는 것을 의미한다. 그 예로 이탈리아어와 스페인어가 있다. 이 두 언어의 사용자는 의미를 전혀 모르는 새로운 단어를 발견하더라도 보자마자 정확한 발음을 할 수 있다. 이에 비해 영어는 철자 읽기의 명료성이 낮은 언어이다. 영어는 발음이 아예 나지 않는 묵음과 같은 예외도 많은 편이고 글자에 대응하는 소리도 매우 다양하다.

❶ 알파벳 언어의 철자 읽기는 소리와 표기의 대응과 관련되는데, 각 소리가 지닌 특성은 철자 읽기의 명료성을 판단하는 기준이 된다. O | X

· 선택지 구성 방식

❷ 영어는 음운 처리 규칙에 적용되지 않는 예외들이 많아서 스페인어에 비해 소리와 글자의 대응이 덜 규칙적이다. O | X

· 선택지 구성 방식

04

미국 남서부의 사막 지대에 사는 갈퀴발도마뱀은 모래 위로 눈만 빼꼼 내놓고 몇 시간 동안이나 움직이지 않는다. 그렇게 있으면 따뜻한 모래가 도마뱀의 기운을 북돋아 준다. 곤충이 지나가면 도마뱀이 모래에서 나가 잡아먹을 수 있도록 에너지를 충전해 주는 것이다. 반대로 갈퀴발도마뱀의 포식자인 뱀이 다가오면, 그 도마뱀은 사냥할 기운을 얻기 위해 움직이지 않았을 때의 경험을 되살려 호흡과 심장 박동을 일시적으로 멈추고 죽은 시늉을 한다. 갈퀴발도마뱀은 모래 속에 몸을 묻고 움직이지 않기 때문에 수분의 손실을 줄이고 사막 짐승들의 끊임없는 위협에서 벗어날 수 있는 것이다.

· 갈퀴발도마뱀은 모래 속에 몸을 묻을 때 생존 확률을 높일 수 있다. O | X

· 선택지 구성 방식

05

지금까지 남아 있는 유물 중 황금 분할을 적용한 가장 오래된 예는 기원전 4700년경에 건설된 피라미드이다. 이로 미루어 보아 인류가 황금 분할의 개념과 효용 가치를 안 것은 훨씬 그 이전부터라고 추측할 수 있다. 이집트인들이 발견한 황금 분할의 개념과 효용 가치는 그 뒤 그리스로 전해져, 파르테논 신전의 전면에 나타나는 직사각형의 변들처럼 그리스의 조각, 회화, 건축 등에 철저히 적용되었다. '황금 분할'이라는 명칭도 그리스의 수학자 에우독소스에 의해 붙여지게 되고, 이를 나타내는 파이(∅, 1.61803)도 이 비율을 조각에 이용하였던 피디아스라는 사람의 그리스어 머리글자에서 따왔다.

· 에우독소스는 황금 분할의 개념을 처음으로 인식한 사람이다. O | X

· 선택지 구성 방식

06

'읽는 문화'의 실종, 그것이 바로 현대의 특징이다. 신문의 판매 부수가 날로 떨어져 가는 반면에 텔레비전의 시청률은 날로 증가하고 있다. 깨알 같은 글로 구성된 200쪽 이상의 책보다 그림과 여백이 압도적으로 많이 들어간 만화책 같은 것이 늘어나고 있다. 보는 문화가 읽는 문화를 대체해 가고 있다. 읽는 일에는 피로가 동반되지만 보는 놀이에는 휴식이 따라온다. 일을 저버리고 놀이만 좇는 문화가 범람하고 있지 않은가. 보는 놀이가 머리를 비게 하는 것은 너무나 당연하다. 읽는 일이 장려되지 않는 한 생각 없는 사회로 치달을 수밖에 없다. 책의 문화는 바로 읽는 일과 직결되며, 생각하는 사회를 만드는 지름길이다.

• 생각하는 사회는 읽는 문화가 아니라 보는 문화가 만든다.   O | X

· 선택지 구성 방식

07

세책가는 조선 시대에 돈을 받고 책을 빌려주는 책방이었다. 세책가에서는 필사본을 여러 권 준비해 놓고 사람들에게 책을 빌려주었다. 세책가를 운영하던 사람들은 주로 아전 이하 계층의 사람들로, 이들은 스스로 소설을 창작하기도 하고 주변의 사람들에게 소설을 쓰도록 유도하기도 했다. 소설 독자는 부녀층에 많았다고 하는데, 놋그릇, 가구 등을 담보로 맡겨 놓고 소설책을 빌려 갔으며 세책료는 책수와 날짜에 따라서 지불했다.

• 세책료는 책을 빌리려는 이들이 가져온 담보를 기준으로 산정되었다.   O | X

· 선택지 구성 방식

08

물, 태양 광선과 함께 대기 중의 탄산 가스는 식물의 광합성의 원료가 된다. 광합성이란 녹색 식물이 이산화 탄소 — 보통 탄산 가스라고도 부른다 — 와 물[H_2O]과 태양의 빛 에너지를 이용하여 탄수화물과 산소를 만드는 것이다. 탄수화물은 식물의 성장에 꼭 필요한 요소이다. 광합성에 의해서 생성되는 산소가 생물의 생명을 유지하는 데 필수적인 것은 이미 잘 알려진 바이다. 동식물은 호흡 작용에 의해 탄수화물을 산화시켜 근육이나 세포에 에너지를 공급하며, 이때 탄산 가스와 물이 생성된다.

• 탄산 가스는 식물의 광합성과 호흡 작용 후 생성된다.   O | X

· 선택지 구성 방식

09

　　뉴턴은 케플러의 세 번째 법칙을 이용해 인력(引力)의 세기를 수학적으로 추정했다. 지구가 사과를 잡아당겨 떨어뜨리는 바로 그 힘이 달이 원 궤도를 따라 운동하도록 지구가 달을 잡아당기는 힘이었다. 뿐만 아니라 뉴턴은 그 당시 발견된 목성의 달들이 목성의 주위를 궤도 운동하도록 만드는 힘도 바로 목성의 중력임을 밝혔다.
　　물체가 떨어지는 일은 태초부터 있었고, 달이 지구 둘레를 돈다는 사실은 까마득한 옛적부터 알려져 있었다. 그렇지만 이 두 가지 현상이 같은 힘에 따라 일어난다는 엄청난 사실을 최초로 알아낸 사람은 뉴턴이었다. 뉴턴의 중력 법칙을 '만유인력의 법칙'이라고 하는 까닭이 바로 여기에 있다.

- 뉴턴은 중력 법칙을 적용해 목성의 달을 발견할 수 있었다.　　　　　　　　　　　　　　　　　　　　　O | X

　・선택지 구성 방식

10

　　14세기의 페스트처럼 사회 체제의 총체적 변화를 초래할 정도로 엄청난 감염병이 발생하여 팬데믹이 일어날 수도 있지만, 사실 그런 정도의 병은 매우 드문 편이다. 그러나 팬데믹이 사회 균열을 심화하고, 경제와 사회 전반적으로 큰 스트레스를 안기는 것은 분명하다. 그 결과, 긍정적이든 부정적이든 변화와 발전을 강제하곤 한다. 실제로 코로나19 상황에서 많은 변화가 일어났다. 예컨대 지난 2년 동안 경험한 비대면 수업이나 회의는 예전 같으면 상상할 수 없는 일이었다. 이런 변화는 어디에서 온 것일까? 사실 그런 요소들은 이전에 없던 것들이 느닷없이 갑자기 등장한 게 아니라 대개는 이전부터 준비됐던 것들이다. 다만 새로운 변화의 수용을 거부하는 움직임 때문에 주저하다가 위기 상황에서 급격하게 채택하는 경우가 많다. 그러고 보면 팬데믹이 초래하는 현상은 이전에 볼 수 없던 파괴와 창조라기보다는 완만하게 진행되던 변화가 급격히 빨라지는 일종의 '가속화' 현상으로 볼 수 있다.

- 비대면 수업과 회의는 팬데믹으로 인해 새롭게 창조된 문화·기술에 해당한다.　　　　　　　　　　　　O | X

　・선택지 구성 방식

11

　　북아메리카의 콰큐틀 인디언은 20세기 초까지 낭비적 소비가 이루어지는 포틀라치라는 축제를 행하고 있었다. 이들은 더 높은 위신과 권위를 얻기 위해 경쟁적으로 손님을 초대하여 많은 선물을 주고, 많은 사람들 앞에서 귀중한 재화를 파괴하며, 심지어는 자신의 집을 불태우기도 하였다. 현대인의 눈에 낭비적이고 파괴적으로 보이는 이 축제는 자연 자원이 풍부하고 사회적 신분이 고정되어 있지 않다는 조건을 배경으로 한 것이었다. 또한 정치적 위신과 권위를 얻는 것을 최고의 가치로 여기는 문화를 통해 부의 분배가 자연스럽게 이루어지는 부수적 효과도 얻을 수 있었다.

- '포틀라치 축제'는 콰큐틀 인디언의 사회 경제적 조건에 기초하여 발달된 문화이다.　　　　　　　　　　O | X

　・선택지 구성 방식

POINT 03 선택지 구성 방식

12

갈릴레이는 세계에 관해 유용한 것을 배우려면 주관적이고 감각적인 경험은 무시해야 한다고 가르쳤다. 영국의 철학자 로크는 이러한 감각적인 경험을 '이차적인 성질'이라고 불렀다. 이러한 성질은 고정되어 측정 가능한 크기, 모양, 무게와 같은 '일차적인 성질'에 비해 열등하며, 일차적인 성질에서 단순히 파생된 것임을 강조하는 말이다. 객관적인 실제 세계에 걸맞은 일차적인 성질이란 양적으로 측정할 수 있는 사물의 여러 측면을 뜻했다. 자연이 자신의 비밀을 공개하고 인간의 정신이 발휘하는 영향력에 굴복하게 하려면 자연을 수(數)로 환원해야 한다고 믿었다. 과학자들에게 수학은 자연을 이해하고 통제하는 언어가 되었다.

- 이차적인 성질은 일차적인 성질에서 파생된 것으로, 양적으로 측정될 수 있는 크기, 무게 등을 의미한다. ○│✕

▸ 선택지 구성 방식

13

중견 IT 업체 A 사는 2년 전 직원들과 상시 소통할 수 있는 챗봇 시스템을 도입하였다. 챗봇은 출근한 직원에게 두 시간마다 상냥한 말투로 말을 걸어 업무가 잘 진행되는지, 만일 집중이 안 된다면 이유가 무엇인지 등을 물었다. 직원들의 근무 패턴과 니즈를 파악하게 된 회사 경영진은 직원들의 업무 효과성을 높여 주었다. 회사의 매출도 덩달아 증가하였다. 그런데 시간이 지남에 따라 A 사의 시장 점유율이 줄어드는 등 성장세 둔화의 조짐이 나타났다. A 사는 전담 데이터 분석 팀을 신설했고, 직원들은 업무 집중도에 영향을 미치는 감정의 종류, 정도, 원인 등 보다 개인적인 질문까지 챗봇으로부터 받게 되었다. 직원들의 불만이 많아지더니 어느 순간 회사를 떠나는 직원의 수가 눈에 띄게 늘어났다. 기업의 실적에 연동되어 지급되는 최고 경영자의 올해 보너스는 작년 수준을 넘지 못했다.

- A 사의 챗봇 시스템은 회사가 직원에 대한 정보를 많이 알수록 직원들의 업무 효과성이 높아진다는 사실을 뒷받침한다. ○│✕

▸ 선택지 구성 방식

14

아주 적은 빛도 어떤 식물에겐 치명적이다. 들깨, 참깨, 벼와 콩 일부 품종은 밤이 낮보다 길어야 꽃을 피운다. 그런데 인공조명 때문에 이들 식물은 낮이 길어졌다고 착각해, 꽃을 피우고 이삭이 패는 시기가 늦어진다. 그 결과 결실을 맺을 시간이 짧아져 추수량이 감소할 수밖에 없다. 가로등 옆에서 자란 벼가 이삭이 여물지 못하고 키만 웃자라며, 병충해에도 잘 걸린다는 연구 결과는 이미 나와 있다. 특히 들깨는 빛 공해에 가장 민감한 식물 중 하나로, 사물의 윤곽만 겨우 보이는 정도인 2럭스 정도의 빛에도 개화가 지연되는 현상이 뚜렷하게 관찰된다. 한편 밤보다 낮이 길어야 꽃을 피우는 보리, 밀, 유채, 시금치 등도 문제다. 이들은 제대로 자라지 못했는데도 꽃을 피우게 돼 개체 수를 유지하기 힘들어진다.

- 인공조명은 들깨와 보리의 꽃 피는 시기를 앞당겨 추수량에 영향을 미친다. ○│✕

▸ 선택지 구성 방식

15

　　기술 발전에 힘입어 사회는 정보의 저장, 전달, 공유가 가능해졌으며 공동 이익을 창출하기 용이해졌다. 이에 따라 정보 사회의 진전도 촉진되었지만, 다른 한편으로 우리가 해결해야 할 다음과 같은 문제점도 발생했다. 첫째, 정보 격차의 문제가 심각하다. 정보 사회에서 가치 창출의 원천이 되는 희소하고 중요한 정보에 접근할 수 있는 사람들은 매우 제한되어 있다. 공개된 정보라 하더라도 정보 검색이나 활용 능력을 갖추지 못한 사람들은 그 정보를 이용하기 어렵다. 둘째, 정보의 오남용으로 인한 사용자의 윤리 부족 문제이다. 일상생활에서 누구나 손쉽게 원하는 정보를 검색해 볼 수 있는 환경이 되었지만, 인터넷상에서 생산·유통되는 부정확한 정보 속에서 정확한 정보를 찾아야 하는 어려움이 생긴다. 확인되지도 않은 정보를 바탕으로 특정인이나 집단을 비방하거나, 개인의 이익을 위해 왜곡된 정보를 퍼뜨려 이익을 취하려고 하는 사용자의 낮은 의식 수준은 큰 문제가 되기도 한다.

- 정보 사회에서의 정보 격차 문제를 해결하기 위해서는 정보에 관한 사용자의 낮은 윤리 의식을 개선해야 한다.　O | X

· 선택지 구성 방식

16

　　인간에게 어려운 것은 인공 지능에게 쉽고, 인공 지능에게 어려운 것은 인간에게 쉽다. 이러한 아이러니를 '모라벡의 역설'이라고 한다. 미국의 로봇 공학자인 한스 모라벡은 1970년대부터 이러한 차이를 주목했는데 그 원인을 진화에서 찾았다. 인간의 운동·감각 능력은 오랜 시간 진화를 거쳐 형성됐으므로 이를 인공 지능으로 구현하기란 매우 어렵다는 얘기다. 인간은 귓속 전정 기관과 소뇌가 지속적으로 몸 기울기를 오차 없이 파악하고 근육에 신호를 보내 넘어지지 않도록 진화했다. 이 진화 과정은 최소 수만 년에서 수백만 년에 걸쳐 이루어진 시행착오의 산물이다. 그 장고의 시간을 거쳐 완성된 진화의 힘이 인간의 뇌 속에 기본으로 장착되어 있다. 그 진화의 힘으로 인간은 별다른 에너지를 들이지 않고도 바둑돌을 집어 올리고 내려놓는 것이다.

- 인공 지능이 아직까지 인간의 운동·감각 능력을 따라오지 못하는 이유는, 인간은 오랜 기간 진화해 왔기 때문이다.　O | X

· 선택지 구성 방식

17

　　너무나도 광범위하게 사용되어서인지 사람들은 디디티(DDT)를 별 해가 없는 물질로 여긴다. 디디티의 무해성에 관한 신화는 전쟁 중 수천만 명의 군인, 피난민, 포로들의 몸에서 이를 박멸하는 데 처음 사용되면서부터 시작되었다. 너무나도 많은 사람들에게 뿌려진 데다 즉각적으로 어떤 나쁜 문제도 발생하지 않았기 때문에 해가 없는 것으로 생각되었다. 다른 염화 탄화 수소 계열의 물질과 달리 디디티는 피부 속으로 스며들지 않는 분말 형태이기 때문에 사람들은 잘못 생각한 것이다. 일반적으로 디디티는 지방 성분에 녹으면 상당한 독성을 발휘한다. 소화 기관이나 폐를 통해 천천히 흡수되는 이 물질은 일단 몸속으로 들어가면 대부분 부신, 고환, 갑상선 등 지방이 풍부한 신체 장기에 축적된다(디디티 자체가 지용성이기 때문이다.). 또 상대적으로 많은 양이 간, 신장, 그리고 장기를 감싸고 있는 커다란 보호막인 장간막에도 쌓인다.

- 디디티는 폐나 피부, 소화 기관을 통해 흡수되어 신체 내부에 쌓이게 된다.　O | X

· 선택지 구성 방식

PART 2
제시문의 구조 분석

능동적 독해를 위해, 제시문의 구조를 익히라

POINT 04~11

선재 쌤's TALK

글을 읽다 보면 일정한 논지 전개의 흐름, 즉 패턴을 발견하게 됩니다. 이것을 유형화해서 정리하면, 글의 구조를 정확하게 파악하는 것은 물론 전개될 내용을 능동적으로 추론할 수 있을 것입니다.

지금부터 공무원 시험에 자주 사용되는 제시문 구조의 유형을 정리해 보도록 합시다.

탐구 2

1. 자주 출제되는 제시문의 구조 익히기
2. 전개될 내용을 능동적으로 추리하기

POINT 04 이항 대립형·대비 구조

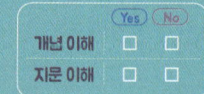

탐구 Point!
1. 공무원 시험에서 출제 1순위인 제시문의 유형이다.
2. 대조되는 대상 간의 상대적인 차이점을 파악하여, 대립항을 구성하며 독해해야 한다.

이항 대립형·대비 구조에서는 둘 이상의 대상을 맞대어 차이점을 중심으로 대상들을 검토하는 방식이 주되게 나타난다. 이러한 구조는 **공무원 시험에서 가장 많이 나타나는 제시문 유형**으로, 시험에서 반드시 출제되는 제시문 구조라고 보아도 무방하다. 이항 대립형·대비 구조에서는 '그러나, 하지만, ~와/과 달리' 등과 같은 접속어와 표지를 통해 둘 이상의 대상 또는 견해(이론 등)가 지닌 차이점을 부각하게 된다. 따라서 대조되는 대상과 '그러나, 하지만, ~와/과 달리' 등에 표시를 하면서 제시문을 읽으면 대상 간 차이점을 수월하게 파악할 수 있다.

이항 대립형·대비 구조의 제시문에서는 대부분의 선택지가 대조되는 대상이나 견해의 특징을 혼용하는 식으로 구성되기 때문에 제시문을 읽을 때 **대조되는 대상의 상대적인 특성을 이항 대립적으로 도식화하여 정리**하는 것이 필요하다.

정답과 해설 006쪽

연습하기

미국의 어머니들은 자녀와 함께 놀이를 할 때 특정 사물에 초점을 맞추고 그 사물의 속성을 아이들에게 가르친다. 사물의 속성 자체에 관심을 기울이도록 훈련받은 아이들은 스스로 독립적인 행동을 하도록 교육받는다. 미국에서는 아이들에게 의사소통을 가르칠 때 자신의 생각을 분명하게 표현하고 말하는 사람의 입장에서 대화에 임해야 하며, 대화 과정에서 오해가 발생하면 그것은 말하는 사람의 잘못이라고 강조한다.

반면에 일본의 어머니들은 대상의 '감정'에 특별히 신경을 써서 가르친다. 특히 자녀가 말을 안 들을 때에 그러하다. 예를 들어 "네가 밥을 안 먹으면, 고생한 농부 아저씨가 얼마나 슬프겠니?", "인형을 그렇게 던져 버리다니, 저 인형이 울잖아. 담장도 아파하잖아." 같은 말들로 꾸중하는 모습을 자주 볼 수 있다. 다른 사람과의 관계에 초점을 맞춘 훈련을 받은 아이들은 자신의 생각을 드러내기보다는 행동에 영향을 받는 다른 사람들의 감정을 미리 예측하도록 교육받는다. 곧 일본에서는 아이들에게 듣는 사람의 입장에서 말할 것을 강조한다.

미국의 어머니 VS 일본의 어머니

• 차이점 ①
 초점 대상: 사물 VS 감정

• 차이점 ②
 대화 시: 말하는 사람의 입장 VS 듣는 사람의 입장

01 미국의 어머니는 듣는 사람의 입장, 일본의 어머니는 말하는 사람의 입장을 강조한다. O | X

02 미국의 어머니는 자녀가 독립적인 행동을 하도록 교육하며, 일본의 어머니는 자녀가 타인의 감정을 예측하도록 교육한다. O | X

01 다음 글을 이해한 내용으로 적절하지 않은 것은?

2025 지방직 9급

> 　천상계와 지상계로 나누어진 영웅 소설의 세계 구조에서 서사적으로 중요한 것은 지상계의 일이지만 인과론적 구도로는 천상계가 우위에 있다. 천상계의 의지나 그 대리자의 개입에 의해서 지상계의 서사가 결정되기 때문이다. 천상계는 지상에서 일어나는 모든 사건의 발생과 귀결을 지배하는 초월적 세계로서, 일시적으로 고난에 빠졌던 주인공이 세상에 창궐한 악을 물리치고 승리하도록 해 주는 근거로 작용한다. 지상의 혼란이나 세계 질서의 모순은 일시적인 것일 뿐 현실의 구체적 갈등에 뿌리를 둔 것이 아니어서 초월적 세계가 이미 설계한 바에 따라 쉽사리 해소된다. 이런 모습의 세계 구조를 '이원적 세계상'이라고 부른다.
> 　반면에 판소리계 소설의 세계상은 대체로 일원적이고 경험적이다. 판소리계 소설에는 초월적 세계가 지배적 장치로 나타나는 경우가 극히 드물며, 현실의 경험적 인과 관계에 의해 서사가 전개된다. 예컨대 변학도의 횡포로 인한 춘향의 수난, 흥부의 가난과 고난, 심청과 심봉사의 불행, 유혹에 넘어간 토끼의 위기 탈출, 배비장의 욕망과 봉변, 장끼의 죽음 등은 초월적 세계의 의지나 그 대리자의 개입 없이 현실적 삶의 인과에 따라 이루어지는 것이다.

① 영웅 소설은 이원적 세계상을 잘 보여 주는 문학적 갈래이다.
② 판소리계 소설에서 서사의 인과 관계는 경험적 현실에 바탕을 둔 경우가 많다.
③ 천상계의 대리자가 지상계의 서사를 결정하는 작품에서는 이원적 세계상이 발견된다.
④ 영웅 소설에 비해 판소리계 소설에서는 초월적 세계가 현실의 문제를 해결하는 양상이 두드러진다.

02 ㉠~㉣의 어색한 부분을 고친 방안으로 적절하지 않은 것은?

> 　재외 동포(조선족) 자녀에 대한 한국어 교육에서 북한 이탈 주민 자녀와 다소 달라지는 분야는 어휘 교육이다. 학령기 학습자로서 한국의 제도권 교육으로의 진입에 필요한 학교생활 한국어와 학습 한국어 교육이 필요한 점에서는 ㉠ 북한 이탈 주민 자녀와 다르다. 그러나 어휘 교육의 내용 선정과 문화 교육 내용 및 방법에서 북한 이탈 주민 자녀와 조선족 자녀는 구분되어야 할 것이다. 먼저 둘은 교육이 필요한 어휘와 어종에 있어서 차이가 난다. 북한 이탈 주민 자녀에게는 한국과 북한 사이에 크게 이질화된 어휘에 대한 교육이 반드시 필요한데, 여기에는 ㉡ 외래어와 한자어가 포함된다. 반면에 조선족 자녀에게는 외래어 교육은 필요하지만 한자어 교육은 비중이 클 필요가 없다. 이미 한자어에 대한 이해가 ㉢ 부족하기 때문이다. 문화 교육 내용과 방법에서도 북한 이탈 주민 자녀와 조선족 자녀에 대한 구분은 필요할 것이다. 한국에 들어오기 전 본국의 교육 과정 속에서 형성한 한국에 대한 지식적, 정서적 스키마가 다르기 때문이다. 중국의 학교 교육에서 한국에 대해 다루고 있는 내용과, 북한의 학교 교육에서 한국에 대해 다루고 있는 내용이 ㉣ 매우 유사하다는 점을 생각해 보면 쉽게 짐작할 수 있다.

① ㉠은 '북한 이탈 주민 자녀와 차이가 없다'로 수정한다.
② ㉡은 '외래어는 포함되지만 한자어는 포함되지 않는다'로 수정한다.
③ ㉢은 '충분하기 때문이다'로 수정한다.
④ ㉣은 '결코 같지 않다는 점을'로 수정한다.

POINT 05 비교와 유추 구조

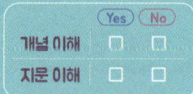

1. 대상들 간의 공통점에 초점을 맞추어 글을 전개하는 제시문 구조이다.
2. 비교의 대상과 이들의 공통점을 도출하는 기준을 파악하는 것이 핵심이다.

   비교와 유추 구조는 이항 대립형·대비 구조와 함께 시험에 자주 출제되는 제시문 유형 중 하나이다. 대조는 '차이점'에, 비교는 '공통점'에 초점이 맞춰져 있지만, 제시문에서 비교와 대조는 함께 나타날 가능성이 높다.

   유추는 생소한 개념이나 복잡한 구조를 보다 친숙하고 단순한 것과 비교하여 설명하는 방법이다. **비교는 동일 범주에 속하는 대상들의 공통점을 견주어 보지만, 유추는 서로 다른 범주에 속하는 사물 간의 유사성을 통해 주어진 대상을 추리**한다.

   비교와 유추 구조는 **이항 대립형·대비 구조와 마찬가지로 제시문에 둘 이상의 대상이 나온다.** 따라서 둘 이상의 핵심어에 표시를 해야 하며, 무엇을 기준으로 그 대상들의 공통점을 파악하고 있는지를 확인해야 한다. 선택지는 대상 간의 공통점을 중심으로 만들어질 가능성이 높다. 유추는 전개 방식을 묻는 문제로 출제될 가능성이 높으니 사례를 중심으로 유추의 개념을 명확히 익혀 두어야 한다.

정답과 해설 007쪽

연습하기

   문학이 구축하는 세계는 실제 생활과 다르다. 즉 실제 생활은 허구의 세계를 구축하는 데 필요한 재료가 되지만 이 재료들이 일단 한 구조의 구성 분자가 되면 그 본래의 재료로서의 성질과 모습은 확연히 달라진다. 건축가가 집을 짓는 것을 떠올려 보자. 건축가는 어떤 완성된 구조를 생각하고 거기에 필요한 재료를 모아서 적절하게 집을 짓게 되는데, 이때 건물이라고 하는 하나의 구조를 완성하게 되면 이 완성된 구조의 구성 분자가 된 재료들은 본래의 재료와 전혀 다른 것이 된다.
   이처럼 문학 작품에서 드러나는 세계는 실제 생활을 재료로 구성되지만, 이것은 문학의 제재로 쓰일 뿐, 실제 생활과는 완연히 다른 성질을 지니게 된다.

문학 & 건축
: 문학이 구축하는 세계의 성격을 건축가가 집을 짓는 것에서 유추함.
· '실제 생활'이라는 재료는 문학이라는 구조의 구성 분자가 되면 본래의 성질이 달라짐.
→ 건물을 짓기 위해 모은 재료는 건물의 구성 분자가 되면 본래의 재료와 전혀 달라짐.

01 문학의 재료가 되는 '실제 생활'은 문학의 구성 요소가 되면 그 성질이 달라진다.

01 다음 글의 내용을 고려할 때, 빈칸에 들어갈 내용으로 가장 적절한 것은?

> 신화, 전설, 민담, 고소설, 근대 소설 등의 여러 장르들을 모두 '서사 문학'으로 명명할 수 있는 공통된 근거는 무엇일까. 한 예로 〈동명왕 신화〉는 유화의 몸에서 알로 태어난 주몽이 시련을 이겨 내고 결국 고구려를 세우는 이야기이다. 하강 - 상승의 구조를 갖고 있는 이 이야기는 신의 혈통을 지닌 주몽에게 고구려의 왕으로서의 합당성을 부여하는 논리를 담고 있다. 이 신화는 신화시대의 인물, 사건, 환경, 그리고 이러한 요소들의 상호 관계 속에서 그 시대의 세계상을 그리고 있다.
>
> 근대 소설에서도 이러한 특징은 발견된다. 예를 들어 김동인의 〈감자〉는 복녀가 궁핍한 환경에서 몰락과 타락을 겪은 끝에 죽음을 맞는 이야기이다. 하강적 구조를 갖고 있는 〈감자〉는 인간적인 요소가 훼손된 비정한 세계의 논리를 담고 있다. 이 소설 역시 식민지 시대의 인물, 사건, 환경, 그리고 이 요소들의 상호 연관 속에서 그 시대의 세계의 모습을 형상화한다. 결국 서사 문학은 공통적으로 ◯◯◯◯◯◯◯◯◯◯◯◯◯◯인 것이다.

① 한 인물을 중심으로 한, 사건을 강조하는 이야기
② 시련을 극복한 인물로 교훈을 전하는 이야기
③ 하강과 상승을 반복하는 구조의 이야기
④ 특정한 시대의 삶의 모습을 담은 이야기

02 다음 글에서 말하고자 하는 바로 가장 적절한 것은?

> 연구자가 연구 대상으로부터 자신을 분리하고 거리를 둠으로써 주관적 요소를 배제하고 사태 자체를 객관적으로 파악하는 것이 과학적 태도라고 우리는 생각한다. 하지만 물리 화학, 경제학, 철학 등 다방면에서 학문적 업적을 이룬 마이클 폴라니는 이런 생각에 동의하지 않는다. 그는 암묵적 지식이 늘 지식의 조건으로 전제되며, 통합하는 인격적 행위 없이 지식이 성립하지 않는다는 사실을 보여 줌으로써 과학적 지식의 객관성과 가치 중립성에 의문을 제기한다. 암묵적 지식이란 한 인격체가 성취한 지식으로, 개인적이고 인격적인 성격을 띤다. 암묵적 지식의 한 측면을 우리는 못질하는 행동에서 파악할 수 있다. 우리 눈은 못대가리에 의식적으로 초점을 두어야 하지만 망치를 든 손과 공간에 대한 보조 의식이 없다면 못질은 실패할 것이다. 이런 보조 의식이 암묵적 지식이다. 암묵적 지식은 검증되지 않는다. 그러므로 완전한 검증을 거친 지식 체계가 가능하다는 객관주의의 지식 이념은 환상에 지나지 않는다고 할 수 있다.

① 드러나지 않은 다양한 지식의 가치
② 암묵적 지식이 갖는 한계와 비과학성
③ 과학적 지식의 객관성과 가치 중립성
④ 완전한 검증을 거친 지식 체계가 갖는 주요한 의의

POINT 06 일반적·구체적 구조

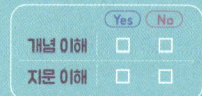

탐구 Point!
1. 제시문의 흐름을 이해할 때는 구체적 진술보다는 일반적 진술에 초점을 맞추는 것이 좋다.
2. 구체적 진술은 일반적 진술을, 일반적 진술은 구체적 진술을 이해하는 데 도움을 준다.

일반적·구체적 구조는 일반적 진술과 구체적 진술이 서로 번갈아 가며 나타나는 제시문의 유형이다.

'**일반적 진술 → 구체적 진술**'의 구조에서는 '**예를 들어, 가령, 예컨대**' 등의 표지 뒤에 구체적 진술이 이어지는 경우가 많다. 반대로 '**구체적 진술 → 일반적 진술**'의 구조에서는 먼저 구체적 진술 뒤에 '**이와 같이, 이처럼**' 등의 표지를 통해 일반적 진술이 등장함을 알리는 경우가 많다.

주제나 핵심 내용을 찾는 문제는 일반적 진술에 유의하며 읽고, **내용 일치 문제**는 구체적 진술까지 꼼꼼하게 표시하면서 읽는 독해 전략을 쓰도록 한다.

정답과 해설 007쪽

연습하기

1 G 우리나라를 비롯해 동양에는 빛과 그림자의 대비를 사실적으로 표현하는 명암법이 존재하지 않았다는 점이 새삼 흥미롭게 다가온다.

2 E (단원 김홍도의 〈씨름〉을 보자. 어디에도 그림자는 없다.) G 이처럼 **선묘에 의지해 대상을 나타내는 우리의 전통 회화에서는 명암을 의도적으로 외면하는 경향이 있다.** E 빛과 그림자를 통해 그림의 사실성을 높이고 사물의 물리적인 실재감을 높이는 것은 선의 맛을 중시하여 정신성을 극대화해 온 동양 회화의 전통과 배치되기 때문이다.

3 G 하지만 물리적인 빛과 그림자를 그리지는 않았어도 음양의 조화와 원리에 대한 관념은 화폭에 진하게 물들어 있다. 동양 회화에서 빛과 그림자는 이처럼 **정신의 현상으로 녹아 있다**고 할 수 있다.

4 G 그럼에도 **조선 후기에 들어서면 명암 표현이 어렴풋이 시도되는데**, E 이는 북경으로부터 명암법, 원근법 등에 기초한 서양 화법이 우리나라로 흘러들어 왔기 때문이다. (김두량의 〈견도(犬圖)〉 등에서 그 흔적을 찾아볼 수 있다.)

1 일반적 진술

2 구체적 진술(예시) + 일반적 진술(**1** 반복) + 구체적 진술(이유)

3 일반적 진술의 심화 ①

4 일반적 진술의 심화 ② + 구체적 진술(이유, 예시)

01 동양 회화는 정신성을 추구하기 위하여 사실성과 거리를 두었다. ○ | ×
02 김홍도의 〈씨름〉과 김두량의 〈견도〉는 다른 명암법을 사용하고 있다. ○ | ×

050 수비니겨 **독해**

01 다음 글을 이해한 내용으로 적절하지 않은 것은?

> 조선 시대 기록을 보면 오늘날 급성 전염병에 속하는 병들의 다양한 명칭을 확인할 수 있는데, 전염성, 고통의 정도, 질병의 원인, 몸에 나타난 증상 등 작명의 과정에서 주목한 바는 각기 달랐다.
>
> 예를 들어, '역병(疫病)'은 사람이 고된 일을 치르듯[役] 병에 걸려 매우 고통스러운 상태를 말한다. '여역(厲疫)'이란 말은 힘들다[疫]는 뜻에다가 사납다[厲]는 의미가 더해져 있다. 현재의 성홍열로 추정되는 '당독역(唐毒疫)'은 오랑캐처럼 사납고[唐], 독을 먹은 듯 고통스럽다[毒]는 의미가 들어가 있다. '염병(染病)'은 전염성에 주목한 이름이고, 마찬가지로 '윤행괴질(輪行怪疾)' 역시 수레가 여기저기 옮겨 다니듯 한다는 뜻으로 질병의 전염성을 크게 강조한 이름이다.
>
> '시기병(時氣病)'이란 특정 시기의 좋지 못한 기운으로 인해 생기는 전염병을 말하는데, 질병의 원인으로 나쁜 대기를 들고 있는 것이다. '온역(溫疫)'에 들어 있는 '온(溫)'은 이 병을 일으키는 계절적 원인을 가리킨다. 이밖에 '두창(痘瘡)'이나 '마진(痲疹)' 따위의 병명은 피부에 발진이 생기고 그 모양이 콩 또는 삼씨 모양인 것을 강조한 말이다.

① '온역'은 질병의 원인에 주목하여 붙여진 이름이다.
② '역병'은 질병의 전염성에 주목하여 붙여진 이름이다.
③ '당독역'은 질병의 고통스러운 정도에 주목하여 붙여진 이름이다.
④ '마진'은 질병으로 인해 몸에 나타난 증상에 주목하여 붙여진 이름이다.

02 글쓴이의 의도로 가장 적절한 것은?

> 우리 고전 문학 특히 판소리는 한(恨)이 아닌 골계가 중요한 미적 범주가 되고 있다. 〈흥부가〉에서는 흥부가 놀부에게 쫓겨나 가난하게 사는 모습이 가장 비장한 장면이라 할 수 있다. 그러나 당연히 비장해야 할 가난 묘사조차 비장으로 처리되지 않는다. 가난한 가장이 자식은 많이 두었는데 자그마치 서른 두 명이나 두었다니 그 가난이 실감나기보다 오히려 가난 타령을 통해 한바탕 웃어 보자는 작자의 의도대로 배를 잡고 웃지 않을 수 없다. 그 많은 자식이 입을 것이 없어서 큰 천에 사람 수대로 구멍만 뚫어 목을 내밀고 함께 들어앉았다가, 한 놈이 변소에 가려면 모두 개평으로 가야 한다. 흥부의 가난은 처절하고 가련해서 독자로 하여금 연민을 금치 못하게 하는, 그런 가난이 아닌 것이다. 흥부네 가난 타령은 한과 흥(신명), 비장과 골계가 적절히 융합되어 있어 관객으로 하여금 한에만 빠져들지 않게 하고 있다.

① 〈흥부가〉의 한 대목을 예로 들어 판소리에서 비장미를 구현하는 표현 방식을 설명하고 있다.
② 가난으로 인한 한의 정서를 노래한 〈흥부가〉를 통해 판소리가 한(恨)을 미학으로 하는 예술임을 밝히고 있다.
③ 비장한 상황을 희극적으로 표현하는 〈흥부가〉를 통해 판소리의 미학적 특징을 설명하고 있다.
④ 〈흥부가〉를 통해 비장한 처지에 놓인 인물을 희화화함으로써 현실을 극복하는 판소리의 특징을 설명하고 있다.

POINT 07 열거식 구조

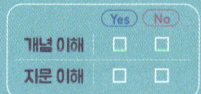

탐구 Point!
1. 열거된 대상들의 상위 항목은 열거된 대상들의 기준점이므로 중요 표시를 해 둔다.
2. 설명 대상들의 특성이 혼용될 수 있으므로 각 대상들의 특성을 잘 정리해 둔다.

대등한 대상이나 관점이 나열되어 전개될 때를 열거식 구조라고 한다.

열거식 구조에서는 **첫째, 나열되는 대상이나 관점의 상위 항목이 존재**한다. 예를 들어, 시, 소설, 희곡, 수필 등을 설명했다면 이 대상들의 상위 항목은 문학이 된다.

둘째, 열거식 구조에서는 대상이나 관점의 특성을 설명하기 때문에 선택지에서는 이를 제대로 이해했는지를 판단하기 위해 **설명 대상들의 특성을 혼용하여 선택지를 구성**한다.

셋째, 열거식 구조는 **설명 대상이 많이 나오므로 각각의 설명 대상에 표시**하면서 읽는 것이 좋다. 특히 대상을 쉽게 설명하기 위해 사례를 제시하는 경우, 내용이 길어져 설명 대상이 무엇인지 헷갈릴 수 있으니 주의하자.

정답과 해설 007쪽

연습하기

루카치는 그리스 세계를 신과 인간의 결합 정도를 가리키는 '총체성' 개념을 기준으로 세 시대로 구분하였다. 첫 번째 시대에서 후대로 갈수록 총체성의 정도는 낮아진다. 첫째는 총체성이 완전히 구현되어 있는 1 '서사시의 시대'이다. 호메로스의 《일리아드》와 《오디세이아》에서는 신과 인간의 세계가 하나로 얽혀 있다. 인간들이 그리스와 트로이 두 패로 나뉘어 전쟁을 벌일 때 신들도 인간의 모습을 하고 두 패로 나뉘어 전쟁에 참여했다. 둘째는 2 '비극의 시대'이다. 소포클레스나 에우리피데스의 비극에서는 총체성이 흔들려 신과 인간의 세계가 분리된다. 하지만 두 세계가 완전히 분리되지는 않고 신탁이라는 약한 통로로 이어져 있다. 비극에서 신은 인간의 행위에 직접 개입하지 않고 신탁을 통해서 자신의 뜻을 그저 전달하는 존재로 바뀐다. 셋째는 플라톤으로 대표되는 3 '철학의 시대'이다. 이 시대는 이미 계몽된 세계여서 신탁 같은 것은 신뢰할 수 없게 되었다. 신과 인간의 세계가 완전히 분리됨으로써 신의 세계는 인격적 성격을 상실하여 '이데아'라는 추상성의 세계로 바뀐다. 신의 세계와 인간의 세계는 그 사이에 어떤 통로도 존재할 수 없는, 절대적으로 분리된 세계가 되었다.

- 설명 대상 ①
  서사시의 시대, 총체성 높음(완전 구현).

- 설명 대상 ②
  비극의 시대, 총체성 중간(약한 연결).

- 설명 대상 ③
  철학의 시대, 총체성 낮음(완전 분리).

01 루카치는 각기 다른 기준에 따라 그리스 세계를 세 시대로 구분하였다. ○ | ✕

02 에우리피데스의 비극에 비해 《오디세이아》에서는 신과 인간의 결합 정도가 높다. ○ | ✕

01 ㉠과 ㉡에 들어갈 말로 적절한 것은?

> 채식주의자는 고기, 생선, 유제품, 달걀 섭취 여부에 따라 다섯 가지로 나뉜다. 완전 채식주의자는 이들 모두를 섭취하지 않으며, 페스코 채식주의자는 고기는 섭취하지 않지만 생선은 먹으며, 유제품과 달걀은 개인적 선호에 따라 선택적으로 섭취한다. 남은 세 가지 채식주의자는 고기와 생선 모두를 먹지 않되 유제품과 달걀 중 어떤 것을 먹느냐의 여부로 결정된다. 이들의 명칭은 라틴어의 '우유'를 의미하는 '락토(lacto)'와 '달걀'을 의미하는 '오보(ovo)'를 사용해 정해졌는데, 예를 들어, 락토오보 채식주의자는 고기와 생선은 먹지 않으나 유제품과 달걀은 먹는다. 락토 채식주의자는 ㉠ 먹지 않으며, 오보 채식주의자는 ㉡ 먹지 않는다.

① ㉠: 달걀은 먹지만 고기와 생선과 유제품은
　㉡: 고기와 생선과 달걀은 먹지만 유제품은
② ㉠: 달걀은 먹지만 고기와 생선과 유제품은
　㉡: 유제품은 먹지만 고기와 생선과 달걀은
③ ㉠: 유제품은 먹지만 고기와 생선과 달걀은
　㉡: 고기와 생선과 유제품은 먹지만 달걀은
④ ㉠: 유제품은 먹지만 고기와 생선과 달걀은
　㉡: 달걀은 먹지만 고기와 생선과 유제품은

02 다음 글에서 추론한 내용으로 적절하지 않은 것은?

> 미국의 심리학자 매슬로에 의하면 인간의 욕구는 일련의 단계별로 배열할 수 있다. 그에 의하면 사람은 하위 단계의 욕구가 어느 정도 충족되어야 다음 단계의 욕구가 발생하게 되며, 이미 욕구가 충족되었다면 그 욕구는 인간의 행동을 유발시키는 동기 부여의 기능을 갖지 못한다.
> 　인간의 가장 최하위 욕구인 생리적 욕구는 의·식·주와 같은 인간의 생명 유지와 직결되는 욕구이다. 두 번째 단계인 안전 욕구는 신체적, 감정적, 경제적 위험으로부터 보호받고 싶은 욕구이다. 그 다음 단계인 소속과 애정의 욕구는 소외되지 않으려고 어떤 집단에 가입하고자 하거나 동료들과 친목(사랑)을 갖고자 하는 욕구이다. 네 번째 단계인 존경 욕구는 다른 사람들로부터 좋은 평가와 존경을 받고 싶어 하는 욕구이고, 마지막의 자아실현의 욕구란 자기의 잠재적 역량을 최대한 발휘하여 창조적인 인간이 되고자 하는 최상위의 욕구이다.

① 자아실현의 욕구를 추구하는 사람은 생리적 욕구가 충족된 상태일 것이다.
② 친구를 사귀고 가족을 이루고 싶은 욕구는 소속과 애정의 욕구에 해당한다.
③ 존경 욕구가 행동의 동기가 되는 사람은 존경 욕구가 충족된 상태가 아닐 것이다.
④ 자동차에 탈 때마다 사고가 날까 봐 걱정하는 사람은 자동차 동호회에 가입하고자 하는 욕구가 있을 것이다.

POINT 08 원인과 결과 구조

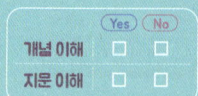

탐구 Point!
1. 원인과 결과의 선후 관계를 뒤바꾸어 함정 선택지를 만들 가능성이 높다.
2. 과학·기술, 사회·경제 분야에 나타난 원인과 결과는 상대적인 서술어(예 많다/적다, 높다/낮다 등)에 주의하며 읽는다.

원인과 결과 구조에는 원인이 먼저 나오고 결론이 나중에 제시되는 구조와, 결론이 먼저 나오고 원인이 나중에 제시되는 구조가 있다. 'A 때문에 B이다'는 '원인 → 결과' 구조이고, 'B이다. 그 이유는 A 때문이다'는 '결과 → 원인' 구조이다. 원인이 연쇄적으로 이어져 특정한 결과를 일으키는 내용도 나타날 수 있다.

원인과 결과 구조의 선택지는 **원인과 결과의 선후 관계를 바꾸거나** 연쇄적으로 이어지는 원인의 순서를 바꾸는 식으로 나타날 수 있다. 따라서 **화살표 등의 기호로 원인과 결과를 구분**해 놓는다면, 선택지의 함정에서 벗어날 수 있다.

원인과 결과는 '**만약 ~하면 ~한다'와 같은 조건문 형식**으로 만들어질 수 있다. 여기에서 '만약 ~하면'의 전건에는 원인이, '~한다'의 후건에는 결과가 들어가게 된다. 이런 경우 **논증을 활용한 선택지가 나타날 수 있으므로 주의**해야 한다. 나아가 이 지문에서 충분조건과 필요조건, 그리고 전건 부정의 오류, 후건 긍정의 오류 등을 묻는 선택지가 만들어지면 난도가 높아질 수 있다. 가정적 조건문을 활용한 문제에 대한 구체적인 접근법은 'PART 4. 신유형 훈련 논증과 강화·약화'를 참고하자.

정답과 해설 008쪽

연습하기

최근 가짜 뉴스가 확산되는 이유 중 하나로 **확증 편향**을 들 수 있다. 확증 편향이란 진리 여부가 불확실한 가설 혹은 믿음을 부적절하게 강화하는 행위로서, 이것은 뉴스 수용자의 사전 신념에서 비롯된다. 확증 편향을 보이는 뉴스 수용자는 자신이 지닌 신념을 정당화하거나 확증해 주는 뉴스만을 수용하기 때문에 **뉴스 정보 자체의 객관성이나 신뢰성을 비판적으로 점검하는 인지적 행위를 올바로 수행하지 못한다**. 이러한 수용자들은 뉴스의 출처나 정보의 정확성을 기준으로 하기보다 자신의 신념을 지지하는 근거가 되는 뉴스를 선별하여 그 뉴스의 정보를 그대로 수용한다. 확증 편향에 빠진 뉴스 수용자들은 이러한 과정을 반복하면서 자신의 신념을 더욱 강화해 간다.

• 원인과 결과
확증 편향(원인) → 뉴스의 선별적 수용 → 객관적인 인지 행위 수행 × → 신념 강화(결과)

01 확증 편향은 뉴스 수용자의 사전 신념과는 직접적인 관계가 없다. ○ | ×

02 확증 편향을 보이는 뉴스 수용자들은 가짜 뉴스 정보를 객관적으로 판단하기 어렵다. ○ | ×

01 글쓴이가 궁극적으로 말하고자 하는 내용으로 가장 적절한 것은?

> 생각하는 인간은 기계적인 설명을 벗어나 '하나'에서 '여럿'으로, '단순'에서 '복잡'으로, '원인'에서 '결과'로 서서히 변해 간다. 그러나 이 과정에서 외부 대상의 끊임없는 변화에 역시 당황해 할 수밖에 없다. 그래서 대상을 조직적으로 파악하기 위해 대상에 영원불변의 형태를 부여해야만 했고, 그 결과 세상을 정적인 어떤 것으로 만들어야만 했던 것이다.
>
> 즉, 대상의 본질은 변하지 않는 것이라고 믿고 싶어 하는 '무시간적 사고'는 인간의 사고에 깊이 뿌리내린 사상으로 자리 잡게 되었다. 생각하는 인간은 이 세상을 합리적으로 규명하기 위해 과거의 기억을 바탕으로 늘 변모하는 사건들의 패턴 뒤에 숨어 있는 영원한 요소를 찾아내려고 했으며, 또한 미래에도 동일하게 그런 요소가 존재할 것이라는 믿음을 지닐 수 있었던 것이다. 이러한 과정을 통해 인간은 시간을 통해서 자신의 모습을 인식할 수 있게 되었다. 즉 인간이 자기 인식을 할 수 있는 존재, 자기 정체성을 확인하는 존재로 거듭나게 된 것이다.

① 인간은 과거의 기억을 바탕으로 미래의 사건을 예측할 수 있게 되었다.
② 인간은 세상을 합리적으로 규명하기 위해 세상을 정적으로 인식하였다.
③ 인간은 무시간적 사고를 통해 자신의 정체성을 인식하는 존재가 될 수 있었다.
④ 인간은 외부의 변화에 적절히 대응하기 위해 대상의 본질이 변하지 않는다는 믿음을 갖게 되었다.

02 다음 글에서 추론한 내용으로 적절하지 않은 것은?

> 회사가 구성원들의 자존감을 높여 주는 것은 매우 중요하다. 자존감이 개인과 회사의 성과에 지대한 영향을 미치기 때문이다. 구성원들의 자존감을 높여 주기 위해서는 먼저 관리자 자신이 자존감을 갖고 있는지 살펴봐야 한다. 관리자의 자존감은 구성원의 자존감으로, 다시 조직의 자존감으로 전이되기 때문이다. 관리자가 자존감이 높으면 구성원들에게도 긍정의 에너지가 전달되지만, 반대인 경우에는 구성원뿐만 아니라 조직 전체에 부정적인 영향이 미친다.
>
> 자존감은 자존심과 구별할 필요가 있다. 자존심은 다른 사람과 비교해서 느끼는 우월함을 의미하는데, 자존심이 높으면 상대에게 불편한 상황을 만들어 줄 수 있다. 누군가에게 자존감을 높여 주기 위해서는 그 사람의 존재 자체만으로 그 가치를 인정하고, 그 사람을 사랑하고 존중하는 마음을 가져야 한다. 자존감은 자신을 사랑하고 존중하는 마음이 바탕이 된다. 자존감이 높은 사람은 타인에게도 사랑과 존중의 마음을 갖게 마련이다.

① 일의 성과를 높이려면 자존감을 높여 주는 것이 좋다.
② 자존심이 있는 사람은 자존감을 갖고 행동할 가능성이 높다.
③ 관리자의 자존감은 구성원의 자존감을 높이는 중요한 요소이다.
④ 상대방을 긍정적으로 보는 자세는 상대의 자존감을 높여 주는 데에 중요하게 작용한다.

POINT 09 통념과 반박 구조

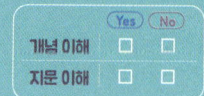

1 통념과 반박 구조는 '{흔히, 대부분의} 사람들은 A라고 생각한다. 그러나 A가 아니다.'의 형태로 구성된다.
2 통념과 반박 구조에서 핵심은 '반박' 부분이다. 이 부분에 주목하여 제시문을 읽어야 한다.

통념과 반박 구조는 일반적으로 누구나 알고 있는 '통념(通念)'이나 잘못된 상식을 제시하고 이에 대해 비판·반박하는 형식이다. 제시문에서 반박되는 통념은 '{흔히, 대개, 어떤} 사람들은 ~라고 생각한다.'의 형태로 나타나며, 뒤이어 '그러나, 하지만' 등의 역접의 접속어를 통해 이를 반박하는 형태로 나타난다. 통념을 먼저 설명하는 것은 뒤에 이어질 반박 견해를 독자에게 강조하여 전달하기 위함이다. 따라서 이 구조의 제시문을 읽을 때에는 통념이 아니라 이에 대한 **반박 견해에 주목**해야 한다. 이 유형은 글쓴이가 말하고자 하는 바에만 주목하여 효율적으로 독해할 수 있으므로 문제 푸는 시간을 절약할 수 있다.

반박에 대한 재반박이 나오는 제시문도 있다. 'A이다. 물론 B이다(일 수 있다). 그러나 C이다.'의 **형태**는 예상되는 반론을 제시한 뒤, 이를 다시 재반박하여 기존 주장인 **A를 강화**하는 형태이다. 따라서 '그러나' 다음에 놓인 C를 기존 주장에 대한 반박이라고 해석해서는 안 된다.

정답과 해설 008쪽

연습하기

1 내가 어렸을 때만 하더라도 미국의 어린이들은 원래 북아메리카에는 100만 명가량의 인디언밖에 없었다고 배웠다.(통념) 그러나 고고학적인 발굴과 미국의 해안 지방을 처음 밟은 유럽인 탐험가들의 기록을 자세히 검토한 결과 인디언들이 처음에는 약 2,000만 명에 달했다는 것을 알게 되었다.(반박) 신세계 전체를 놓고 보았을 때 콜럼버스가 도착한 이후 한두 세기에 걸쳐 인디언의 인구는 최대 95%가 감소했을 것으로 추정된다.(결과)

2 인디언들이 죽은 주된 요인은 구세계의 병원균이었다.(원인) 인디언들은 그런 질병에 노출된 적이 없었으므로 면역성이나 유전적인 저항력이 전혀 없었다. (살인적인 질병의 1위 자리를 놓고 다투었던 것은 천연두, 홍역, 인플루엔자, 발진 티푸스 등이었다.) 병원균이 보인 파괴력을 백인들이 직접 목격한 경우도 헤아릴 수 없이 많았다.

1 북아메리카 인디언의 인구수에 관한 통념 + 통념에 대한 반박

2 인디언의 사망 원인과 사례

01 인디언들의 인구 감소는 백인들의 무기 때문이었다. O | X
02 콜럼버스가 도착하기 이전에 북아메리카에는 100만 명가량의 인디언이 있었다. O | X

01 다음 글에서 추론한 내용으로 가장 적절한 것은?

> 진화 개념에 대해 흔히 오해되는 측면이 있다. 첫째, 인간의 행동은 철저하게 유전적으로 결정되어 있다는 생각이다. 그런데 진화 이론이 유전자 결정론을 주장하는 것은 아니다. 인간의 행동은 유전적인 적응 성향과 이러한 적응 성향을 발달시키고 활성화되게 하는 환경으로부터의 입력이 상호 작용한 결과이다.
>
> 둘째, 현재 인간의 마음이나 행동 체계는 오랜 진화 과정에 의한 최적의 적응 방식이라는 생각이다. 그것이 항상 맞는 것은 아니다. 가령 구석기 시대의 적응 방식을 오늘날 인간이 지니고 있어 생기는 문제점이 있다. 원시 시대에 사용하던 인지적 전략 등이 현재 그대로 남아 있기 때문에 문제가 생길 수 있는 것이다. 우리가 복잡한 상황에 적응하는 데는 원시 시대의 적응 방식이 부적절한 경우가 있을 수 있다.

① 인간의 행동은 환경의 영향으로, 마음은 유전의 영향으로 결정된다.
② 우리에게 주어진 상황의 복잡한 정도가 클수록 인지적 전략의 최적화가 이루어진다.
③ 같은 조상을 둔 후손이라도 환경에서 얻은 정보가 다르면 행동은 다르게 나타날 수 있다.
④ 조상의 유전적 성향보다 조상이 살았던 과거 환경이 인간의 진화 방향을 우선적으로 결정한다.

02 다음 글을 이해한 내용으로 가장 적절한 것은?

> 한문은 중국 글이므로 한문학은 중국 문학이라는 것은 사리가 명백해 반론 제기의 여지가 없는 것 같다. 그러나 현재 중국의 백화(현재 중국에서 쓰는 구어체 언어)가 아닌 한문은 동아시아 사람들이 함께 사용해 온 '공동 문어'이다. 여러 민족이 함께 쓴 '공동'의 자산이고, 구어의 변화를 거부하고 어법이 고정된 '문어'이다. 공동 문어를 사용한 문학은 공동 문어 문학이다. 한문학은 어느 나라 사람이 창작했든 동아시아 공동 문어 문학이다.
>
> 그러면서 한문은 다른 문명권의 공동 문어와 차이점이 있다. 써 놓은 한문은 서로 같지만, 소리 내어 읽는 한문은 나라마다 다르다. 우리는 한문을 우리 음으로 읽으면서 구결을 지어 냈고 토를 단다. 또한 다른 공동 문어는 구두어이기도 해서 국제적인 교류에 활발하게 사용되었다. 반면 한문학은 어느 한 곳에서 창작되고 밖으로 전해질 수 있는 기회가 드물었다. 그래서 동아시아 각국의 한문학이 각기 그 나름대로의 특성을 지니고 있어서 그 각각이 소중한 연구 과제가 된다. 따라서 한국 작가가 한국 독자를 상대로 해서 한국인의 생활을 다룬 문학을 한국 문학이라고 한다면, 한국 한문학이 한국 문학이라고 하는 데 아무런 문제가 없다.

① 동아시아에서는 공동 문어 문학을 통해 국제적 교류가 활발히 이루어졌다.
② 공동 문어인 한문은 나라마다 다르게 쓰이고 동일하게 읽혔다.
③ 중국의 백화를 포함한 한문은 동아시아 사람들이 사용해 온 공동 문어이다.
④ 한국 한문학은 한국 작가가 한국 독자를 상대로 한국인의 생활을 다룬 문학이다.

POINT 10 통시적·과정적 구조

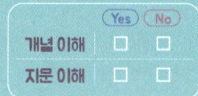

1 시간의 흐름에 따른 대상의 변화에 집중하여 제시문을 읽어야 한다.
2 시간대에 따른 대상의 특성이 혼용되어 선택지에 나타날 가능성이 높으므로 대상의 특성을 잘 정리해야 한다.

통시적 구조와 과정적 구조는 열거식 구조와 비슷하지만, **시간의 흐름이 나타난다**는 차이점이 있다.

통시적 구조에서는 시간의 흐름에 따라 대상이 발전해 가는 양상을 설명하는 경우가 많으므로, 주제나 제목 찾기 문제 유형에서 **'발달, 발전, 변화' 등이 포함된 선택지가 정답일 가능성**이 높다. 하나의 대상이 시간의 흐름에 따라 어떻게 변화하는지를 설명하는 통시적 구조의 특성상 선택지에는 주로 시간별(시대별) 대상의 특징이 나타나며, 혼용의 방식을 통해 함정을 만들 가능성이 높다.

과정적 구조에서는 **시간, 공간의 이동에 따른 특정 현상의 변화나 처리의 단계**가 나타나므로 주로 **'방법'**이라는 개념어로 요약된다. 예를 들어, 시각을 통해 글자를 읽고, 이것이 인지적 사고 과정을 거쳐 책의 의미를 파악하는 독서의 과정은 과정적 구조에 해당한다. 이러한 구조의 제시문에서는 선후 관계를 바꾼 선택지가 나올 가능성이 있으므로 순서를 표시하며 읽고, 시간에 따른 특성이 섞이는 혼용 선택지를 유의하도록 하자.

정답과 해설 009쪽

연습하기

1 15세기 중엽 구텐베르크가 인쇄술을 도입했을 때 인쇄업에는 모험적인 투자가 필요했다. 인쇄 시설은 자주 교체해야 했고 노동 비용과 종잇값도 비쌌을 뿐 아니라, 막대한 투자금의 회수도 오래 걸렸다.(원인) 2 결국 15세기 말 인쇄업은 자금을 빌려주는 업자들에게 종속되었는데 그들은 경제적 목적을 가지고 책 사업을 장악하였다.(결과) [중략] 3 15세기 후반부에는 라틴어가 가장 중요했기에 라틴어로 된 종교 서적이 인쇄의 주류를 이루었다. 4 16세기 들어 인쇄술은 고대 문헌들의 출판을 통해 인문주의의 대의에 공헌했으며, 5 1517년 이후 종교 개혁을 위한 수단으로도 이용되었다.

- 15세기 중엽
  모험적 투자의 필요성 대두
- 15세기 말
  대금업자들에게 금전적으로 종속
- 16세기
  고대 문헌 출판, 종교 개혁을 위한 수단

01 16세기에는 인쇄술이 종교 개혁에 영향을 주었다. O X
02 15세기 후반부에 라틴어는 인쇄술에 힘입어 가장 중요한 언어가 되었다. O X

01 다음 글의 내용과 부합하지 않는 것은?

> 몽유록(夢遊錄)은 '꿈에서 놀다 온 기록'이라는 뜻으로, 어떤 인물이 꿈에서 과거의 역사적 인물을 만나 특정 사건에 대한 견해를 듣고 현실로 돌아온다는 특징이 있다. 이때 꿈을 꾼 인물인 몽유자의 역할에 따라 몽유록을 참여자형과 방관자형으로 구분할 수 있다. 참여자형에서는 몽유자가 꿈에서 만난 인물들의 모임에 초대를 받고 토론과 시연에 직접 참여한다. 방관자형에서는 몽유자가 인물들의 모임을 엿볼 뿐 직접 그 모임에 참여하지는 않는다. 16~17세기에 창작되었던 몽유록에는 참여자형이 많다. 참여자형에서는 몽유자와 꿈속 인물들이 동질적인 이념을 공유하고 현실의 고통스러운 문제에 대해 의견을 나누며 비판적 목소리를 낸다. 그러나 주로 17세기 이후에 창작된 방관자형에서는 몽유자가 꿈속 인물들과 함께 현실을 비판하는 것이 아니라 구경꾼의 위치에 서 있다. 이 시기의 몽유록이 통속적이고 허구적인 성격으로 변모하는 것은 몽유자의 역할 변화와 무관하지 않다.

① 몽유자가 꿈속 인물들의 모임에 직접 참여하는지, 참여하지 않는지에 따라 몽유록의 유형을 나눌 수 있다.
② 17세기보다 나중 시기의 몽유록에서는 몽유자가 현실을 비판하는 경향이 강하게 나타난다.
③ 몽유자가 모임의 구경꾼 역할을 하는 몽유록은 통속적이고 허구적인 성격이 강하다.
④ 몽유자가 꿈속 인물들과 함께 현실을 비판하는 몽유록은 참여자형에 해당한다.

02 다음 글에 대한 설명으로 옳지 않은 것은?

> 제일 먼저 거미는 거미줄 칠 자리를 탐색하기 위해 주변 상황을 파악한다. 집을 짓기로 결정하면, 두 군데의 높은 지점을 줄로 연결하고 그 가운데 지점에서 밑으로 내려오면서 Y 자 모양의 구조를 만든다. Y 자의 접합점은 거미줄의 중심이 되고 두 팔과 줄기는 최초의 '바퀴살'이 된다. 그 다음, 거미는 거미집의 중심 지점을 돌면서 중심을 튼튼히 만들고 견고한 집을 위해 바퀴살도 여러 개 더 만든다. 집의 기본 골격을 만든 거미는 중심에서부터 바깥쪽으로 네 바퀴에서 여덟 바퀴 정도 돌면서 추가로 나선형의 줄을 침으로써 일단 '임시 나선형 거미줄'을 만들어 낸다.
> 이제까지 완성된 거미줄은 거미들이 쉽게 이동할 수 있도록 끈적거리지 않는 실로 만들어진 것이다. 다음으로 거미는 먹이들이 걸려들면 달아나지 못하게 끈끈이가 묻은 실을 이용하여 거미집을 지그재그 모양으로 촘촘하게 만든다. 이렇게 '포획 나선형 거미줄'을 완성한 후 거미는 거미집의 중심을 조절해 전체 거미줄의 장력(張力)을 조율하고 먹이가 걸리기만을 기다린다.

① 대상을 구성하는 요소들의 특징을 드러내고 있다.
② 인과의 방식으로 대상의 문제점을 밝히고 있다.
③ 대상을 그것을 이루는 요소로 나누어 제시하고 있다.
④ 어떤 일이 이루어지는 과정을 단계별로 설명하고 있다.

POINT 11 자문자답 구조

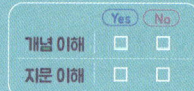

탐구 Point!
1. 제시문에 의문문이 나오면 표시를 하고, 그 물음에 대한 답이 이어질 것이라고 예상하며 읽는다.
2. 질문에 대한 답이 제시문의 핵심이므로 선택지에 나올 가능성이 높다.

자문자답(自問自答) 구조는 글쓴이가 질문한 뒤, 이에 대해 답변하는 형식으로 나타난다. 글쓴이가 말하고자 하는 내용의 핵심이 질문의 답변에 있으므로, **이 부분이 대부분 제목이거나 글의 요지를 암시**하는 경우가 많다.

'자문자답'은 글의 **전개 방식을 묻는** 문제 유형에서 **선택지로 나올 수 있으므로** 의문형 문장이 나오면 제시문에 바로 표시하는 습관을 들여야 한다. '자문자답'과 관련된 선택지는 주로 '자문자답의 형식', '의문형 문장(질문)', '스스로 묻고 답하는 형식' 등의 표현으로 나타날 수 있다.

정답과 해설 009쪽

연습하기

1 Q. 고전파 음악은 어떤 음악인가? 서양 음악의 뿌리는 종교 음악에서 비롯되었다. 바로크 시대까지는 음악이 종교에 예속되어 있었으며, 음악가들 또한 종교에 예속되어 있었다. A. 고전파는 이렇게 종교에 예속되었던 음악을, 음악을 위한 음악으로 정립하려는 예술 운동에서 출발하였다. 따라서 종래의 신을 위한 음악에서 탈피해 형식과 내용의 일체화를 꾀하고 균형 잡힌 절대 음악을 추구하였다. 즉 '신'보다는 '사람'을 위한 음악, '음악'을 위한 음악을 이루어 나가겠다는 굳은 결의를 보여 준 것이다.

1 고전파 음악에 관한 질문과 답변 ①

2 A. 또한 고전파 음악은 음악적 형식과 내용의 완숙을 이룬 음악이기도 하다. 이 시기에는 하이든, 모차르트, 베토벤 등 음악의 역사에서 가장 위대한 작곡가들이 배출되기도 하였다. 이때에는 성악이 아닌 기악만으로도 음악이 가능하게 되었으며, 교향곡의 기본을 이루는 소나타 형식이 완성되었다.

2 고전파 음악에 관한 답변 ②

3 이렇듯 역사적으로 고전파 음악은 종교의 영역에서 음악 자체의 영역을 확보하였으며 최고 수준의 음악적 내용과 형식을 수립하였다. 고전파 음악이 서양 전통 음악 전체를 대표하게 된 것은 고전파 음악이 이룩한 역사적 성과에서 비롯된 것일지도 모른다. 따라서 고전 음악의 개념을 이해하기 위해서는 고전파 음악의 성격과 특질에 대한 이해가 선행되어야 할 것이다.

3 답변 ① + ② 요약

01 고전파 음악의 특징이 형식과 내용의 분리에 있음을 강조한다. ○ ✕
02 질문을 통해 화제를 제시함으로써 호기심을 유발한다. ○ ✕

060 수비니겨 독해

01 다음 글에서 궁극적으로 말하고자 하는 바로 가장 적절한 것은?

> 현대 사회에서 마트는 정보 교환의 장소가 아니다. 대부분의 소비자는 마트 종사자의 설명조차 외면한다. 그들에게 묻지 않는 이유는 어차피 판매원들도 정보를 제한적으로 가지고 있기 때문이다. 대신 포장지와 상표를 본다. 포장지와 상표가 소비자에게 더욱 구체적으로 정보를 제공한다. 소비자들은 판매자는 안 믿어도 상표는 믿는다. 어디서 누가 어떻게 만들고 가져왔는지는 몰라도 되지만, 어떤 상표인지는 꼼꼼히 따진다.
>
> 왜 이렇게 되었을까? 그 답을 찾기가 그리 어려워 보이지 않는다. 우리는 음식이 사람과 자연을 소통하게 해 준다는 데 가치를 부여하지 않는다. 먹을거리가 산업적·상업적으로 주요한 상품이라는 가치 규정이 앞서 있기 때문이다. 그리고 그런 가치 규정은 농업계와 식품업계 등에 의해 이루어졌다. 먹을거리의 위생, 유통, 보관, 판매 그리고 그 위에 영양 관련 지식이 '음식은 지식으로 선택해서 먹는 것'으로 규정하고 강요하기 때문이다.

① 현대 사회의 마트에서 판매하는 음식에 대한 정보 제공은 제한되어 있다.
② 현대 사회에서 먹거리는 지식화되고 상품화되고 있다.
③ 현대 사회의 마트 판매원은 먹거리에 대한 지식이 부족하다.
④ 현대 사회에서 판매하는 음식의 생산과 유통 과정에 대한 정보는 불투명하다.

02 다음 글의 중심 내용으로 가장 적절한 것은?

> 왜 모든 동물은 쾌와 불쾌의 잣대로 경험을 나누는 것일까? 그것은 생존과 밀접한 결정들을 효율적으로 처리하기 위해서이다. 쾌와 불쾌의 신호는 우리를 위험으로부터 보호하고 기회를 포착하도록 응원한다. 뱀, 절벽, 사기꾼, 썩은 음식. 치명적인 위협들이다. 이때 우리의 뇌는 두려움이나 역겨움 같은 불쾌의 감정을 유발하여 '위험하니 피하라.'라는 메시지를 전달한다. 감정은 그 어떤 매체보다 즉각적이고 강력하며 효율적이기 때문이다.
>
> 그러나 단지 위험을 피하는 것만으로는 장기적으로 생존할 수 없다. 비옥하지만 가 보지 않은 낯선 땅, 매력적인 이성, 절벽에 붙어 있는 꿀이 가득한 벌집, 지금 당장 손에 쥐지 못한다고 해서 실신하는 것은 아니다. 허나 장기적 생존을 위해서는 이런 자원을 확보해야 한다.
>
> 이것은 엄청난 의욕과 에너지를 요구한다. 따라서 그 노력에 상응하는 강력한 보상이 필요하다. 쾌감을 유발하는 정서들이 바로 이런 역할을 한다. 희열, 성취감, 뿌듯함, 자신감. 이런 치명적 매력을 가진 경험을 한번 맛보면 다시 경험하고 싶어진다.

① 단기적·장기적 생존 확률을 높이는 활동
② 뇌가 생성하는 쾌감과 불쾌감의 역할
③ 쾌감과 불쾌감을 유발하는 정서
④ 생존 확률과 쾌감의 관계

PART 3
자주 출제되는 기출 유형 훈련

빈출 유형을 파악하고 훈련하라

POINT 12~21

선재 쌤's TALK

공무원 시험에서 자주 출제되는 문제 유형은 크게 다음의 세 가지로 나눌 수 있습니다.
1. 내용의 사실적 이해: 중심 내용, 내용 일치, 문장·문단 배열 등
2. 내용의 추론적 이해: 내용 추론, 생략된 내용의 추론 등
3. 내용의 비판적 이해: 주장과 근거의 타당성 평가, 표현의 적절성 평가 등

특히 내용 일치, 중심 내용, 문장·문단 배열, 생략된 내용의 추론, 내용 추론, 화법 문제 등이 자주 출제되니, 각 문제 유형에 따른 접근법을 익혀 정답률을 높이는 것뿐만 아니라 문제를 푸는 시간도 절약하기를 바랍니다.

탐구 3

1. 공무원 국어 문제 유형 익히기
2. 자주 출제되는 문제 유형 훈련하기

POINT 12 제목·주제·중심 내용 찾기

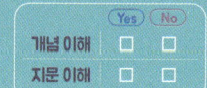

탐구 Point!

1. 제시문의 핵심 내용을 압축하여 '구조화 10개념'으로 요약하는 연습을 꾸준히 한다.
2. 오답 선택지의 유형을 익히고, 함정에 빠지지 않도록 연습한다.
3. 다른 선택지와 비교하여 중심 내용을 빠짐없이 반영한 선택지를 고른다.

제목·주제·중심 내용 찾기 문제를 풀기 위해서는 문단의 주요 내용을 찾고 이를 일반화된 개념이나 문구로 압축하는 과정이 필요하다. 따라서 앞에서 학습한 '구조화 10개념'을 사용하여 각 문단의 내용을 요약한 뒤, 이를 선택지의 문구와 비교하여 정답을 찾는다.

풀이 방법

주요 내용 찾기(주제문) → 구조화 10개념으로 요약하기 → 선택지 비교하기(오답 선택지 변별)

대표적인 오답 선택지로는 다음을 들 수 있다. 이러한 오답 선택지는 제외하고, 중심 내용을 빠짐없이 반영한 선택지를 골라야 한다.

- 제시문의 내용을 지나치게 일반화한 경우(내용의 확대)
- 제시문의 내용 중 일부만 제시한 경우(내용의 축소)
- 제시문의 내용과 배치되거나 내용을 왜곡한 경우
- 제시문에 없거나 중심 화제와 관련이 없는 내용을 진술한 경우

01 다음 글의 중심 내용으로 적절한 것을 고르고, 그 이유를 설명하시오.

합리성이 인간의 본래적인 특성이기는 하지만, 더 나아가 이러한 합리성을 표현할 줄 알아야 한다. 인간은 사회적인 동물이기 때문에 나와 다른 관점을 지닌 무수한 사람들과 부딪히며 어울려 살아야 하기 때문이다. 합리적인 공동체의 합리적인 시민이 되고자 한다면, 단순히 합리적으로 사고하는 것을 넘어 다른 사람들이 자신의 견해를 수용할 수 있을 만큼 타당한 논리를 제시할 줄 알아야 한다. 그러한 주장에 사람들이 동의하지 않는다 하더라도 최소한 존중해 줄 수 있을 정도는 되어야 한다.

① 인간의 사회적 특성   ② 합리적 논증의 필요성

01 다음 글의 핵심 논지로 가장 적절한 것은?

인혁처 2차 예시 문제

> 판타지와 SF의 차별성은 '낯섦'과 '이미 알고 있는 것'이라는 기준을 통해 드러난다. 이 둘은 일반적으로 상반된 의미를 갖는다. 이미 알고 있는 것은 낯설지 않고, 낯선 것은 새로운 것을 의미하기 때문이다.
> 판타지와 SF에는 모두 새롭고 낯선 것이 등장하는데, 비근한 예가 현실에 존재하지 않는 괴물의 출현이다. 판타지에서 낯선 괴물이 나오면 사람들은 '저게 뭐지?' 하면서도 그 낯섦을 그대로 받아들인다. 그렇기에 등장인물과 독자 모두 그 괴물을 원래부터 존재했던 것으로 받아들이고, 괴물은 등장하자마자 세계의 일부가 된다. 결국 판타지에서는 이미 알고 있는 것보다 새로운 것이 더 중요한 의미를 갖는다. 이와 달리 SF에서는 '그런 괴물이 어떻게 존재할 수 있지?'라고 의심하고 물어야 한다. SF에서는 인물과 독자들이 작가의 경험적 환경을 공유하기 때문에 괴물은 절대로 자연스럽지 않다. 괴물의 낯섦에 대한 질문은 괴물이 존재하는 세계에 대한 지식, 세계관, 나아가 정체성의 문제로 확장된다. 이처럼 SF에서는 어떤 새로운 것이 등장했을 때 그 낯섦을 인정하면서도 동시에 그것을 자신이 이미 알고 있던 인식의 틀로 끌어들여 재조정하는 과정이 요구된다.

① 판타지와 SF는 모두 새로운 것에 의해 알고 있는 것이 바뀌는 장르이다.
② 판타지와 SF는 모두 알고 있는 것과 새로운 것을 그대로 인정하고 둘 사이의 재조정이 필요한 장르이다.
③ 판타지는 새로운 것보다 알고 있는 것이 더 중요하고, SF는 알고 있는 것보다 새로운 것이 더 중요한 장르이다.
④ 판타지는 알고 있는 것보다 새로운 것이 더 중요하고, SF는 알고 있는 것과 새로운 것 사이의 재조정이 필요한 장르이다.

02 다음 글의 주장으로 가장 적절한 것은?

> 우리에게 친숙한 동물들의 사소한 행동을 살펴보면 그들이 자신의 환경을 개조한다는 것을 알 수 있다. 가장 단순한 생명체는 먹이가 그들에게 헤엄쳐 오게 만들고, 고등 동물은 먹이를 구하기 위해 땅을 파거나 포획 대상을 추적하기도 한다. 이처럼 동물들은 자신의 목적을 위해 행동함으로써 환경을 변형시킨다. 이러한 생존 방식을 흔히 환경에 적응하는 것으로 설명한다. 그러나 이러한 설명은 생명체들이 그들의 환경 개변(改變)에 능동적으로 행동한다는 중요한 사실을 놓치고 있다.
> 가장 고등한 동물인 인간도 다른 생명체와 마찬가지로 생존이나 적응을 넘어서 환경에 대해 적극성을 보인다. 이는 인간의 세 가지 충동—사는 것, 잘 사는 것, 더 잘 사는 것—으로 인하여 가능하다. 잘 살기 위한 노력은 순응적이기보다는 능동적인 모습으로 나타나게 된다. 인간도 생명체이다. 더 잘 살기 위해서는 환경에 순응할 수만은 없다.

① 인간은 환경에 적응해 왔다.
② 삶의 기술은 생존을 위한 것이다.
③ 생명체는 환경을 능동적으로 변형한다.
④ 인간은 잘 사는 것을 삶의 목표로 한다.

POINT 13 내용 일치 1
: 난도가 낮은 경우

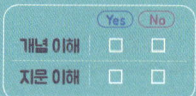

1. 제시문을 집중해서 읽으면서 반드시 주요 정보에 표시하는 연습을 한다.
2. 제시문의 길이가 짧은 경우, 제시문의 내용을 그대로 가져오거나 반대 진술, 비교 범주 등으로 선택지를 구성한 경우에는 일반적으로 정답률이 높다.

01 내용 일치 문제의 풀이 시 주의 사항 1

(1) '발문 확인 → 선택지 확인 → 제시문 독해'의 순으로 문제를 푼다. 단, 선택지는 제시문 독해 방식을 결정하기 위한 것이므로, 자세히 읽지 말고 2~3초 안에 빠르게 훑는다.
 - 전개 방식, 글의 구조를 묻는 선택지 → 제시문을 요약하며 빠르게
 - 세부 정보 확인을 묻는 선택지 → 시간을 투자하며 꼼꼼하게

(2) 처음 1독을 할 때 세부 내용을 빠르게 파악하기 위해 반드시 제시문에 적절한 표시를 한다.

(3) 숫자가 나올 경우, 근사치가 맞는지를 확인하고 '~이상, ~까지' 등의 표현에 주의한다.

(4) 제시문의 범위에서 벗어나는 내용을 자의적으로 추론하지 말아야 하며, 제시문에 근거한 진술만을 선택해야 한다.

정답과 해설 011쪽

연습하기

01-02 다음 글을 읽고, 주요 정보에 표시한 뒤 내용 일치 여부를 판단하시오.

> 석탄 발전은 전기 생산 시 천연가스[LNG] 발전 대비 약 2.5배 온실가스[CO_2]를 더 배출한다. 500MW 용량 발전소를 기준으로 비교하면 LNG 발전소가 석탄 발전소 대비 연간 약 218만의 온실가스를 덜 배출한다.

01 천연가스 발전은 석탄 발전과 달리 온실가스를 배출하지 않는다. O | X

> 맥놀이 현상은 종을 칠 때 나는 소리의 주파수 중 매우 작은 두 개의 파동이 서로 간섭하여 소리의 강약이 주기적으로 반복되는 현상이다. 이 현상의 근본 원인은 대칭형 구조 속에 숨어 있는 미세한 비대칭성에 있다.

02 종이 완벽하게 대칭적일수록 맥놀이 현상은 잘 일어난다. O | X

01 다음 글에서 추론한 내용으로 가장 적절한 것은?

인혁처 2차 예시 문제

> 《성경》에 따르면 예수는 죽은 지 사흘 만에 부활했다. 사흘이라고 하면 시간상 72시간을 의미하는데, 예수는 금요일 오후에 죽어서 일요일 새벽에 부활했으니 구체적인 시간을 따진다면 48시간이 채 되지 않는다. 그렇다면 《성경》에서 3일이라고 한 것은 예수의 신성성을 부각하기 위한 것일까?
> 여기에는 수를 세는 방식의 차이가 개입되어 있다. 구체적으로 말하면 우리가 사용하는 현대의 수에는 '0' 개념이 깔려 있지만, 《성경》이 기록될 당시에는 해당 개념이 없었다. '0' 개념은 13세기가 되어서야 유럽으로 들어왔으니, '0' 개념이 들어오기 전 시간의 길이는 '1'부터 셈했다. 다시 말해 시간의 시작점 역시 '1'로 셈했다는 것인데, 금요일부터 다음 금요일까지는 7일이 되지만, 시작하는 금요일까지 날로 셈해서 다음 금요일은 8일이 되는 식이다.
> 이와 같은 셈법의 흔적을 현대 언어에서도 찾을 수 있다. 오늘날 그리스 사람들은 올림픽이 열리는 주기에 해당하는 4년을 'pentaeteris'라고 부르는데, 이 말의 어원은 '5년'을 뜻한다. '2주'를 의미하는 용도로 사용되는 현대 프랑스어 'quinze jours'는 어원을 따지자면 '15일'을 가리키는데, 시간적으로는 동일한 기간이지만 시간을 셈하는 방식에 따라 마지막 날과 해가 달라진 것이다.

① '0' 개념은 13세기에 유럽에서 발명되었다.
② 《성경》에서는 예수의 신성성을 부각하기 위해 그의 부활 시점을 활용하였다.
③ 프랑스어 'quinze jours'에는 '0' 개념이 들어오기 전 셈법의 흔적이 남아 있다.
④ 'pentaeteris'라는 말이 생겨났을 때에 비해 오늘날의 올림픽이 열리는 주기는 짧아졌다.

02 다음 글의 내용과 일치하지 않는 것은?

> 토마스 홉스의 법 개념은 그의 사상의 핵심을 구성하고 있는 '국가' 개념만큼이나 서양 정치사상에서 중요한 위치를 차지하고 있다. 17세기 영국 내전 시기를 살았던 홉스는 정치 공동체의 통합성을 약화하는 교회 세력과 판사 집단을 제어하기 위하여 왕의 권력을 보위할 수 있는 통일적인 법체계의 완성이 시급하다고 판단했다. 아울러 그는 법의 정당성은 법을 공포하는 자의 권위로부터 발생하는 것이지 법의 내용이 품고 있는 규범에서 연원하는 것이 아니라고 주장했다.
> 무엇보다도 홉스는 이러한 주장을 바탕으로 법을 '주권자의 명령'으로 정의했다. 그에 의하면 정치 공동체에서 옳고 그름의 기준은 궁극적으로 주권자가 정하는 것이기 때문에 '정의'는 주권자가 제정한 법을 잘 따르는 것으로 규정된다. 바로 이런 점에서 그는 '정의롭지 않은 법은 지킬 의무가 없다.'라고 주장하는 당대의 자연법주의자들과 정면으로 대결한다. 홉스는 자신의 법 개념을 통해서 그간 법의 정당성의 원천으로 받아들여 왔던 '규범성'을 소거하고 그 빈자리를 정치 공동체에서 행위의 정당성에 대한 판단 기준을 얼마나 제공하는가의 잣대인 '타당성'으로 채웠다. 오늘날 그의 법 개념이 법실증주의의 효시로 평가받고 있는 이유이다.

① 홉스는 법 내용의 규범성보다 타당성에 중심을 두었다.
② 홉스는 정치적 안정기에 살면서 법체계를 완성시키기 위해 노력했다.
③ 홉스는 법에 있어서 내용보다는 주권자의 절대성을 중시했다.
④ 홉스 당대의 자연법주의자들은 법은 정의로워야 한다고 생각했다.

POINT 14 내용 일치 2
: 난도가 높은 경우

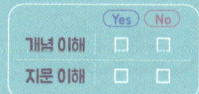

탐구 Point!

1. 제시문의 구조가 복잡한 경우, 배경지식이 없으면 이해하기 어렵거나 추상적인 이론이 열거된 경우, 선택지를 어렵게 구성한 경우 등은 문제의 난도가 올라가는 원인이다.
2. 앞에서 학습한 제시문의 구조 분석과 선택지 구성 원리를 충분히 학습한다. 또한 《독해야 산다 1일 1독》을 꾸준히 풀어서 길고 복잡한 구성의 제시문에 대비한다.

01 내용 일치 문제의 풀이 시 주의 사항 2

(1) 제시문의 내용을 다른 용어나 표현으로 바꾸는 것, 내용의 선후 관계나 위치를 서로 뒤바꾸어 놓는 것, 원인과 결과를 바꾸어 놓는 것, 행위 주체를 바꾸어 놓는 것 등을 주의해야 한다.

(2) 대조되는 개념이나 다양한 개념이 나오면, 각 특성이 혼용되어 선택지로 만들어질 가능성이 높으므로 대비항을 도식화하여 메모하도록 한다.

(3) 주로 화제의 개념을 정의한 부분에서 설명의 대상(주어, 목적어)이나 서술어가 치환되어 선택지로 만들어지므로 이 부분에 집중해야 한다.

정답과 해설 011쪽

연습하기

01-02 다음 글을 읽고, 주요 정보에 표시한 뒤 내용 일치 여부를 판단하시오.

> 신경성 식욕 부진증에 걸리게 되면 간 기능 검사 수치가 활동성 간염의 수준으로 높게 측정된다. 체내의 지방이 모두 고갈되어 더 이상 에너지를 만들 수 없게 되면, 그나마 큰 덩어리인 간을 파괴해서 땔감으로 사용하기 시작하기 때문이다.

01 신경성 식욕 부진증은 체내 지방을 고갈시켜 간 기능을 저하시키는 질병이다. O | X

> 지식은 인간이 오랜 시간 동안 사유와 실천 활동을 통해 부여한 체계적이고 복합적인 의미의 집적물이다. 그래서 지적 훈련을 거친 엘리트만이 접근하고 획득할 수 있다. 반면 정보는 지식에서 추출한 데이터의 기술적 가공물, 이를테면 지식을 요약한 핵심적이고 기본적인 의미의 집적물이다. 디지털 형태로 전환된 정보는 대중의 접근을 수월하게 한다.

02 핵심적이고 기본적인 의미를 지닌 지식은 대중들이 쉽게 접근하여 사용할 수 있다. O | X

01 다음 글에 대한 이해로 적절하지 않은 것은?

> 음소들이 결합하여 음절이 되고, 이것들이 다시 결합하여 단어가 되고 문장이 되면서 언어의 주요 기능인 의미 전달이 이루어진다. 음소들이 결합될 때 음소들의 음성적 특성, 즉 음성 자질들의 특성에 따라 앞뒤 음소들이 변하게 되는데 이것을 음운의 변동이라고 한다. 그런데 이렇게 소리가 변하는 원인 중 가장 중요한 것은 '노력 경제'와 '표현 효과' 두 가지이다. 즉, 소리는 발음할 때 힘이 덜 드는 방향으로 바뀌거나 아니면 표현을 더 효과적으로 할 수 있는 방향으로 변한다는 것이다.
>
> 가까운 조음 위치나 비슷한 조음 방법의 소리가 연속된 경우엔 그렇지 않은 경우에 비해 발음할 때 힘이 덜 들게 된다. 그래서 상이한 소리들이 비슷한 위치나 방법의 소리들로 닮아 가게 되는데 이것을 '동화'라고 한다. 곧 동화는 노력 경제에 부합하기 때문에 일어나는 현상이다.
>
> 이와 달리 음운의 변동에 '노력 경제'와는 상반된 심리 작용이 작동하기도 한다. 비슷한 특성을 가진 음소의 연결로 청각 효과가 약하다고 인지될 경우, 오히려 공통성이 적은 다른 음소로 바뀔 수 있다. 이처럼 발음상 힘이 더 들더라도 청각 효과를 높이는 방향으로 변동하는 현상을 '이화'라고 하며, 이에는 모음 조화 파괴 현상과 사잇소리 현상 등이 있다.

① '노력 경제'와 '표현 효과'는 음운 변동의 주요한 원인이다.
② 음운의 변동이 일어날 때에는 심리적 원인이 개입될 수 있다.
③ '표현 효과'를 높이기 위해서는 동화의 이점을 포기해야 한다.
④ 가까운 조음 위치나 비슷한 조음 방법을 사용할 경우 청각적 효과가 높아진다.

02 다음 글을 이해한 내용으로 적절하지 않은 것은?

> 문학 텍스트에서의 사건은 반드시 일어난 순서대로 서술되지 않는다. 예를 들어 사건이 일어난 순서가 a-b-c의 순이라고 가정해 보자. 만약 b-c-a의 순으로 나열되어 있다면, a는 이미 최초에 일어난 사건임에도 불구하고 제일 차후에 독자에게 제공됨으로써 독자의 생각을 과거로까지 거슬러 미치게 만드니 이는 '소급 제시'라고 할 수 있다. 만약 c-a-b의 순으로 나열되어 있다면, c는 최후에 일어날 사건임에도 불구하고 제일 먼저 독자에게 제공됨으로써 독자의 생각을 미리 앞당겨 되새김질하는 효과를 유도하니 '사전 제시'라고 할 수 있다. 또한 '소급 제시'는 작중 인물에 따라 다시 '동종'과 '이종'으로 나뉘는데, 동종은 이미 서사 내에서 언급된 작중 인물과 사건 등이 제시되는 경우이고, 이종은 새로이 언급되는 다른 작중 인물이나 사건 등이 제시되는 경우이다.

① '현재 - 미래 - 과거' 순서대로 사건이 제시될 경우 소급 제시에 해당한다.
② 순서상 가장 앞선 사건이 문학 텍스트의 가장 나중에 제공되면 사전 제시이다.
③ 소급 제시인 문학 텍스트에서 현재의 인물과 과거의 인물이 달라진다면 이종 소급 제시이다.
④ '과거 - 현재 - 미래'에 일어난 사건들 중 현재의 사건은 문학 텍스트의 가장 처음에 제시될 수도, 가장 나중에 제시될 수도 있다.

POINT 15 내용 추론
: 정보를 이용하여 판단하기

> 1. 내용 추론 문제는 내용 일치를 기반으로 풀 수 있기 때문에, 제시문을 정확하게 이해하는 것이 핵심이다.
> 2. 제시문의 내용에 근거하여 선택지에 제시된 내용의 타당성을 판단해야 한다는 점을 잊지 말자.

내용 추론은 '다음 글에서 추론한 내용으로 적절한 것은?'과 같은 발문으로 출제되는 문제 유형이다. 대부분 내용 일치(정보 확인) 문제를 기반으로 하되, 몇 개의 선택지만 약간의 추론을 요구하는 내용으로 구성된다.

가장 유의해야 하는 것은
1. 제시문의 논지에서 벗어나지 않는 범위에서 추론해야 하며
2. 제시문에 제시된 내용을 근거로 추론해야 한다는 것이다.

과도하게 개념을 일반화하거나 제시문에 없는 내용을 바탕으로 작성된 선택지는 정답이 아니다.

연습하기

01-03 다음 글을 바탕으로 추론한 내용의 적절성을 판단하시오.

> 과학의 개념은 분류 개념, 비교 개념, 정량 개념으로 구분할 수 있다. 식물학과 동물학의 종, 속, 목처럼 분명한 경계를 가지고 대상들을 분류하는 개념들이 분류 개념이다. 어린이들이 맨 처음에 배우는 단어인 '사과', '개', '나무' 같은 것 역시 분류 개념인데, 하위 개념으로 분류할수록 그 대상에 대한 정보가 더 많이 전달된다. 또한, 현실 세계에 적용 대상이 하나도 없는 분류 개념도 있을 수 있다. 예를 들어 '유니콘'이라는 개념은 '이마에 뿔이 달린 말의 일종임.' 같은 분명한 정의가 있기에 '유니콘'은 분류 개념으로 인정되는 것이다.

01 '호랑나비'는 '나비'와 동일한 종에 속하지만, 나비에 비해 정보량이 적다. O | X

02 '용(龍)'은 현실 세계에 적용할 수 있는 지시물이 없더라도 분류 개념으로 인정된다. O | X

> 찬성공 형제께서 정경부인의 상(喪)을 당하였다. 부윤공의 부인 이 씨가 우연히 언문 소설을 읽다가 그 소리가 밖으로 들렸다. 찬성공이 기뻐하지 않으며 제수를 계단 아래 서게 하고, "부녀자의 무식을 심하게 책망할 필요는 없지만, 어찌 상중(喪中)에 있으면서 예의에 어긋난 책을 소리 내어 읽어서 스스로 평민과 같아지려 할 수 있는가?" 하고 꾸짖었다.

03 상층 남성들은 상중의 예법에 대해 매우 엄격하였다. O | X

01 다음 글에서 추론한 내용으로 적절하지 않은 것은?

2025 지방직 9급

> 모든 기호에는 정보성, 즉 의미가 있다. 다시 말해 정보성은 기호가 가진 필수 조건이다. 그런데 기호는 정보성뿐 아니라 의사소통의 의도를 가지는 것도 있다. 즉 기호는 정보성만 가진 기호와 정보성도 가진 의사소통적 기호로 구분된다. 가령 개나리가 피는 것은 봄이 왔다는 신호이고 낙엽이 지는 것은 가을이 왔음을 의미한다. 그러나 계절을 알리기 위해 개나리가 피고 낙엽이 지는 것은 아니기 때문에 그러한 자연적 기호들은 의사소통적 기호로 볼 수 없다. 개인의 지문이나 필체 역시 사람을 식별하는 기호가 될 수 있다. 하지만 지문과 필체가 사람을 식별하기 위해 존재하는 것은 아니므로 이들은 정보성을 가진 기호일 뿐이다. 코넌 도일의 소설에서 셜록 홈스는 상대의 손톱, 코트의 소매, 표정 등을 근거로 그 사람의 직업이나 성격을 추리해 낸다. 홈스에게는 이런 것들이 모두 정보를 제공하는 기호들이다. 그러나 이들을 의사소통적 기호라고 할 수 없다. 반면 인간이 관습적으로 사용하는 기호인 봉화, 교통 신호등, 모스 부호 등은 정보성뿐만 아니라 의사소통의 의도를 명백히 가진다. 모든 기호를 통틀어 인간의 언어는 가장 복잡하고 체계적인 관습적 기호이며 의사소통적 기호이다.

① 전쟁 중에 군대에서 사용하는 암호는 관습적 기호이다.
② 일기예보에서 흐린 날씨를 표시하는 구름 모양의 아이콘은 자연적 기호이다.
③ 특정 질병에 걸렸을 때 나타나는 얼굴색은 정보성만을 가진 기호이다.
④ 이웃 마을과 구별하기 위해 마을의 명칭을 본떠 만든 상징탑은 의사소통적 기호이다.

02 다음 글에서 추론한 내용으로 가장 적절한 것은?

> 한국에 상륙하는 태풍은 대부분 제주도 남쪽에 있는 동중국해를 지난다. 이때 동중국해의 수온이 높아지면 태풍이 강한 세력을 유지하며 우리나라 쪽으로 북상할 수 있는 에너지원이 된다. 국립 기상 과학원 등으로 구성된 우리나라 연구 팀은 1982년부터 2022년까지 관측한 기상 자료와 기후 모델 시뮬레이션을 조사해 동중국해 상층의 수온과 한반도 상륙 태풍의 강도 간 연관성을 파악하고 고수온 현상 발생 빈도를 분석했다. 이 기간에 동중국해를 거쳐 한국에 영향을 미친 초강력 태풍(최대 풍속 초속 54m 이상) 16개를 분석한 결과 동중국해의 8~9월 평균 수온이 높을수록 태풍의 상륙 당시 강도가 강해졌다.
> 또한 연구 팀이 탄소 중립을 가정하는 저배출 시나리오와 현실적인 중배출 시나리오 조건에서 기후 모델 시뮬레이션을 분석한 결과, 동중국해의 고수온 현상은 더 자주 일어날 것으로 나타났다. 이 결과를 바탕으로 연구 팀은 한반도에 매우 강한 강도로 상륙한 초대형 태풍이 2030년대에는 5년마다, 2050년대에는 2~3년마다 영향을 미칠 것이라는 전망을 내놓았다.

① 시간이 흐를수록 한반도에 상륙하는 태풍이 더 많아질 것이다.
② 동중국해 수온이 높을수록 한반도에 상륙하는 태풍의 위력은 강해질 것이다.
③ 동중국해의 수온이 낮아지면 한국에 상륙하는 태풍의 수가 줄어들 것이다.
④ 한반도에 상륙한 초대형 태풍은 모두 동중국해의 높은 수온 때문에 발생한 것이다.

POINT 16 생략된 내용의 추론 : 빈칸 추론

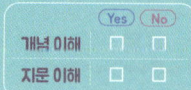

Point!
1. 빈칸의 바로 앞이나 바로 뒤에 정답과 연관된 정보가 있는 경우가 많다. 따라서 빈칸의 앞과 뒤에 주목하자.
2. '이처럼, 따라서' 다음에 빈칸이 나온다면, 앞의 내용을 적절히 요약하는 것이 관건이다.

01 생략된 내용 추론의 세부 문제 유형

제시된 문장이 들어갈 위치 파악하기	배열 문제 풀이 방법과 유사함. 지시어, 접속어, 반복되는 표현, 앞뒤 문맥 등을 고려해 풀어야 함.
문단 내 빈칸에 들어갈 내용 파악하기	• 문제에서 묻는 부분(생략된 정보)의 앞이나 뒤에 추론의 근거가 제시되므로 앞뒤 정보에 주목해야 함. • 문제에서 묻는 부분이 앞 내용의 요약인 경우가 많음. 이러한 문제는 결국 꾸준한 요약 훈련을 통해 대비할 수 있음.

정답과 해설 012쪽

연습하기

01 〈보기〉가 들어가기에 가장 적절한 위치를 고르시오.

┌ 보기 ┐
하지만 사진 속에 포착된 시간은 과거의 모든 인과 관계를 담고 있다.

사진이란 시간을 정지시킨 기록물이다. [①] 정지된 시간은 카메라의 셔터가 찰칵거리는 찰나에 지나지 않는다. [②] 우리는 갈비뼈가 앙상하게 드러난 에티오피아 어린이의 사진을 보면서 그 아이가 그동안 얼마나 굶었을까를 생각한다. [③] 이처럼 사진은 과거를 향해 열린 창이며 우리는 그 창을 통해 정지된 시간 이전의 사연들을 들여다본다.

02 ㉠에 들어갈 내용으로 가장 적절한 것을 고르시오.

[㉠   ]. 가령 우리는 어릴 때부터 사람들이 특정 맥락에서 '공포'나 '놀라움' 같은 감정 단어를 말하는 것을 듣는다. 이런 단어의 소리를 바탕으로(조금 더 성장하면 글로 쓰인 이런 단어의 형태를 바탕으로) 각 범주 안에서 충분한 통계적 규칙성이 창조되고, 범주 사이의 충분한 통계적 차이가 창조된다. 단어를 바탕으로 우리는 각 개념을 붙드는 목표를 신속하게 추론한다. '공포'와 '놀라움'이라는 단어가 없으면 이 두 개념은 사람들 사이에서 쉽게 전파되지 않을 것이다.

① 감정 개념은 감정 단어가 사용될 때 쉽게 학습된다
② 단어의 의미는 사람들 사이에서 전파되면서 변화한다

01 ㉠, ㉡에 들어갈 말을 적절하게 나열한 것은? 2025 지방직 9급

자아 개념이란 자신에 대한 주관적 견해로서 개인이 가지고 있는 능력, 성격, 태도, 느낌 등을 모두 포괄한다. 자아의 형성에 영향을 미치는 요인 중 하나로 타인에게서 듣게 되는 나와 관련된 메시지를 들 수 있다. 물론 타인 중에는 자신이 느끼기에 나에게 관련이 적은 사람도 있고 중요한 사람도 있다. 예를 들어 "너의 글은 인상적이야. 앞으로 좋은 작품을 쓸 수 있을 것 같아."라는 말을 누군가에게 들었을 때, 그 사람이 나에게 중요하다면 그 평가는 자아 개념 형성에 큰 영향을 미칠 수 있다. 그런 범주에 들어갈 수 있는 사람들로는 부모, 친구, 선생님 등이 있을 것이다. 나에게 ㉠ 의 말은 기억에 오래 남기 마련이다.

한편, 타인에게 영향을 받는 자아를 설명하는 개념 중에는 ㉡ 라는 것도 있다. 이 개념에 따르면 우리는 타인과 상호 작용하는 과정에서 단순히 타인을 모범으로 삼아 따라 하거나 타인의 훈육을 통해 자아를 형성한다기보다는 타인에게 비치는 나의 모습을 상상하고 그 모습에 대한 타인의 판단을 추정한다. 그러한 추정을 통해 자기에게 생겨난 감정을 알아 가는 과정에서 성숙한 자아를 형성해 나간다.

	㉠	㉡
①	관련이 적은 타인	거울에 비친 자아
②	중요한 타인	모범적인 타인을 따르는 자아
③	관련이 적은 타인	모범적인 타인을 따르는 자아
④	중요한 타인	거울에 비친 자아

02 ㉠~㉢에 들어갈 말을 바르게 나열한 것은?

한때 안정적이었던 기후는 의심할 여지없이 망가졌으며 그 증거로 기상 이변이 우리 주변 곳곳에서 자주 일어나고 있다. 지구 가열화는 어떻게 계절, 달, 심지어 매일의 날씨를 변화시킬까? 하나의 답은 없지만 큰 틀로 보자면 기후가 무너지면 전 세계 기상 패턴이 요동쳐서 기상 이변이 속출한다. 극심한 더위뿐 아니라 매서운 추위가 몰아치기도 한다.

가장 큰 타격을 받고 있는 것은 북극이다. 매우 추운 기후의 북극에서는 좁은 띠 형태의 제트 기류가 8~12킬로미터 상공에서 서에서 동으로 빠르게 흐르며 남쪽의 따뜻한 공기를 차단한다. 북극의 제트 기류는 찬 공기를 머금고 시속 400킬로미터로 이동한다. 이름처럼 직선으로 빠르게 흐르지만 때로는 강물처럼 굽이굽이 흐른다. 제트 기류의 속도는 고위도와 저위도 사이의 온도 차이가 클수록 빨라진다. 문제는 해빙이 녹아 드러난 바다가 더 많은 열을 흡수하면서 두 위도의 온도 차가 점점 줄어들고 있다는 것이다. 그 결과 제트 기류가 ㉠ 찬 공기는 ㉡ 더 뻗어 내려가고 따뜻한 공기는 ㉢ 더 치솟게 된다. 가열화가 빨라지면서 북극에서만 일어나던 일들이 북극을 벗어나는 것이다.

	㉠	㉡	㉢
①	더 느려져서	북쪽으로	남쪽으로
②	더 빨라져서	남쪽으로	북쪽으로
③	더 느려져서	남쪽으로	북쪽으로
④	더 빨라져서	북쪽으로	남쪽으로

POINT 17 문장·문단 배열하기
: 논리적 연결 관계

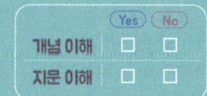

1. 먼저 선택지를 보고 첫 번째 배열 순서를 확인하여 시간을 절약한다.
2. 지시어, 접속어, 조사, 반복되는 표현 등을 통해 배열 순서를 파악한다.

01 배열 문제를 푸는, 당연하면서도 중요한 기술

(1) **선택지를 먼저 보고** 문제를 푼다. 선택지의 맨 앞에 일정한 기호가 있다면, 이를 참고해서 첫 번째에 올 내용을 찾는다.

(2) **접속하는 말, 지시어**(이, 그, 저 등)에 특히 유의한다. 또한 **보조사**도 연결 관계에서 중요한 역할을 하므로 꼼꼼하게 본다. 예 '는'은 앞의 내용과의 차이, '도'는 앞의 내용과 연결 등을 나타냄.

(3) 실제 기출문제는 **앞에서 나온 단어와 어구가 다음 문단에서 다시 반복되며 연결되는 경우가 많다.** 따라서 반복되는 단어나 어구에 표시를 한 뒤, 이들을 연결해 보며 내용의 순서를 결정하도록 한다.

(4) **전체 글의 흐름이나 구조를 고려**하여 최종적으로 순서를 결정한다. 논지 전개가 자연스러운지, 결론의 위치가 적절한지를 판단하며 배열 관계를 살핀다.

정답과 해설 013쪽

연습하기

01 다음 글의 내용을 가장 자연스럽게 배열한 것을 고르시오.

㉠ 자본주의 사회에서는 자본의 논리에 들어맞는, 즉 이윤을 남길 수 있는 지식과 정보가 중심이 되어 적극적으로 생산·유통된다.
㉡ 따라서 생산되는 모든 정보가 가치 있는 것은 아니며, 모든 정보가 양적·질적으로 같은 비중으로 유통되는 것은 더욱 아니다.
㉢ 컴퓨터의 정보 처리 기술과 데이터 통신 기술의 발달에 따라 누구나 원하기만 하면 어떤 정보든지 구할 수 있는 시대가 되었다.
㉣ 그러나 이러한 정보는 정보 생산자의 필요에 의해 생산된다.

- 풀이1 선택지부터 보고 첫 문장을 파악한다.
- 풀이2 '따라서', '그러나'라는 접속어와 '이러한'이라는 지시어를 통해 연결되는 앞 내용을 파악한다.
- 풀이3 '생산, 유통' 등 반복되는 단어에 주목한다.

① ㉠-㉡-㉣-㉢   ② ㉠-㉢-㉡-㉣
③ ㉢-㉠-㉡-㉣   ④ ㉢-㉣-㉠-㉡

01 가~라를 맥락에 맞추어 가장 적절하게 나열한 것은?   2025 국가직 9급

> 가 그 원리를 알려면 LCD와 OLED의 차이를 이해해야 한다. LCD는 다른 조명 장치의 도움을 받아 시각적 효과를 낸다. 다시 말해 스스로 빛을 내지 못한다는 것이다. 따라서 LCD는 화면 뒤에 빛을 공급하는 백라이트가 필요하다는 특성을 갖는다.
>
> 나 자유롭게 말았다 펼 수 있는 '롤러블 TV'가 개발되었다. 평소에는 말거나 작게 접어서 간편하게 가지고 다니다가 필요할 때 펴서 사용하는 태블릿이나 노트북이 상용화될 날도 머지않았다. 기존에 우리가 생각하는 텔레비전 화면이나 모니터는 평평하고 딱딱한 것인데, 어떻게 접거나 말 수 있을까?
>
> 다 OLED 기술은 자유롭게 변형할 수 있는 모니터 개발을 가능하게 하였다. 딱딱한 유리 대신에 쉽게 휘어지는 특수 유리나 플라스틱을 이용함으로써 둥글게 말았다가 펼 수 있는 화면을 생산할 수 있게 된 것이다.
>
> 라 반면 OLED는 화소 단위로 빛의 삼원색을 내는 유기 반도체로 구성되어 있어 스스로 빛을 낼 수 있다. OLED 제품은 화면 뒤에 백라이트를 설치할 필요가 없기 때문에 얇게 만들 수도 있고 특수 유리나 플라스틱으로 제작할 수도 있다.

① 나 - 가 - 다 - 라
② 나 - 가 - 라 - 다
③ 다 - 가 - 라 - 나
④ 다 - 나 - 라 - 가

02 가~라를 가장 자연스럽게 배열한 것은?

> 가 폭군이 백성들을 탄압하고, 사치와 향락을 일삼는 역사를 보면서, 백성들의 권리와 자유가 지켜지는 역사를 만들겠다는 실천 의식이 생기며, 남의 나라의 지배 하에서 착취당한 역사를 반성하면서 독립된 자주적 국가를 가져야 한다는 실천적 의지를 기르게 된다.
>
> 나 여기서, 우리는 역사 속에서 본받아야 할 위대한 것이 무엇이며, 되풀이해서는 안 될 부정적인 것이 무엇인가를 구별해야 한다.
>
> 다 원래 우리가 역사를 배우고 파악하려는 목적은 역사를 거울삼아 보다 나은 미래의 역사를 만들려는 데 있다. 과거의 잘못이나 오류를 되풀이하지 않기 위해서 역사를 공부할 뿐 아니라, 과거에 위대했던 인물이나 사건을 본받아 더욱 위대한 일을 하기 위해서 역사를 배우는 것이다.
>
> 라 그런데, 이 구별 과정에서 우리는 불가피하게 실천의 필요에 따른 가치 판단을 하지 않으면 안 된다.

① 가 - 나 - 다 - 라
② 가 - 다 - 라 - 나
③ 다 - 가 - 라 - 나
④ 다 - 나 - 라 - 가

POINT 18 글의 수정
: 표현과 내용의 적절성

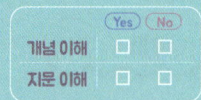

탐구 Point!
1. 문맥과 논리적 일관성에 맞는 적절한 어구와 문장이 쓰였는지 확인한다.
2. 전체 글의 주지를 파악하여 세부적 내용의 적절성을 판단하고, 글의 논리적 오류 역시 주의해서 독해한다.

01 표현과 내용의 적절성 검토란

(1) '㉠~㉣의 고쳐쓰기로 적절하지 않은 것은?', '문맥에 맞게 수정하는 방안으로 적절한 것은?'과 같은 발문으로 출제되는 문제 유형이다.

(2) 문단 고쳐쓰기 문제와 유사하지만, **앞뒤 문장과 논리적 일관성을 확인**하여 **단어나 문장의 표현이 적절한지**에 관한 판단을 요구한다.

(3) 어휘나 문장 구조의 적절성을 묻는 문제에서 밑줄 친 부분은 내용상 의미가 반대되는 말로 만드는 경우가 많다(예 있다 - 없다, 많다 - 적다 등). 앞뒤 문장의 논지와 어긋나거나 무관한 단어나 문장은 수정의 대상이 된다. 따라서 앞뒤 내용을 고려하여 어휘나 문장이 바르게 쓰였는지를 판단해야 한다.

(4) 접속하는 말은 문맥을 파악할 수 있는 힌트를 제공한다. 앞뒤에 제시된 접속하는 말에 표시하여 동일한 의미의 문장이 이어지는지, 앞의 내용과 반대되는 문장이 이어지는지 등을 확인해야 한다.

정답과 해설 013쪽

연습하기

01 적절하게 수정하지 않은 것을 고르시오.

> 파놉티콘(panopticon)은 원형 평면의 중심에 감시탑을 설치해 놓고, 주변으로 빙 둘러서 죄수들의 방이 배치된 감시 시스템이다. 감시탑의 내부는 어둡게 되어 있는 반면 죄수들의 방은 밝아 교도관은 죄수를 볼 수 있지만, 죄수는 교도관을 바라볼 수 없다. 죄수가 잘못했을 때 교도관은 잘 보이는 곳에서 처벌을 가한다. 그렇게 수차례의 처벌이 있게 되면 죄수들은 실제로 교도관이 자리에 ㉠ 있을 때조차도 언제 처벌을 받을지 모르는 공포감에 의해서 스스로를 감시하게 된다. 이렇게 권력자에 의한 정보 독점 아래 ㉡ 다수가 통제된다는 점에서 파놉티콘의 디자인은 과거 사회 구조와 본질적으로 같았다.

① ㉠을 '없을'로 고친다.　　　　　　　② ㉡을 '소수'로 고친다.

01 ㉠~㉣ 중 어색한 곳을 찾아 가장 적절하게 수정한 것은?　　　2025 국가직 9급

　　소리는 보통 귀로 듣는다고 생각한다. 그렇지만 앰프에서 강력한 저음이 흘러나오는 것을 듣고 몸이 흔들리는 것을 경험할 때, 우리는 소리를 몸으로 느낀다고 생각하기도 한다. 가청 주파수 대역의 하한인 20 Hz보다 낮은 주파수의 진동이 발생하면 ㉠ 우리의 몸은 흔들리지만 귀로는 아무것도 듣지 못한다. 우리는 이 들리지 않는 진동을 '초저주파음'이라고 부른다. ㉡ 귀에 들리지 않는 진동도 소리로 간주할 수 있다는 생각에서이다.
　　높은 주파수의 영역에서도 귀에 들리지 않는 진동이 있다. ㉢ 사람은 보통 20,000 Hz 이상의 진동이 귀에 도달하면 소리로 인식한다. 가청 주파수 대역의 상한을 넘겨서 더 높은 주파수의 진동이 발생하면 사람의 귀에 들리지 않는 것이다. 이때의 음파를 '초음파'라고 부른다.
　　사람과 동물은 가청 주파수 대역이 다르다. 그래서 동물은 사람에게 들리지 않는 소리를 들을 수 있다. 예컨대 우리와 가까이 지내는 개의 경우, 가청 주파수 대역의 하한은 사람과 비슷하지만 50,000 Hz의 진동까지 소리로 인식할 수 있다. 그래서 개는 사람이 듣지 못하는 기척을 알아차리기도 한다. 이는 개의 가청 주파수 대역이 ㉣ 사람의 가청 주파수 대역보다 넓기 때문이다.

① ㉠: 우리의 몸이 흔들리지 않을 뿐 귀로는 저음을 들을 수 있다
② ㉡: 귀에 들리지 않는 진동은 소리로 간주할 수 없다는 생각에서이다
③ ㉢: 사람은 보통 20,000 Hz 이상의 진동이 귀에 도달하면 소리로 인식하지 못한다
④ ㉣: 사람의 가청 주파수 대역보다 좁기 때문이다

02 ㉠~㉣ 중 어색한 곳을 찾아 수정한 내용으로 적절하지 않은 것은?

　　'뜨는 상권'에 가면 유행이 보인다. ㉠ 상권 안에 서로 다른 콘셉트의 가게들이 넘쳐 나기 때문이다. '마라탕 가게 옆 마라탕 가게'처럼 잘나간다 싶으면 우후죽순 들어서니 딱 봐도 유행을 알 수가 있다. 하지만 유행을 좇아 시작한 사업은 치열하게 경쟁하는 경우가 많아 장기적으로 보면 지속적으로 성장하기가 어렵다. 콘셉트를 정한 뒤 좋은 상권에 비싼 권리금을 주고 들어갈 생각보다 특정 지역에 부족한 게 무엇인지 먼저 생각해야 한다. 즉 ㉡ 상권을 보고 아이템을 떠올리는 게 훨씬 쉽고 정확한 방법이다.
　　요리 실력 좀 있다거나, 마케팅을 해 보았다 하는 사람들은 비교적 쉽게 외식업 창업을 떠올린다. 음식이 맛있으면 입소문은 당연하고 인플루언서 마케팅의 도움이면 맛집 반열에 오르기 쉬울 거란 행복 회로를 돌리기도 한다. 하지만 초보 창업가의 이런 확신이 잘못된 경영 전략인 경우가 많다. ㉢ 기획력보다 중요한 것은 요리 실력이고, 단기적인 마케팅으론 브랜드가 오래 사랑받을 수 없다.
　　외식 사업에서 무엇을 중심에 두어야 하는지는 분명하다. 경쟁보다 개성을 중시하며 브랜드만의 '차별성'과 '정체성'을 찾는 것이 바로 작은 가게의 성공 법칙이다. 그래야 ㉣ 상권의 흐름을 따라갈 수 있다. 기존 고객을 서로 빼앗으며 이익만을 추구하는 장사의 관점에서 벗어나 멀리서부터 찾아오는 고객을 창조하는 전략이 필요하다.

① ㉠: 상권 안에 비슷한 콘셉트의 가게들이
② ㉡: 아이템을 떠올린 후 상권을 선택하는 게
③ ㉢: 요리 실력보다 중요한 것은 기획력
④ ㉣: 상권의 지배로부터 자유로워질 수 있다

POINT 19 개요의 작성 및 수정

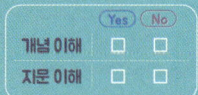

1. 발문이나 개요에서 글의 주제와 목적, 제목 등을 확인한 뒤, 세부 항목을 검토한다.
2. '문제 – 해결' 또는 '문제 – 원인 – 해결책' 등을 1:1로 대응시켜 내용의 적절성을 파악한다.

01 개요의 작성 및 수정이란

이 문제 유형은 개요의 작성·수정·보완을 통해 글의 주제와 목적에 맞게 글감(제재)을 효과적으로 배치했는지를 판단하는 문제이다. 따라서 이 문제 유형을 풀 때 검토해야 할 사항은 다음과 같다.

1. **통일성 검토** – 중요한 항목이 누락되거나 불필요한 항목이 있지는 않은가?
2. **논리성 검토** – 각 항목들의 연결은 논리적이며 결론은 주제와 연결되어 도출되었는가?
3. **위계성 검토** – 상위 항목과 하위 항목이 바르게 설정되어 있는가?

✅ 선재 쌤's TIP 개요의 작성 및 수정하기

이 문제 유형의 개요는 '문제 – 해결', '문제 – 원인 – 해결' 등과 같은 항목으로 조직되어 나타나는 경우가 많다. 이때 '문제 – 해결 방안' 또는 '원인 – 해결 방안'은 1:1로 대응된다. 가령 개요의 본론에서 청소년 디지털 중독의 원인으로 '자극적인 디지털 콘텐츠의 무분별한 유통'을 제시했다면, 이에 대한 해결 방안('자극적인 디지털 콘텐츠의 유통 예방법')이 반드시 나와야만 한다.

정답과 해설 014쪽

연습하기

01 다음은 '비정부 기구[NGO]에 나타난 문제점과 활성화 방안'을 주제로 한 개요이다. ㉠~㉢에 들어갈 가장 적절한 말을 쓰시오.

> Ⅰ. 서론: NGO의 개념과 활동 의의
> Ⅱ. 본론
>   1. ㉠
>   가. NGO 간 교류 부족으로 인한 활동 중복
>   나. ㉡
>   2. NGO의 활성화 방안
>   가. ㉢
>   나. 적극적인 홍보로 시민들의 참여 유도
> Ⅲ. 결론: NGO 활동을 활성화하기 위한 적극적인 노력 촉구

01 〈개요〉의 빈칸에 들어갈 내용으로 적절하지 않은 것은? 2025 국가직 9급

〈개요〉

제목: 청소년 아르바이트의 실태와 노동 문제 개선 방안

Ⅰ. 청소년 아르바이트의 실태
  1. 열악한 노동 환경 및 복지 혜택 부족
  2. 임금 체불 및 최저 임금제 위반
  3. 사업장 내의 빈번한 폭언 및 폭행 발생

Ⅱ. 청소년 아르바이트의 노동 문제 발생 원인
  1. 청소년의 노동 환경에 대한 실효성 있는 제도 부족
  2. 노동 관계법에 관한 청소년 고용 업주의 인식 부족
  3. 청소년 노동자의 인권을 존중하지 않는 사회의 통념

Ⅲ. 청소년 아르바이트의 노동 문제 개선 방안

① 청소년의 노동 환경 개선을 위한 제도 정비
② 청소년 고용 업주에 대한 노동 관계법 교육과 지도 확대
③ 청소년 노동자의 인권 보호를 위한 사회적 교육 기관 설립
④ 청소년 고용 업체 규모 축소를 위한 정부의 지속적인 감독과 단속

02 ㉠~㉢에 들어갈 말로 적절하지 않은 것은?

서론: ○○ 청소기 관련 고객 만족도 제고 방안

Ⅰ. 고객 불만 현황
  1. ㉠
  2. 인터넷 고객 문의 접수 및 처리 지연

Ⅱ. ㉡
  1. 해외 공장에서 제작한 모터 품질 불량
  2. 인터넷 고객 지원 서비스 시스템의 잦은 오류

Ⅲ. ㉢
  1. 동종 제품 전량 회수 후 수리 또는 신제품으로 교환
  2. 고객 지원 서비스 시스템 최신화 및 관리 인력 충원

Ⅳ. ㉣
  1. 제품에 대한 고객 민원 해결 및 회사 이미지 제고
  2. 품질 결함 최소화를 위한 품질 관리 체계의 개선 방향

① ㉠: 소음 과다 및 흡입력 미흡
② ㉡: 고객 불만 발생의 원인
③ ㉢: 고객 지원 센터의 지원 인력 부족
④ ㉣: 기대 효과와 향후 과제

POINT 20 화법
: 말하기의 실제

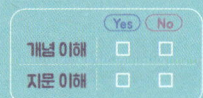

1. 대화·토의·토론 등 실제 담화를 제시하고, 화자의 말하기 내용, 방식, 태도 등을 묻는 문제 유형이다.
2. 주장과 근거뿐만이 아니라 말하는 자세나 태도를 나타내는 부분에 표시를 해서 풀이 시간을 절약해야 한다.

01 담화를 읽을 때 체크해야 할 포인트

(1) **사회자가 나온다면, 사회자의 역할에 주목하자.**
　사회자는 토론이나 토의의 진행을 돕는 역할을 하는데, **참여자 및 화제 소개, 내용의 요약·정리, 화제와 연관된 추가 질문 등**의 임무를 맡는다. 단 사회자는 객관적인 입장을 유지하기 때문에 화제에 찬성·반대하는 등 자신의 의견을 과도하게 드러내기는 어렵다.

(2) **토론은 찬성과 반대 측의 주장과 근거에 주목하자.**
　토론은 근거를 제시하여 상대방을 설득하는 담화 유형이므로, 주장과 근거에 주목하여 독해한다. **주장에 대한 찬성, 반대**뿐만이 아니라 **부분적으로 찬성(반대)하는 내용**에도 표시한다. 또한 주장을 뒷받침하는 근거로 제시된 통계 자료, 전문가의 견해 인용, 예시 등에 표시를 하여, 각 토론 참여자들이 어떤 방식으로 근거를 제시했는지를 묻는 선택지에 대비한다.

> **TIP** '물론, 저도 마찬가지로 ~' 등과 같이 상대방의 의견에 일부 동조하는 부분은 선택지로 만들어질 가능성이 높다. 제시문에 표시를 해 두자!

정답과 해설 014쪽

연습하기

01-02 다음 토론에서 참여자의 말하기 방식에 대한 적절성을 판단하시오.

> 찬성: 학생회장 선거에 대한 관심을 확대할 수 있도록 SNS를 활용한 선거 운동을 도입해야 합니다. 작년에 후보자와 함께 홍보 포스터를 부착하고 교문 앞 유세에도 참여했었는데 학생들의 호응을 이끌어 내기가 무척 어려웠습니다. SNS는 학생들이 간편하게 이용할 수 있는 친숙한 매체이므로 SNS를 활용한 선거 운동을 도입하면 학생들의 관심을 유도하는 데 효과적일 것입니다.
> 반대: 정말 SNS가 모든 학생들에게 친숙한 매체일까요? 혹시 SNS를 사용하지 않는 학생들은 상대적으로 소외감을 느끼지는 않을까요?
> 찬성: 물론 SNS를 사용하지 않는 학생들은 참여가 어려울 수 있지만 전체적으로는 학생들의 관심도를 높일 수 있을 것입니다. 최근 우리 학교의 SNS 사용에 대한 실태 조사 결과 86% 이상의 학생이 SNS를 사용하는 것으로 나타났습니다.

01 찬성 측은 과거의 경험과 통계 자료를 통해 주장의 타당성을 부각하고 있다. ○ | ×

02 찬성 측은 상대방의 의견을 일부 인정하면서 자신의 주장을 수정하고 있다. ○ | ×

01 다음 대화를 분석한 내용으로 가장 적절한 것은?

인혁처 1차 예시 문제

> 갑: 전염병이 창궐했을 때 마스크를 착용하는 것은 당연한 일인데, 그것을 거부하는 사람이 있다니 도대체 이해가 안 돼.
> 을: 마스크 착용을 거부하는 사람들을 무조건 비난하지 말고 먼저 왜 그러는지 정확하게 이유를 파악하는 것이 필요해.
> 병: 그 사람들은 개인의 자유가 가장 존중받아야 하는 기본권이라고 생각하기 때문일 거야.
> 갑: 개인의 자유로운 선택이 타인의 생명을 위협한다면 기본권이라 하더라도 제한하는 것이 보편적 상식 아닐까?
> 병: 맞아. 개인이 모여 공동체를 이루는데 나의 자유만을 고집하면 결국 사회는 극단적 이기주의에 빠져 붕괴하고 말 거야.
> 을: 마스크를 쓰지 않는 행위를 윤리적 차원에서만 접근하지 말고, 문화적 차원에서도 고려할 필요가 있어. 어떤 사회에서는 얼굴을 가리는 것이 범죄자의 징표로 인식되기도 해.

① 화제에 대해 남들과 다른 측면에서 탐색하는 사람이 있다.
② 자신의 의견이 반박되자 질문을 던져 화제를 전환하는 사람이 있다.
③ 대화가 진행되면서 논점에 대한 찬반 입장이 바뀌는 사람이 있다.
④ 사례의 공통점을 종합하여 자신의 주장을 강화하는 사람이 있다.

02 다음 대화를 분석한 내용으로 적절하지 않은 것은?

> 갑: 공중전화를 지금처럼 계속 유지하는 건 경제적인 측면에서 비효율적이라고 생각해. 현재 공중전화는 전국에 2만 8천여 대가 있는데, 공중전화를 유지하는 데 1년에 100억 원 이상의 손실이 생기고 있다고 해. 앞으로 손실이 계속 생길 텐데 유지할 필요가 없지.
> 을: 통신 복지 차원에서 본다면 공중전화는 유지되어야 한다고 생각해. 공중전화는 보편적 서비스거든. 보편적 서비스는 취약 계층을 포함하여 누구에게나 평등하게 제공되는 서비스를 말하는데 공중전화도 여기에 해당해. 만약 공중전화가 없어진다면 공중전화에 의존해 통신 서비스를 이용하던 사람들은 불편을 겪지 않을까?
> 갑: 공중전화가 없어지면 불편을 겪는 사람들이 생길 수는 있겠지. 하지만 그런 사람들의 경우에는 통신비를 지원하거나 통신 기기를 대신 대여해 주면 된다고 생각해.
> 병: 휴대 전화가 없어서 공중전화가 없어지면 불편한 사람들도 있지만 휴대 전화가 있는 사람들에게도 공중전화가 필요해. 휴대 전화 배터리가 없거나 휴대 전화를 분실했을 때 위급한 일이 생기면 공중전화가 큰 도움이 될 수 있어. 그리고 더 중요하게는 재난 등의 비상 상황이 발생해 무선 통신망이 마비될 경우에도 공중전화는 꼭 필요해.
> 갑: 그렇구나. 비상 상황에도 이용할 수 있겠구나. 지금까지 몰랐는데 공중전화는 유지할 만한 가치가 있네.

① 상대와 다른 관점에서 화제를 탐색하는 사람이 있다.
② 상대가 지적한 문제의 해결 방안을 제시하는 사람이 있다.
③ 자신의 경험을 통해 주장의 타당성을 강조하는 사람이 있다.
④ 상대의 주장을 수용하면서 자신의 주장을 수정하는 사람이 있다.

POINT 21 글의 전개 방식

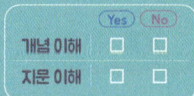

1. 전개 방식의 개념을 정확하게 학습한다.
2. 제시문의 특성을 묻는 내용 일치 유형의 선택지로도 종종 나온다.

01 주요 전개 방식의 종류

정의 — 대상의 범위를 규정지어 대상이 지닌 본질적 속성을 해명함.
- 예) 인간은 생각하는 동물이다.
  → 종차: 종개념인 '인간'의 본질적인 특성이 나와야 함.

지정 — 대상을 손으로 가리키듯 직접 설명해 주는 방법
- 예) 쟁반 위에 있는 과일이 사과야.

예시 — 세부적인 예를 들어 일반적이고 추상적인 진술을 구체화함.
- 예) 구글 검색 데이터나 페이스북, 인스타그램 같은 소셜 네트워크 서비스[SNS]에 실시간으로 올라오는 포스팅이 대표적인 빅 데이터이다.

비교와 대조 —
① 비교: 공통되는 성질이나 유사성을 중심으로 설명함.
② 대조: 상대되는 성질이나 차이점을 들어 설명함.
- 예) 사과는 수박처럼 맛있다. 그런데 사과는 작고 수박은 크다.
  공통점 → 비교   차이점 → 대조

분류 —
① 구분: 공통적인 특성에 근거하여 나누는 것
② 분류: 공통적인 특성에 근거하여 묶어 가는 것
  나눔 → 구분
- 예) 사과는 재래종과 외래종으로 나눌 수 있다.
  VS 재래종과 외래종을 묶어 한국 사과라고 한다.
  묶음 → 분류

분석 — 구성 요소나 부분으로 나누어 각 부분들의 관계를 설명함.
- 예) 사과의 영양소는 비타민 A, 비타민 C, 무기질, 칼륨 등으로 구성되어 있다.

유추 —
① 범주가 다른 두 대상 사이에 유사성이 있어야 함.
② 두 대상의 성질이 1:1로 대응되어야 함.
③ 이를 바탕으로 동일한 결론을 이끌어 낼 수 있어야 함.
- 예) 인생은 사과이다. 사과가 아름다운 열매를 맺기 위해 온갖 비바람을 견디듯이, 인생도 성과를 얻기 위해서는 많은 고통을 견뎌야 한다.
  → '사과'와 '인생'의 유사성을 바탕으로 공통된 결론을 도출함.

서사 — '무엇이 일어났는가'라는 사건에 중점을 둠.
- 예) 홍길동은 자라서 집을 나갔다. (인물 – 사건)

과정 — '어떻게 하였는가'에 초점을 둠. 주로 '~ 하는 방법'으로 요약됨.
- 예) 먼저 물 500ml에 건더기 스프를 넣고 물이 끓으면, 액체 스프를 넣어 주세요. 그리고 면을 넣은 뒤 4분간 더 끓이면 맛있는 라면이 완성됩니다.

인과 — '왜 일어났는가'에 초점을 둠. 주로 '~ 하는 이유(원인)'로 요약됨.
- 예) 국내에서 생산된 농식품은 주로 잉여 농식품을 수출하였다. 이로 인해 수출이 안정적이지 못했고 해외에서 인지도도 낮았다.

01 다음 글의 논지 전개 방식에 대한 설명으로 가장 적절한 것은?

> 과학에는 사물의 근본적 원리라고 하는 의미가 강하게 내포되어 있다. 세상에 우연이란 없고 개개의 사건들을 관통하여 지배하는 원리가 있기 마련이라는 세계관이 자리 잡고 있는 것이다. 그러한 원리는 법칙 혹은 이론이라는 형태로 표현되며, 복잡해 보이는 세상사도 그러한 법칙과 이론을 깨닫고 나면 더 이상 거칠 것 없이 통달한 상태가 된다고 보는 것이다. 기술은 과학보다는 하위의 지적 상태를 지칭하는 의미가 꽤 강하다. 기술은 유용한 것이긴 하지만 과학이라고 부를 정도의 근본적인 원리에까지는 도달하지 못한 것들을 나타낸다. 과학 지상주의의 입장에서 보자면 기술이 과학보다 하위인 이유는 과학은 자신의 내적인 논리를 따르는 반면 기술은 실제적인 응용을 염두에 두는 것이기 때문이다. 쓸모가 있어야 한다는 전제가 있기에 열등한 상태라는 것이다.

① 대상이 이루어지는 단계를 차례대로 설명하고 있다.
② 둘 이상의 대상을 차이점을 중심으로 설명하고 있다.
③ 구체적 대상의 모습을 그림 그리듯이 서술하고 있다.
④ 어떤 말이나 사물의 뜻을 명백히 밝혀 규정하고 있다.

02 다음 글의 주된 전개 방식이 사용된 것은?

> 사람마다 체질이 다르다. 같은 병이라도 증세는 같지가 않다. 그러니 의원에게 가장 중요한 일은 어느 병에는 어떤 약방을 써야 한다는 지식이 아니라, 약재 하나하나의 성질과 효능을 익히는 것이다. 그래야만 병자의 체질이나 병세의 완급에 맞춰 강약을 조절할 수가 있다. 문장도 마찬가지다. 모든 글자는 만들어진 원리와 배경이 같지 않다. 같은 뜻이라고 해도 마구 섞어 쓰면 안 된다.

① 먼저 양손으로 큰 원을 그렸다가 내려오면서 가슴을 다리에 붙입니다. 그런 다음 두 다리를 뒤로 뻗고 팔 굽혀 펴기 하는 자세를 취해 주세요.
② 광고란 상품·서비스·의견·운동 등에 대중의 관심을 끌기 위해 사용하는 기술을 말한다.
③ 사이코패스와 소시오패스 모두 반사회적 인격 장애를 지니고 있다.
④ 마치 물고기가 자기가 살고 있는 물을 당연한 것으로 여기듯이 하나의 문화 속에서 성장한 사람은 자신이 속한 문화의 가장 중요한 특징들을 의식하지 못하기도 한다.

PART 4
신유형 훈련
논증과 강화·약화

신유형 추론 강화형 문제를 대비하라

POINT 22~27

선재 쌤's TALK

추론이란 논리적으로 추리하는 것으로, 마음속으로 할 수도 있고 말로 할 수도 있습니다. 이 중 후자를 논증이라고 부르는데, **논증은 전제와 결론으로 구성**됩니다. 이번 PART에서는 전제를 통해 결론을 논리적으로 이끌어 내는 논증에 대해 학습합니다. 기본적인 지식을 익히는 것은 물론, 이를 독해 지문에 적용하여 오답을 피하는 방법까지 익혀 봅시다.

탐구 4

1 논증의 구성과 주요 유형 익히기

2 올바른 결론을 도출하는 경우와 그렇지 않은 경우 변별하기

3 논증 방식을 적용하여 지문 분석법을 학습하고, 추론형 문제 연습하기

POINT 22 논증의 개념과 논증 방식

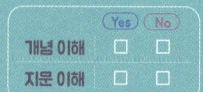

개념 이해
지문 이해

■ 다양한 논증 방식의 개념을 익히고, 글을 통해 논증의 유형을 구분할 수 있어야 한다.
② 연역법, 귀납법, 변증법의 개념을 익히고, 전제와 결론의 관계를 파악하여 논증 방식을 변별한다.

01 논증의 개념

논리적인 사고는 어떤 주장에 대해서 적절한 이유나 근거를 대는 것인데, 이때 근거와 주장을 각각 전제와 결론이라고 하고 **전제와 결론의 쌍을 논증**이라고 한다. 즉 논증은 이유가 제시된 주장을 의미한다. 가령 "이 교수는 훌륭한 교수이다."라는 주장을 정당화하기 위해서 "이번 강의 평가에서 좋은 결과가 나왔다."라는 이유가 제시되어야 논증인 것이다. 이러한 논증은 하나 이상의 전제를 가질 수 있지만, 결론은 (정의상) 하나인 형식으로 구성된다.

전제 → 결론 = 논증
이유, 논리, 근거   주장

02 논증 방식과 논증의 유형

논증 방식을 묻는 문제는 주어진 제시문에 반영된 논증의 유형을 확인하고, 그와 유사하거나 유사하지 않은 논증 방식을 변별하는 형식으로 출제된다. 따라서 논증 방식 문제 유형을 풀기 위해서는 우선 연역법, 귀납법, 변증법 등과 같은 주요 논증 방식의 개념을 알아야 한다.

논증은 크게 **연역 논증**[deductive argument]과 **귀납 논증**[inductive argument]의 두 가지 유형으로 분류된다. 연역과 귀납은 전제와 결론 사이에 성립되는 추론의 강도에 의해 구분될 수 있다. 전제가 참이라면 결론이 반드시 참으로 도출되는 논증은 연역 논증이고, 전제가 참이라고 가정하더라도 결론이 절대적으로 참으로 도출되는 것이 아니라 참이 될 개연성이 높은 논증은 귀납 논증이다.

연역법	• 전제가 참이라면 결론이 필연적으로 참인 논증 • 일반적인 전제에서 구체적인 결론을 이끌어 냄. • 연역법의 대표적인 사례는 삼단 논법임.
귀납법	• 전제가 참이라도 결론이 참이 될 개연성이 높은 논증 • 구체적인 사실들로부터 일반적 진술을 이끌어 냄. • 귀납법의 대표적인 사례는 유비 추론임.
변증법	• 대립되는 두 가지 명제를 통해 제3의 새로운 결론을 이끌어 내는 논증 • 서로 모순, 대립하는 둘 이상의 논점을 지양하고 통합함으로써 좀 더 높은 차원의 결론을 유도함.

03 논증의 주요 유형

정언 삼단 논법	p는 q이다. → r은 p이다. → 그러므로 r은 q이다. 예 모든 사람은 죽는다. 소크라테스는 사람이다. 그러므로 소크라테스는 죽는다.
가언 삼단 논법	만일 p이면 q이다. → q이면 r이다. → 그러므로 p이면 r이다. 예 사람이면 동물이다. 동물이면 털이 있다. 그러므로 사람이면 털이 있다.
선언 삼단 논법	p 또는 q이다. → p가 아니다. → 그러므로 q이다. 예 철수는 등산을 갔거나 낚시를 갔다. 그런데 철수는 등산을 가지 않았다. 그러므로 철수는 낚시를 갔다.
생략 삼단 논법	삼단 논법을 구성하고 있는 명제인 대전제나 소전제 중 일부를 생략함. 예 그도 사람이니까 생각을 하겠지. - 대전제(사람은 생각을 한다.)가 생략됨.
가정적 조건문	• 만일 p이면 q이다. → p이다. → 그러므로 q이다. (전건 긍정으로 후건 긍정) 　예 비가 오면 땅이 젖는다. 비가 온다. 그러므로 땅이 젖을 것이다. • 만일 p이면 q이다. → q가 아니다. → 그러므로 p가 아니다. (후건 부정으로 전건 부정) 　예 비가 오면 땅이 젖는다. 땅이 젖지 않았다. 그러므로 비가 오지 않았을 것이다.
유비 추론	두 대상 사이의 유사성을 바탕으로 나머지 요소들의 동일성을 추론하는 방법 예 영식과 경호는 경영학 석사를 받았고, 많은 월급을 받고 있다. 주영은 경영학 석사를 받았다. 그러므로 주영도 많은 월급을 받을 것이다.

정답과 해설 016쪽

연습하기

01 다음 글과 논증 방식이 가장 가까운 것을 고르시오.

> 가치 중립적인 것은 도덕적 가치 판단의 대상이 아니다. 과학은 자연 현상의 객관적인 원리나 법칙을 탐구하는 학문으로, 자연 현상을 파악하는 데 사용되는 과학의 법칙이나 이론들은 개인의 취향이나 가치 판단의 기준에 따라 취사선택될 수 없으며, 객관성과 정합성이 인정되는 결과만 과학으로서 인정받는다. 이렇게 연구된 과학의 연구 결과물은 가치 중립적인 성격을 띠고 있다. 결국 과학의 연구 결과물은 도덕적 가치 판단의 대상이 아니기 때문에 과학의 탐구에 책임이 부여될 수는 없다.

① 고속 도로에 눈이 쌓이면 교통사고가 발생할 확률이 높아진다. 어젯밤에 전국에 많은 눈이 내렸다. 따라서 고속 도로에서 사고가 일어날 확률이 높을 것이다.

② 창의성은 조직의 발전에 크게 기여한다. 카페 같은 편안한 분위기의 회의 공간 등은 직원들의 창의성을 자극한다. 따라서 사무실 내 편안한 분위기를 조성하는 공간을 만드는 것은 조직의 발전에 긍정적 영향을 미칠 것이다.

01 다음 글에 나타난 논증 방식과 가장 가까운 것은?

> 배낭은 최근 10년 사이에 정장을 멋지게 차려입은 젊은 남녀 직장인뿐만 아니라 어깨가 시원찮아진 50~60대 중장년의 애용품이 됐다. 배낭을 메면 스마트폰이 일상화된 '엄지족' 등이 소셜 네트워크 서비스(SNS)를 이용할 때 두 손을 자유롭게 사용할 수 있어 더 좋단다. 다만 배낭이 본의 아니게 다른 사람을 괴롭히는 것이 문제다. 남을 배려하지 않는다는 것은 공공 의식이 없다는 것이다. 공공의식이란 남과 함께 살아가기 위한 의식을 말한다. 왜 사람들은 좁은 공간에서 배낭을 벗지 않아 자신과 남을 불편하게 하는가? 그것은 우리에게 남을 배려하는 마음이 없기 때문일 것이다. 따라서 통로가 좁은 버스나 지하철에서 배낭을 벗지 않아 남에게 피해를 주는 사람은 남과 함께 살아가야겠다는 의식이 없다고 볼 수 있다.

① D섬에 들어가기 위해서는 육로로 가거나 해로로 갈 수밖에 없다. D섬으로 들어가는 육로는 전쟁으로 인해 몇 달간 막혀 있었다. 결국 그 섬에 들어갈 수 있는 방법은 하나밖에 남지 않았다.

② 대한민국 국민은 나라의 주인으로서 투표권을 통해 주권을 행사할 수 있다. 올해 대학에 입학한 19세 청년들은 대한민국의 국민이다. 따라서 그들은 이번 선거에 투표권을 행사하여 나라를 운영할 대표자를 뽑아야 하는 의무가 있다.

③ 운전 중 휴대폰 사용을 금지하지 않는다면 운전 중 휴대폰 사용으로 인한 사고가 증가할 것이다. 따라서 운전 중 휴대폰 사용으로 인한 사고가 증가하지 않으려면 운전 중 휴대폰 사용을 금지해야 한다.

④ 자본주의 경제 체제에서는 노력과 능력에 합당한 보상을 받을 수 있다. 그러나 분배가 고르지 못하여 빈부의 차이가 심해질 수 있다. 따라서 정부는 자본주의 원칙에 따라 개인의 노력과 능력에 맞게 보상을 하면서도 빈부의 격차를 줄일 수 있는 정책을 마련해야 한다.

02 '앤서니 기든스'의 주장에 나타난 논증 방식과 가장 가까운 것은?

> 앤서니 기든스는 서구식 근대화가 내포한 한계를 넘어서기 위한 이론적 노력을 기울였다. 기든스가 말하는 '제3의 길'은 '제1의 길'과 '제2의 길'을 넘어서려는 새로운 정치적 프로그램이다. 제1의 길이 '요람에서 무덤까지'로 일컫는 북유럽 국가의 사회 민주주의 기획이라면, 제2의 길은 시장에서의 자유를 극대화하고 국가의 간섭을 최소화하려는 미국식 신자유주의 개혁이다. 제3의 길은 유럽의 복지 국가에서 시장의 효율성을 강조하고, 미국과 같은 신자유주의 국가에서 사회적 평등을 부각하는 전략으로 제1의 길과 제2의 길에 대한 통합을 모색하고 있다. 기든스는 국가가 개인의 역할을 대신해 주는 전통적 사회 민주주의도 반대하지만, 연대와 평등의 개념이 없는 신자유주의의 개인주의도 반대한다. '제3의 길'이란 경제적 효율의 달성과 사회적 약자 보호를 동시에 지향하자는 것이다.

① 철근이 고층 건물을 지탱하는 힘을 제공하듯 뼈는 우리 몸의 체중과 운동에 따른 하중을 견뎌 낸다. 철골 사이를 잇는 콘크리트 벽과 바닥, 지붕이 건물 안에 방을 만들어 많은 사람이 그 속에서 안전하게 활동할 수 있게 하듯, 뼈가 만드는 공간은 중요한 장기들을 보호한다.
② 현대 사회는 이성적인 인간을 요구해 왔다. 이로 인해 인류는 놀라운 문명의 발전을 이룰 수 있었다. 이성을 바탕으로 한 세상에서 감성이 자리를 빼앗기자 세상은 갈수록 각박해지고 냉혹해졌다. 지금 우리 사회가 감성과 이성을 적절히 조절할 수 있는 인간을 요구하는 이유가 여기에 있다.
③ 기업이 성장하기 위해서는 명확한 목표를 설정하고, 기업의 변화를 위한 구성원들의 노력이 있어야만 한다. 그러나 이를 실천하는 기업은 많지 않다. 그러므로 우리나라 기업의 성장에 대한 확신을 갖기가 어렵다.
④ 조류는 모두 날개를 가지고 있다. 펭귄은 조류에 속한다. 따라서 펭귄은 날 수는 없지만 날개를 가지고 있다.

03 다음 논증 과정을 바탕으로 할 때, ㉠에 대한 반박으로 가장 적절한 것은?

> • 대전제: 사회 통합을 저해하는 것은 국가 성장의 걸림돌이 된다.
> • 소전제: [㉠   ].
> • 결론: 다문화를 인정하는 것은 국가 성장의 걸림돌이 된다.

① 다문화 사회로의 변화는 문화적 갈등을 일으켜 사회 공존을 불가능하게 한다
② 단일 민족 의식에 대한 강조는 이질적인 것에 대한 배타적 인식을 불러일으킨다
③ 다문화 사회는 문화적 다양성에 대한 이해를 심화하므로 사회적 연대감을 높인다
④ 다문화 사회의 갈등을 해결하려면 관용의 자세와 문화 상대주의적 태도를 취해야 한다

논증의 분석

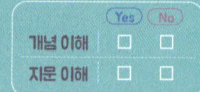

1. 먼저 결론(주제문)을 찾은 뒤, 결론과 나머지 문장들 간의 관계를 파악한다.
2. 접속어는 문장들 간 관계를 파악하는 데 도움이 되므로 접속어의 기능을 알아 둔다.

01 논증의 분석

논리적 사고의 중요한 목표 중 하나는 **다른 사람의 논증을 듣고 받아들일 만한 논증인지, 거부해야 할 논증인지 판단하는 것**이다. 이를 논증의 평가라고 한다. 논증을 평가하기 위해서는 다음과 같은 과정을 거쳐야 한다.

논증 여부 결정
주장에 대한 근거를 적절히 제시하고 있는가?

↓

언어의 명확화
논증에 나온 개념들이 애매하거나 모호하게 쓰인 것은 없는가?

↓

논증의 분석
전제와 결론은 무엇이고 전제는 어떤 구조로 결론을 지지하는가?

↓

논증의 평가
논증의 전제들이 받아들일 만한가?
논증의 전제들이 타당하게 결론을 지지하는가?

논증을 평가하기 위해서는 그 논증이 주장하고 있는 바가 무엇이고 그 주장을 위해서 어떤 근거를 제시하고 있는지 정확하게 이해해야 하는데, 이와 같이 논증을 정확하게 이해하는 과정을 **논증의 분석**이라고 한다. 논증을 분석하기 위해서는 주어진 글 속에서 **전제와 결론을 찾고, 그 관계들을 파악해야 한다**.

전제와 결론을 찾을 때에는 접속어나 지시어를 활용하도록 한다. 예를 들어 '왜냐하면, ~ 때문이다' 등은 전제를 지시하는 말들이고, '따라서, 그러므로' 등과 같은 말 뒤에 이어지는 진술은 결론을 지시하는 표현들이다. 또한 '그러나, 반면에' 등의 말이 있을 경우 앞의 논증에 대한 반대 논리가 종종 나타난다.

01 다음 글의 논리적 구조를 설명한 것으로 가장 적절한 것은?

> ㉠ 듣기와 읽기는 본질적으로 수동적인 능력인 데 비해 말하기와 쓰기는 능동적인 능력이다. ㉡ 그래서 듣기와 읽기에 견주어 말하기와 쓰기는, 그것을 제대로 하려면, 아주 많은 노력이 필요하다. ㉢ 특히 쓰기는 더 그렇다. ㉣ 일반적으로 텍스트는 발화보다 더 복잡한 구조를 지니고 있기 때문이다. ㉤ 다시 말해서, 사람들은 보통 말하는 것보다는 더 고급스러운 방식으로 쓰기 때문이다. 아주 난해한 글, 아름다운 글을 쓰는 사람도, 말하면서는 그렇게 난해하거나 아름답게 말하지는 않는다. ㉥ 그러니까, 쓰기의 능력은 모든 언어 능력의 총화, 언어 능력의 꽃이라고 할 만하다. 그것은 언어 교육이 지향해야 할 최종 목표이다.

① ㉠은 이 글의 주지이다.
② ㉢은 ㉡의 논리적 결함을 지적한 것이다.
③ ㉤은 ㉣을 상술하고 있다.
④ ㉥은 ㉤의 일부를 반박하고 있다.

02 ㉠~㉤에 대한 분석으로 적절하지 않은 것은?

> ㉠ 문학과 철학이라는 개념이 각기 구별되고 통용되는 한, 거기에는 반드시 어떤 근거와 차이가 존재한다. 문학적 텍스트와 철학적 텍스트 사이에는 뛰어넘을 수 없는 논리적 차이가 있다. 그러나 ㉡ 근대적 이념이 해체되어 가는 이른바 포스트모던 시대의 등장과 함께 그동안 당연한 사실로 받아들였던 문학과 철학의 구별에 대한 의심이 제기되었다. ㉢ 요즘은 서적에서도 문학적 상상력과 철학적 지성이 거리낌 없이 융합되는 분위기 속에서 문학과 철학의 분과 학문적 경계를 고정적으로 여기지 않는다.
> 인간과 인간의 삶에 관한 인문학적 탐구라는 과제를 공유하고 있다는 점에서 문학과 철학이 목표하는 바는 동일하다. 또한 순수하게 철학이기만 한 담론도, 순수하게 문학이기만 한 담론도 있을 수 없다. ㉣ 결국 그 지시 대상이나 원칙의 체계에 있어서 서로 독립적인 언어의 유희들이 서로 다른 복수적인 위상에서 상호 간섭하는 혼합된 담론으로 존재하는 것이다. ㉤ 그러므로 문학의 철학성은 철학적인 것이 문학 텍스트에 복수적인 층위에서 개입한다고 말할 수 있다.

① ㉠과 ㉡은 서로 대조적 견해를 드러낸다.
② ㉢은 ㉡을 뒷받침한다.
③ ㉣은 ㉡을 부정하고 ㉠을 심화한 것이다.
④ ㉤은 ㉣을 근거로 한다.

POINT 23 논증의 분석

03 다음 글의 구조에 대한 설명으로 적절하지 않은 것은?

> ㉠ 인터넷 기반의 미디어 환경이 보편화되면서 미디어 소비 형태도 빠르게 변화하고 있다. ㉡ 예전에는 TV 또는 컴퓨터 등 하나의 스크린에서 콘텐츠를 소비했다면 지금은 인터넷에 연결된 다양한 기기에서 끊임없이 콘텐츠를 이용하는 이른바 'N-스크린 환경'이 도래했다. ㉢ 정해진 시간에 편성된 콘텐츠를 실시간으로 시청하기보다는 원하는 시간에 원하는 장소에서 원하는 방식으로 다양한 기기를 통해 콘텐츠를 소비하게 된 것이다. ㉣ 자연스럽게 전통적인 미디어 콘텐츠의 소비는 줄어들었고, 전통적인 미디어의 콘텐츠를 소비할지라도 비실시간에 보거나 몰아 보거나 끊어 보거나 동시에 보는 게 일상화됐다. ㉤ 아울러 이동 시간 등 짧은 시간에 웹 드라마, 웹툰, 카드 뉴스 등의 가벼운 콘텐츠를 쉽게 즐기는 '스낵 컬처'가 새로운 미디어 소비 형태로 자리 잡았다.

① ㉢은 ㉡을 상술하고 있다.
② ㉢과 ㉣은 인과 관계로 연결되어 있다.
③ ㉤은 ㉣을 뒷받침하는 부차적 진술이다.
④ 두괄식 구성의 글로 ㉡~㉤은 ㉠을 뒷받침한다.

04 다음 글의 논리적 관계를 바르게 말한 것은?

> ㉠ 한반도의 통일이 점진적인 방식으로 진행된다 하더라도 한국인들은 최소한 통일 후 과도기 동안 전반적인 경제 여건의 상당한 변화를 감수해야 할 것이다.
> ㉡ 통일이 되면 자본 수요와 노동력 공급 과잉 현상이 급속히 증대할 것이다.
> ㉢ 이러한 상황에서도 정부의 재정 지출은 남한 지역보다 북한 지역에 집중되지 않을 수 없게 될 것이다.
> ㉣ 통화(通貨)의 통일도 매우 중요하고 시급한 문제가 아닐 수 없다.
> ㉤ 왜냐하면, 과도한 환율 적용에 따른 임금 체계의 붕괴를 막기 위해서는 통화의 통일이 필요하기 때문이다.

① ㉠은 ㉡의 전제이다.
② ㉡, ㉢, ㉣은 ㉠의 근거이다.
③ ㉣은 ㉤의 근거이다.
④ ㉤은 ㉠의 일반적 진술이다.

05 다음 글의 논증 구조를 가장 바르게 파악한 것은?

> 많은 학생들이 컴퓨터로 문서를 작성할 때 전달 효과나 미적 효과를 높이기 위해서 다양한 폰트 파일을 사용한다. 폰트 파일은 동일한 스타일의 크기와 모양으로 작성된 문자 및 기호 등 한 벌의 디자인을 디지털화한 것으로 '컴퓨터 프로그램 저작물'로 보호되고 있다. ㉠ 그런데 최근 들어 폰트 파일의 저작권을 침해하는 학생들이 늘어나고 있다.
>
> 폰트 파일의 저작권을 침해하는 학생들이 늘어나게 되는 원인은 다양하다. ㉡ 우선 폰트 파일이 저작권으로 보호되고 있다는 사실을 모르고 사용하는 학생들이 많이 있고, 그 사실을 알면서도 폰트 파일을 문제의식 없이 사용하는 학생들이 있기 때문이다. ㉢ 또한 폰트 파일의 저작권이 있다는 것은 알지만, 저작권의 내용을 확인하는 구체적인 방법을 모르는 학생들이 많기 때문이다. ㉣ 폰트 파일이 저작권으로 보호되고 있다는 사실을 모르고 사용하는 학생들이 폰트 파일의 저작권에 대해 이해할 수 있도록 학교에서는 이에 대한 교육을 확대해야 한다. ㉤ 또한 저작권 침해 시 법적 처벌에 대한 정보를 학생들에게 알려 주고 저작권 보호에 대한 학생들의 인식 개선을 위해 캠페인을 지속적으로 실시해야 한다.

① ㉠은 논증의 결론으로 글 전체의 주제이다.
② ㉢은 일반적 진술인 ㉡을 상술한 것이다.
③ ㉣과 ㉤은 ㉡의 문제에 대한 해결 방안이다.
④ ㉤은 ㉣을 전제로 하여 새로운 논점을 제시한 것이다.

POINT 24 논증 평가 1
: 강화와 약화

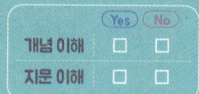

1. 새롭게 추가된 진술이 주장의 설득력에 미치는 영향을 판단하는 문제 유형이다. 주장을 뒷받침하여 설득력을 높이면 **강화**이고, 주장을 반박하여 설득력을 낮추면 **약화**이다.
2. 논증을 구성하는 주지와 근거를 파악한 뒤, 새롭게 추가된 정보나 증거가 이를 지지하는지, 반박하는지 살핀다.

01 강화와 약화의 의미

> **가** 귀납 추론 과정에서 경험적 증거가 가설을 잘 뒷받침(지지)하면, "경험적 증거가 가설을 확증한다."라고 한다. 경험적 증거가 가설의 거짓을 뒷받침(지지)하면, "경험적 증거가 가설을 반확증한다."라고 한다. 법학적성시험에서는 전자의 확증을 '강화'로, 후자의 반확증을 '약화'로 표현한다.
>
> - 《법학적성시험 안내서》
>
> **나** 증거는 가설을 입증하기도 하고 반증하기도 한다. 물론, 어떤 증거는 가설에 중립적이기도 하다. 이렇게 증거와 가설 사이에는 입증·반증·중립이라는 세 가지 관계만이 성립하며, 이 외의 다른 관계는 성립하지 않는다. 그럼 이런 세 관계는 어떻게 규정될 수 있을까? 몇몇 학자들은 이 관계들을 엄격한 논리적인 방식으로 규정한다. 이 방식에 따르면, 어떤 가설 H가 증거 E를 논리적으로 함축한다면 E는 H를 입증한다. 또한 H가 E의 부정을 논리적으로 함축한다면 E는 H를 반증한다. 물론 H가 E를 함축하지 않고 E의 부정도 함축하지 않는다면, E는 H에 대해서 중립적이다. 이런 증거와 가설 사이의 관계는 '논리적 입증·반증·중립'이라고 불린다.
>
> - 2017학년도 법학적성시험

02 강화와 약화 문제 유형의 특징

귀납 논증의 경우 실험이나 관찰의 결과로부터 가설의 진위에 대한 판단을 추론하는데, 이때 **실험이나 관찰의 결과가 가설이 참일 가능성을 높이며 이를 지지할 경우, 가설을 '강화'**한다고 한다. 반면 실험이나 관찰의 결과가 **가설이 참일 가능성을 낮추며 이를 반박할 경우, 가설을 '약화'**한다고 한다. 즉 강화와 약화 유형은 새로운 정보가 주어진 가설을 지지하는가, 반박하는가를 평가하는 논증 평가 영역의 문제이다.

이러한 문제 유형의 선택지에는 구체적인 사례, 관찰 또는 실험 결과가 제시되는데, 이들은 제시문의 견해나 가설, 의견을 강화 또는 약화하거나 이와 무관한 관계를 갖는다.

(1) 논증의 강화

논증을 강화한다는 것은 근거들이 결론을 잘 뒷받침하여 주장의 설득력을 높인다는 의미이다. 논증의 주장과 근거가 다음에 제시된 ①~④의 조건을 갖추면 논증의 설득력은 높아진다. 또한 주장을 뒷받침하여 보강해 주는 사례, 예상되는 반박 주장을 재반박하는 사례 등이 제시되거나 불필요한 근거가 제거될 때 논증은 강화된다.

① 주장이 명확해야 한다.
② 주장과 근거의 연관성이 분명해야 한다.
③ 주장이 참임을 신뢰할 수 있도록 근거가 충분하고 객관적이어야 한다.
④ 재반박은 논증에 대하여 예상되는 상대방의 반박이 충분히 검토된 것이어야 한다.

(2) 논증의 약화

논증을 약화한다는 것은 어떤 주장에 대해 설득력을 갖지 못하게 한다는 것이다. 논증의 설득력을 떨어뜨리려면, 논증에 대한 부당한 근거를 찾거나 반론의 가능성을 판단해야 한다. 일반적으로 논증에서 근거의 맹점을 직접적으로 지적하거나 새로운 사안이 밝혀짐으로써 결론의 근거가 미약해지는 사례 등이 제시될 때 논증은 약화된다.

선재 쌤's TIP 강화·약화 문제 접근법

강화·약화 문제를 풀 때는 가장 먼저 핵심 주장과 이를 뒷받침하는 근거를 찾아야 한다. 그러고 나서 선택지에 나온 주장이나 사례가 제시문의 핵심 주장이나 근거를 입증·반증하는지 혹은 주장이나 근거와 무관한지를 판단해야 한다.

선택지 유형	의미
강화한다	주장을 뒷받침한다, 찬성한다, 내용이 일치한다, 사례 제시 등 → 입증
약화한다	주장을 반박한다, 반례 제시 등 → 반증
강화하지도 약화하지도 않는다	주장과 무관하다, 논점 일탈, 중립 등

연습하기

온라인 상호 작용은 전통적인 상호 작용에 비해 몇 가지 장점이 있다. 전통적인 상호 작용은 감정과 의미의 미묘한 변화를 보여 줄 수 있지만, 말하는 사람의 나이, 성, 인종과 사회적 지위 등 낙인을 찍고 차별할지도 모르는 정보를 전달할 수 있다. 그러나 전자 통신은 이러한 신분을 드러내는 대부분 또는 모든 징표를 감춰 주기 때문에 메시지의 내용에만 주의가 집중되도록 한다. 이는 공공 상황에서 의견이 평가 절하된 소수 민족, 여성, 그 밖에 전통적으로 불이익을 받아 온 집단들에게는 큰 이점이 될 수 있다. 또한 온라인 상호 작용은 사람들이 자신의 온라인 정체성을 만들어 내고 다른 곳에서보다 더 자유롭게 말할 수 있기 때문에 자유롭고 힘 있게 행동할 수 있다.

01 온라인 상호 작용이 TV, 컴퓨터, PPT 등의 교육 매체를 활용하여 교육의 효율성을 높일 수 있다는 사실은 이 글의 주장을 강화한다. O│X

02 익명성이 보장된 인터넷 공간에서 대중 간의 불평등이 상대적으로 완화되었다는 사실은 이 글의 주장을 약화한다. O│X

POINT 24 논증 평가 1: 강화와 약화

01 다음 대화에 대한 평가로 적절한 것만을 모두 고르면?　　　　　　　　　　　2025 지방직 9급

> 갑: 친구에게 보내는 감사 메일에 건강하기를 기원하는 의미로 "건강해라."라고 적었는데, 다른 친구가 그건 잘못된 표현이니까 쓰면 안 된다고 하더라고. 널리 쓰이는 표현인데 왜 쓰면 안 된다는 거야?
>
> 을: 문법 규범에 어긋난 표현이 자주 쓰인다는 이유로 문법 규범으로 인정되어서는 안 돼. 문맥상 "건강해라."는 상대방에게 명령하는 의미를 지니는데 건강한 상태를 명령할 수는 없잖아? 그래서 형용사의 명령형은 문법 규범에 어긋난 거니까 사용하면 안 돼. 마찬가지로 어휘도 사람들이 자주 쓴다고 해서 비표준어가 표준어가 되는 것은 아니잖아.
>
> 갑: 문법 규범에 맞게 쓰거나 표준어를 사용하는 것이 권장되어야 하는 것은 옳지만, 문법 규범에 맞지 않거나 비표준어라고 해서 사용하지 말아야 하는 것은 아니라고 생각해. 문법 규범이나 표준어는 공통의 언어 사용을 유도하기 위한 정책으로 제시된 것일 뿐이거든. "건강해라."는 언중에게 널리 쓰인다는 점에서 사용에 문제가 없어.

> ㄱ. '쓰여지다', '잊혀지다'와 같은 이중 피동은 사람들에게 널리 쓰이는 표현이지만 문법 규범에 맞지 않으니까 사용하지 말아야 한다는 주장은 갑과 을의 입장을 모두 강화한다.
>
> ㄴ. 명령문 "행복해라."가 문법 규범에 맞지 않지만 상대방이 행복하기를 바라는 기원의 의미로 널리 쓰이기 때문에 써도 된다는 주장은 갑의 입장을 약화한다.
>
> ㄷ. 언중이 비표준어이던 '맨날'을 자주 사용하는 현실에 따라 표준어 '만날'과 함께 '맨날'도 표준어로 인정되었다는 사실은 을의 입장을 약화한다.

① ㄷ　　　　　　　　　　　　　　② ㄱ, ㄴ
③ ㄱ, ㄷ　　　　　　　　　　　　④ ㄱ, ㄴ, ㄷ

02 다음 글의 논지를 강화하는 것으로 가장 적절한 것은?

2025 국가직 9급

> A국은 도시 이외 지역의 초중고 교사가 부족하다. 이 상황을 심각하게 받아들인 A국 정부는 도시 이외 지역의 교사 충원율을 높이기 위해, 도시 이외 지역의 교사 연봉을 10% 인상하고 교사 양성 프로그램을 확대하는 정책을 제시했다. 하지만 이 정책은 근본적인 해결책이 되기 어렵다. 문제를 해결하기 위해서는, 단기간에 교사의 수를 늘리거나 교사의 연봉을 인상하기보다는 도시 이외의 지역에서 근무할 수 있는 충분한 교육 환경과 사회 기반 시설을 확보하는 것이 급선무이다. 현직 교사들뿐 아니라 교사를 지망하는 대학 졸업 예정자들 다수는 교육 환경과 사회 기반 시설이 열악한, 도시 이외의 지역에서 일하기를 꺼리기 때문이다.

① A국은 정부의 교육 예산이 풍부해서 도시 이외 지역의 교육 환경과 도시의 교육 환경에 별 차이가 없다는 것이 밝혀졌다.
② A국에서 도시 이외의 지역에 근무하던 사회 초년생들이 연봉을 낮추어서라도 도시로 이직한 주된 이유는 교통 시설의 부족으로 밝혀졌다.
③ A국과 유사한 상황이었던 B국에서는 교사 연봉을 5% 인상한 후, 도시 이외 지역의 학생 1인당 교사 비율이 크게 증가했다.
④ A국과 유사한 상황이었던 C국에서는 교사 양성 프로그램을 확대한 이후에 도시뿐 아니라 도시 이외의 지역에서 교사의 수가 크게 증가했다.

03 다음 글에 대해 평가한 내용으로 가장 적절한 것은?

인혁처 1차 예시 문제

> 영국의 유명한 원형 석조물인 스톤헨지는 기원전 3,000년경 신석기 시대에 세워졌다. 1960년대에 천문학자 호일이 스톤헨지가 일종의 연산 장치라는 주장을 하였고, 이후 엔지니어인 톰은 태양과 달을 관찰하기 위한 정교한 기구라고 확신했다. 천문학자 호킨스는 스톤헨지의 모양이 태양과 달의 배열을 나타낸 것이라는 의견을 제시해 관심을 모았다.
> 그러나 고고학자 앳킨슨은 그들의 생각을 비난했다. 앳킨슨은 스톤헨지를 세운 사람들을 '야만인'으로 묘사하면서, 이들은 호킨스의 주장과 달리 과학적 사고를 할 줄 모른다고 주장했다. 이에 호킨스를 옹호하는 학자들이 진화적 관점에서 앳킨슨을 비판하였다. 이들은 신석기 시대보다 훨씬 이전인 4만 년 전의 사람들도 신체적으로 우리와 동일했으며 지능 또한 우리보다 열등했다고 볼 근거가 없다고 주장했다.
> 하지만 스톤헨지의 건설자들이 포괄적인 의미에서 현대인과 같은 지능을 가졌다고 해도 과학적 사고와 기술적 지식을 가지지는 못했다. 그들에게는 우리처럼 2,500년에 걸쳐 수학과 천문학의 지식이 보존되고 세대를 거쳐 전승되어 쌓인 방대하고 정교한 문자 기록이 없었다. 선사 시대의 생각과 행동이 우리와 똑같은 식으로 전개되지 않았으리라는 점은 매우 중요하다. 지적 능력을 갖췄다고 해서 누구나 우리와 같은 동기와 관심, 개념적 틀을 가졌으리라고 생각하는 것은 잘못이다.

① 스톤헨지가 제사를 지내는 장소였다는 후대 기록이 발견되면 호킨스의 주장은 강화될 것이다.
② 스톤헨지 건설 당시의 사람들이 숫자를 사용하였다는 증거가 발견되면 호일의 주장은 약화될 것이다.
③ 스톤헨지의 유적지에서 수학과 과학에 관련된 신석기 시대 기록물이 발견되면 글쓴이의 주장은 강화될 것이다.
④ 기원전 3,000년경 인류에게 천문학 지식이 있었다는 증거가 발견되면 앳킨슨의 주장은 약화될 것이다.

POINT 24 논증 평가 1: 강화와 약화

04 ㉮를 강화하는 것만을 〈보기〉에서 모두 고르면?

인혁처 2차 예시 문제

> 신석기 시대에 들어 인류는 제대로 된 주거 공간을 만들게 되었다. 인류의 초기 주거 유형은 특히 바닥을 어떻게 만드느냐에 따라 구분된다. 이는 지면을 다지거나 조금 파고 내려가 바닥을 만드는 '움집형'과 지면에서 떨어뜨려 바닥을 설치하는 '고상(高床)식'으로 나뉜다.
> 　중국의 고대 문헌에 등장하는 '혈거'와 '소거'가 각각 움집형과 고상식 건축이다. 움집이 지붕으로 상부를 막고 아랫부분은 지면을 그대로 활용하는 지붕 중심 건축이라면, 고상식 건축은 지면에서 오는 각종 침해에 대비해 바닥을 높이 들어 올린 바닥 중심 건축이라 할 수 있다. 인류의 주거 양식은 혈거에서 소거로 진전되었다는 가설이 오랫동안 지배했다. 바닥을 지면보다 높게 만드는 것이 번거롭고 어렵다고 여겼기 때문이다. 그런데 1970년대에 중국의 허무두에서 고상식 건축의 유적이 발굴되면서 새로운 ㉮주장이 제기되었다. 그것은 혈거와 소거가 기후에 따라 다른 자연환경에 적응해 발생했다는 것이다.

〈보기〉
㉠ 우기에 비가 넘치는 산간 지역에서는 고상식 주거 건축물 유적만 발견되었다.
㉡ 움집형 집과 고상식 집이 공존해 있는 주거 양식을 보여 주는 집단의 유적지가 발견되었다.
㉢ 여름에는 고상식 건축물에서, 겨울에는 움집형 건축물에서 생활한 집단의 유적이 발견되었다.

① ㉠, ㉡
② ㉠, ㉢
③ ㉡, ㉢
④ ㉠, ㉡, ㉢

05 ㉠~㉢에 대한 평가로 가장 적절한 것은?

> 전쟁의 원인에 관한 세 가지 다른 수준에서의 분석이 있다. 먼저 ㉠<u>전쟁의 원인은 인간의 본성 때문이라는 분석</u>이 있다. 이는 인간이 근본적으로 사악하다고 가정하고, 전쟁은 사악한 인간의 권력에 대한 욕구로부터 발생한다고 주장한다.
> 　다른 한편으로 ㉡<u>전쟁의 원인을 국가의 속성, 즉 한 국가의 정치 체제에서 찾으려는 분석</u>이 있다. 민주 정치 체제가 그 민주성으로 인해 비민주 정치 체제에 비하여 전쟁이라는 극단적인 결정을 하기가 상대적으로 어렵다고 주장한다.
> 　마지막으로 ㉢<u>국제 분쟁의 궁극적 원인은 국제적 무정부 상태라고 규정되는 국제 체제의 상황에 있다고 봐야 한다는 분석</u>이 있다. 전쟁은 국제적으로 인정된 어떤 권위나 공동체 의식의 부재로 인해 평화적인 분쟁 해결의 효과적인 방법들이 결여된 국제 체제에 기인하는 것이다. 이러한 국제 체제에서 국가 간의 전쟁 가능성은 중앙 집권적 권위를 지닌 국제 연맹의 국제 제도를 통해 완화될 수 있다.

① 특정한 지역이나 시대에만 전쟁이 빈번하게 발생했다는 사실은 ㉠을 강화한다.
② 인간의 본성을 따르면 자연히 다른 사람과 싸워 빼앗으려는 마음이 생기게 된다는 견해는 ㉠을 약화한다.
③ 민주주의 체제를 갖춘 미국이 20세기 후반 크고 작은 전쟁에 지속적으로 연루되었다는 사실은 ㉡을 강화한다.
④ 실질적 집행부가 의결권을 행사하는 국제 연맹이 활동한 시기에 국지전이 크게 늘었다는 것은 ㉢을 약화한다.

06 ㉠의 논지에 대한 평가로 가장 옳은 것은?

> ㉠칼 구스타프 융(Jung, Carl Gustav)의 분석 심리학에서는 정신을 '의식', '개인 무의식', '집단 무의식'이라는 세 가지 수준으로 설명했다. 의식은 개인이 직접적으로 알 수 있는 정신의 유일한 부분이며, 유아기 때 감정, 사고, 감각, 직관의 의식을 통해 성장해 간다. 이 네 가지 요소는 동일하게 사용되는 것이 아니고, 어떤 아이에게는 사고가, 어떤 아이에게는 감정이 강화되기도 한다. 그리고 의식의 개성화 과정을 통해서 새로운 요소가 생겨나는데 융은 이것을 '자아'라고 불렀다. 자아는 자각하고 있는 지각(知覺), 기억, 생각, 감정으로 구성되며, 자아에 의해 존재로 인정되지 못하면 그것들은 자각될 수 없다. 그리고 경험이 의식의 수준까지 도달되기 전에 자아가 불필요한 부분을 제거하기 때문에, 의식에 대한 수문장(守門將)으로서 역할을 한다. 그러면 자아에 의해 인식되지 못한 경험들은 어떻게 될까? 경험할 당시 중요하지 않거나 신빙성이 부족하면 '개인 무의식'이라는 곳에 저장되었다가 필요할 때는 언제나 쉽게 의식화될 수 있다.

① 인간의 정신을 의식이나 무의식으로 구분할 수 없다는 견해는 ㉠의 논지를 강화한다.
② 타인과 구별되는 '의식'의 발달 과정을 통해 '자아'가 형성된다는 견해는 ㉠의 논지를 강화한다.
③ '직관'이 '감각'보다 더 발달한 사람도 있고 '감각'이 '직관'보다 더 발달한 사람도 있다는 사실은 ㉠의 논지를 약화한다.
④ '경험'은 '자아'에 의해 선택적으로 '의식'으로 수용된다는 견해는 ㉠의 논지를 약화한다.

07 다음 글에 대한 평가로 적절한 것만을 〈보기〉에서 모두 고른 것은?

> AI가 방치되면 인류에게 실존적 위험을 초래한다고 믿고 규제를 옹호하는 비관론자와 AI가 만들어 낼 위험에 대한 두려움을 경시하고 발전 가능성을 강조하는 성장론자의 대립은 철학적으로 각각 효과적 이타주의와 효과적 가속주의에 근거를 두고 있다. 전자는 증거와 이성을 사용해 세상을 개선하는 효과적인 방법을 결정하는 철학임에 반해 후자는 기술 진보를 가속화해 중요한 변화를 가져오겠다는 철학이다. AI에 대해 효과적 이타주의는 AI 개발을 윤리적이고 안전하게 진행하는 것에 중점을 두며 인류에게 긍정적 영향을 미치는 방향으로 기술을 이끌고자 한다. 효과적 가속주의는 기술 발전을 가속화해 사회적 변화를 촉진하는 것에 더욱 초점을 맞추며 윤리적 고려보다는 변화의 속도와 규모에 더 중점을 둔다.

─ 보기 ─
㉠ AI 개발의 무용론은 효과적 이타주의를 강화하고, 효과적 가속주의를 약화한다.
㉡ 빠르게 발전하는 기술이 궁극적으로 세상을 더 나은 곳으로 만들 것이라는 믿음은 효과적 가속주의를 강화한다.
㉢ AI로 인해 인간 종말 사태가 벌어질 것이므로 인간이 AI를 완전히 통제할 수 있어야 한다는 주장은 효과적 이타주의를 강화한다.

① ㉠, ㉡
② ㉠, ㉢
③ ㉡, ㉢
④ ㉠, ㉡, ㉢

08 ㉠과 ㉡의 견해에 대해 평가한 내용으로 가장 적절한 것은?

㉠ 하버드 연구 팀은 연구를 통해 동일한 미디어 생태계 내에서도 사람들은 다르게 반응한다는 사실을 확인하며 ㉡ 가짜 뉴스 문제를 시스템이나 기술의 탓으로 돌리는 사람들에 반박한다. 연구에 따르면, 사람들의 정치적 성향에 따라 공유의 양상이 다르게 나타났는데 진보 성향의 사람들은 진보 성향이 강한 당파적 매체와 함께 중도 성향의 매체도 함께 사용하고 뉴스를 공유하는 반면, 보수 성향의 사람들은 극보수 성향의 당파적 매체를 중심으로 콘텐츠 공유가 집중된 모습이 나타났다. 연구자들은 이러한 분석 결과를 근거로 들어 온라인상에서 발생하는 집단 사고와 의견의 극화는 단순한 기술의 문제가 아니라고 주장한다. 만약 개인화된 정보만을 제공하는 시스템이 이러한 현상의 원인이라면 정치 성향과 관계없이 동일한 정보 공유의 양상이 나타나야 할 것이다. 결국 어떠한 정보를 받아들이고 공유할 것인가를 결정하는 것은 이용자 개인이다.

① 인간은 자신의 신념과 일치하는 정보는 받아들이고, 일치하지 않는 정보는 무시하는 경향이 있다면, ㉠의 견해는 약화된다.
② 가짜 뉴스의 범람을 강제적으로 차단하는 프로그램을 가동했을 때 가짜 뉴스로 인한 폐해가 줄어들었다면, ㉠의 견해는 강화된다.
③ 디지털 미디어 환경에서 정보 확산에 대한 기술적 어려움이 줄어들어 가짜 뉴스가 쉽게 전파된 것이라면 ㉡의 견해는 약화된다.
④ SNS가 알고리즘에 따라 가짜 뉴스를 반복 노출하는 것이 가짜 뉴스가 확산되는 주된 원인이라면, ㉡의 견해는 강화된다.

09 ㉮를 강화하는 사례만을 〈보기〉에서 모두 고르면?

> 백남준은 예술과 기술의 두 세계를 넘나들면서 새 지평을 연 비디오 아트의 창시자이다. 그의 기발하고 폭넓은 창조성은 동과 서를 가로막고 있는 문명의 벽을 훌쩍 뛰어넘는다. 백남준은 동과 서의 모든 분야에서, 특히 문화와 예술이 서로에 대한 공감을 토대로 얼마든지 만날 수 있고 서로 공존하면서 화합할 수 있다고 주장했다. 이러한 ㉮<u>그의 태도</u>는 비디오 기술과 통신 위성을 이용한 공연인 〈바이 바이 키플링〉에 잘 반영되어 있다. 이 작품은 위성 매체를 이용해 대한민국, 일본, 유럽 등 세계 곳곳에서 동시다발적으로 일어나는 사건을 하나의 화면에 병치하였다. 이를 통해 '동양은 동양, 서양은 서양'이라고 노래한 키플링의 주장에 반박한다.
> 　달을 가장 오래된 텔레비전이라고 말한 그는 실제로 텔레비전 모니터로 이태백이 놀던 달 모양과 그 달빛을 만들어 낸다. 그가 텔레비전 모니터를 쌓아 사람이나 로봇 모양을 만드는 순간 지금까지의 텔레비전 화면(畫面)은 안면(顔面)으로 바뀐다. 백남준은 텔레비전 모니터와 비디오 그리고 그 밖의 모든 도구를 통해 습관의 때와 판에 박힌 고정 관념을 부수고 해체하여 그 파편들을 모아 인간의 현실을 재구성한다. 그래서 그의 작업실은 고물상 창고와 다를 것이 없다. 현대 문명의 쓰레기 고물들을 융합하여 우주를 만들어 낸 그의 열정과 뒷심은 대체 어디에서 나온 것일까.

─ 보기 ─

㉠ 그림을 그릴 때 그려지는 사물의 생긴 모양을 중시하는 서양과 달리, 동양에서는 사물이 지닌 정신을 먼저 생각한다. 생긴 모양보다는 그것이 지닌 의미를 우선적으로 파악하려 하기 때문이다.

㉡ 문화는 정체된 것이 아니라 끊임없는 운동의 진화 혹은 퇴보 과정이다. 모든 운동이 그러하듯이 문화 또한 힘의 '강 - 약' 혹은 '우 - 열'과 같이 상대적이다. 서로 다른 문화는 대결할 뿐이다.

㉢ 동서양 문명은 우리가 생각하는 것보다 더 비슷하다. 둘 사이의 상호 연결성은 분명히 있으며, 나의 예술은 명확한 융합이다. 나는 아크릴과 캔버스에 유채와 같은 서양의 문물을 사용하며 내 뿌리의 동양의 감정과 개념을 표현한다.

① ㉠
② ㉡
③ ㉢
④ ㉠, ㉢

POINT 24 논증 평가 1: 강화와 약화

10 ㉮를 강화하는 것만을 〈보기〉에서 모두 고르면?

> 미국의 언어학자 벤자민 워프와 에드워드 샤피어는 언어가 다르면 사고도 달라진다는 언어 결정론을 주장했다. 이 이론대로라면, '언어가 없으면 사고도 없다.'라는 추론이 가능하다.
>
> 언어 결정론에 대한 평가는 색채 지각이 언어에 따라 차이가 있는지를 밝히는 연구에서부터 시작됐다. 색은 '빨강, 노랑, 파랑' 등 사람들이 자주 접하는 초점색과 그를 제외한 비초점색으로 분류되는데, 사람들은 초점색을 더 정확히 기억한다. 인도네시아의 다니족은 모든 색을 밝고 따뜻한 색인 '몰라'와 어둡고 차가운 색인 '밀리'라는 두 어휘로만 표현한다. 다니족은 초점색과 비초점색을 구분하기 위한 어휘 수조차 갖지 못한 셈이다. 만약 언어가 색채 지각을 결정한다면, 다니족처럼 빈약한 언어를 가진 사람들의 색채 지각 역시 빈약할 것이다.
>
> 미국의 심리학자 로쉬는 이와 관련하여, 다니족과 미국인의 색채 지각을 비교하는 실험을 했다. 참가자에게 한 가지 색을 보여 준 후 그 색과 같은 것을 찾도록 했는데, 색을 기억하는 정확도에서 다니족과 미국인의 차이는 없었다. 또한 다니족에게 초점색과 비초점색을 보여 준 다음 기억하게 했을 때, 미국인과 마찬가지로 초점색을 정확히 기억했다. 로쉬는 이러한 실험 결과를 정리하여 언어와 사고의 관계에 대한 자신의 주장을 제시했다. 즉 ㉮ <u>로쉬의 주장</u>은 언어 결정론을 반박하는 것이다.

─ 보기 ─

㉠ "빵은 맛있다."라는 문장을 배운 어린아이는 "밥은 맛있다.", "과자는 맛있다."처럼 자신이 이미 알고 있는 말을 결합하여 새로운 문장을 만들 수 있다.

㉡ 도시에서 거주하여 언어를 배운 사람과 정글에서 거주하여 언어를 배우지 못한 사람 간 사고와 인지적 능력은 차이가 나지 않음이 밝혀졌다.

㉢ 영어 화자와 러시아어 화자 간의 공간 지각 실험에서, 영어 화자는 좌우를 기준으로, 러시아어 화자는 북남을 기준으로 물체의 위치를 인식한다는 결과가 나왔다.

① ㉡
② ㉢
③ ㉡, ㉢
④ ㉠, ㉡, ㉢

11 ㉠와 ㉡에 대한 평가로 적절한 것만을 〈보기〉에서 모두 고르면?

> 교육 과정에 따라 정해진 학습량을 완수해야 하는 학습자들에게 시간 제약의 존재는 외면할 수 없는 요인이다. 시간 제약의 부정적인 영향을 설명하는 ㉠'집중 방해 이론'은 시간 제약이 작업 기억 처리 용량을 압박함으로써 과제 수행을 방해한다고 설명하고 있다. 이를 지지하는 연구들은 시간 제약이 인지 부하를 야기하여 두드러지는 정보에만 집중하게 만들며, 한정된 정보의 사용의 결과로 의사 결정의 품질을 떨어트린다고 주장한다. 예를 들어, 판단 과제 수행 시 시간 제약의 영향을 살펴본 연구에서 의사 결정자들은 시간 제약이 주어지자 상대적으로 간단한 전략을 사용하거나 기존에 사용하였던 전략을 고수하는 등 결정을 내릴 때 보수적인 성향을 보였다.
>
> 반면, ㉡'주의 초점 이론'은 시간 제약이 과제에 대한 주의를 집중시킨다고 제안하며 시간 제약의 긍정적 영향을 강조하고 있다. 시간 제약이 과제에 도움을 준다고 보고한 연구들은 마감 시간이 동기로 작용하여 개인으로 하여금 행동하도록 유도하고, 적절한 긴장을 일으켜 과제에 집중하게 만든다고 설명한다.

―〈보기〉―
㉠ 시간 제약이 있는 상황보다 시간 제약이 없는 상황에서 과제가 주어졌을 때 학습자의 작업 기억 처리 용량이 활성화된다는 연구 결과는 ㉠를 강화한다.
㉡ 매일 꾸준히 공부한 A 그룹과 시험 전날 벼락치기한 B 그룹 중 B 그룹의 시험 성적이 더 높았다는 실험 결과는 ㉠를 약화하고, ㉡를 강화한다.
㉢ 시간 제약 상황에서 복잡한 과제가 주어질 경우 낮은 수행 결과가 나타났으나, 동일한 시간 제약 상황에서 단순한 과제가 주어질 경우 높은 수행 결과가 나타났다는 연구 결과는 ㉠를 약화하고, ㉡를 강화한다.

① ㉠, ㉡
② ㉠, ㉢
③ ㉡, ㉢
④ ㉠, ㉡, ㉢

POINT 24 논증 평가 1: 강화와 약화

12 A와 B의 견해에 대한 평가로 옳은 것을 〈보기〉에서 모두 고른 것은?

> 현대 사회에서 여론 조사의 중요성이 커지는 가운데, 최근에는 인터넷의 장점을 충분히 활용하여 신속성과 대규모 표본 추출이 용이한 온라인 여론 조사가 많이 이용되고 있다. A는 온라인 여론 조사가 가진 상대적인 장점을 강조하였다. A는 온라인 여론 조사가 저렴하고 빠를 뿐만 아니라 유선 전화 조사 등 다른 조사 방법보다 높은 응답률을 제공한다며, 향후 몇 년 후부터는 모든 여론 조사가 온라인상에서 이루어질 것이라고 하였다. 그러나 B는 전체 인구의 의견을 알아보는 중요한 여론 조사의 경우에는 온라인 여론 조사가 국민 전체의 여론을 왜곡할 수 있음을 지적한다. 즉 온라인 여론 조사는 기존의 다른 조사와 달리 참가자 스스로가 조사에 참여 여부를 결정하기에 인터넷 사용에 보다 익숙하고 조사 질문에 대해 보다 적극적인 이용자의 참여가 더 두드러질 수밖에 없다는 것이다. 또한 각종 연구에 따르면 온라인 여론 조사 참가자는 전체 인구의 특성에 비해 젊고 고학력 성향을 보여 왔으므로, 여론 전체의 대표성을 확보하지 못한다고 지적하였다.

─ 보기 ─
㉠ 온라인 여론 조사 비용이 유선 전화 조사 비용의 반에도 미치지 못했다면 A의 견해는 강화된다.
㉡ 여론 조사 응답자의 자발성이 높고 낮음에 따라 응답자의 인식이나 태도 면에서 차이가 크게 나타난다면 B의 견해는 강화된다.
㉢ 여론 조사의 신뢰도와 정확도는 표본의 응답률이 아닌 대표성에서부터 비롯된다면 A의 견해는 약화되고, B의 견해는 강화된다.

① ㉠, ㉡
② ㉠, ㉢
③ ㉡, ㉢
④ ㉠, ㉡, ㉢

13 다음 글에 대한 평가로 가장 적절한 것은?

> 고탐 단타스 미국 워싱턴대 교수 연구 팀은 164명의 실험 참가자를 대상으로 치매 초기 단계에 접어든 사람들을 찾아냈다. 일반적으로 치매는 뇌에서 비정상적으로 발생한 베타 아밀로이드 펩타이드의 이상 축적 및 타우 단백질의 엉킴으로 인해 발생하는 것으로 알려져 있다.
>
> 연구 팀은 뇌 스캔과 뇌척수액 분석을 통해 치매 초기 징후가 있는 49명의 환자를 구별했다. 이들의 뇌에선 치매를 유발하는 이상 증세가 발견되었지만, 이들은 신경 퇴화나 인지 저하와 같은 실제 치매 증상을 보이지는 않았다. 연구 팀은 식별된 치매 초기 환자들과 다른 참가자들의 장내 미생물(마이크로바이옴)을 분석했다. 마이크로바이옴은 특정 환경에 존재하는 미생물들의 집합을 의미한다. 그 결과 연구 팀은 두 그룹이 동일한 식단으로 음식을 먹었지만 장내 마이크로바이옴은 현저히 다르다는 사실을 발견했다. 치매 환자의 장내 환경이 건강한 사람들의 장내 환경과 다르다는 사실은 이미 알려져 있다. 하지만 치매 증상이 본격적으로 나타나지 않은 초기 환자의 장내 미생물을 분석한 연구는 이번이 처음이다.

① 초기 치매 환자에게 뇌신경의 퇴화가 발견된다면 이 글의 논지는 강화된다.
② 장내 미생물 분석으로 조기에 치매 여부를 확인할 수 있게 된다는 견해는 이 글의 논지를 강화한다.
③ 장기간 유산균을 섭취하면 치매에 걸릴 확률이 낮아진다는 연구 결과는 이 글의 논지를 약화한다.
④ 치매 진단을 위해 뇌 스캔이나 뇌척수액 검사가 더 늘어난다는 전망은 이 글의 논지를 약화한다.

POINT 24 논증 평가 1: 강화와 약화

14 다음 글에 대한 평가로 적절한 것만을 〈보기〉에서 모두 고르면?

에너지 전환은 원전을 제외하면 석탄, 천연가스와 같은 화석 에너지를 재생 에너지로 대체하는 과정으로 좁게 해석할 수 있다. 재생 에너지는 결국 전기 형태로 이용된다. 따라서 에너지 전환은 화석 에너지를 전기로 대체하는 '전전화(全電化)'와 발전 방식의 전환으로 이해할 수 있다. 전기는 투입물이 무엇이든 전기일 뿐이고, 석탄으로 생산한 전기든 재생 에너지로 생산한 전기든 산출물 차원에서는 전혀 구분되지 않는다. 따라서 전기 생산 단계에서 산출물의 가치는 에너지 전환으로 변하지 않는다.

하지만 투입 비용은 크게 달라진다. 재생 에너지 발전 단가가 빠르게 하락하고 있지만, 화석 에너지에 비해 여전히 높은 수준이다. 더욱이 재생 에너지 비중이 증가함에 따라 전력 계통 전체가 부담해야 하는 소위 시스템 비용이 기하급수적으로 증가하고 있다. 산출물인 전기는 그대로인데 투입 비용만 늘어나니 전기 생산 단위당 부가 가치가 줄어들 수밖에 없다. 결론적으로 에너지 전환은 부가 가치의 총합으로 정의되는 국내 총생산[GDP]의 증가, 즉 경제 성장을 이끄는 동력이 되기에는 한계가 있다.

―보기―
㉠ 화석 에너지로 생산한 전기에 비해 재생 에너지로 생산한 전기가 사용 효율이 높을 뿐만 아니라 장기 저장이 가능하여 전력난이 심한 시기에도 효과적으로 사용될 수 있다면, 이 글의 논지는 약화된다.
㉡ 화석 에너지에 비해 재생 에너지는 연구·개발 및 인프라 구축을 위한 투자 비용이 크다는 사실은 이 글의 논지를 강화한다.
㉢ 에너지 전환 시 신규 일자리를 창출하므로 에너지 전환을 통한 전기 생산 단위당 부가 가치만으로 경제 파급 효과를 판단할 수 없다는 견해는 이 글의 논지를 약화한다.

① ㉠, ㉡
② ㉠, ㉢
③ ㉡, ㉢
④ ㉠, ㉡, ㉢

15 다음 글에 대한 평가 중 적절한 것만을 〈보기〉에서 모두 고른 것은?

> 인공 지능[AI] 면접은 더 많이 활용되어야 한다. 인공 지능을 활용한 면접은 인터넷에 접속하여 인공 지능과 문답하는 방식으로 진행된다. 지원자는 시간과 공간에 구애받지 않고 면접에 참여할 수 있는 편리성이 있어 면접 기회가 확대되는 이점이 있다. 또한 회사는 면접에 소요되는 인력과 시간을 줄여 비용 절감 측면에서 경제성이 크다. 실제로 인공 지능을 면접에 활용한 한 회사는 전년 대비 2억 원 정도의 비용을 절감했다. 그리고 기존 방식의 면접에서는 면접관의 주관이 개입될 가능성이 큰 데 반해, 인공 지능을 활용한 면접에서는 빅 데이터를 바탕으로 한 일관된 평가 기준을 적용할 수 있다. 이러한 점들을 고려해 봤을 때 앞으로 더 많은 회사들이 인공 지능 면접을 도입해야 한다.

─〈보기〉─

갑: AI의 알고리즘이 과거의 편향된 데이터에 근거하고 있다는 사실은 이 글의 논지를 약화한다.

을: 5명의 지원자 중 부적격자 1명을 골라내는 데 AI는 평균 18초, 인사 담당자는 4분 27초가 걸렸다는 실험 결과는 이 글의 논지를 강화한다.

병: AI 면접을 위해서 인터넷 연결이 잘 되는지, 콘센트가 있는지, 방음이 잘 되는지 등을 살펴야 한다는 지원자의 인터뷰는 이 글의 논지를 강화한다.

정: 신입 사원 지원자들보다 경력직 사원 지원자들이 대면 면접보다 인공 지능 면접을 더 선호한다는 설문 조사 결과는 이 글의 논지를 약화한다.

① 갑, 을
② 병, 정
③ 갑, 을, 병
④ 을, 병, 정

POINT 25 논증 평가 2
: 견해의 비교 평가

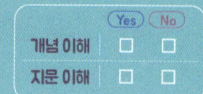

1 서로 다른 논지의 주요 쟁점을 파악하고, 논지 간 공통점과 차이점을 정리한다.
2 견해의 타당성을 평가하기 위해서는 그 주장의 전제나 근거의 적절성을 검토해야 한다.

01 비교 평가의 방식

주장의 비교 평가는 두 개 이상의 논지를 제시하고 이를 비교하여, 논증의 타당성 여부를 논리적으로 판단할 것을 요구한다. 즉 논쟁 상황에 논증 평가를 적용한 문제 유형이라고 할 수 있다. 두 개 이상의 주장을 비교하여 이의 타당성을 검증할 때, 일반적으로 다음과 같은 내용을 검토한다.

(1) 근거가 제기되지 않거나 빈약한 경우: 근거의 충분성

    주장을 뒷받침하는 근거가 충분하지 못하므로, 주장의 타당성은 성립하지 않는다.

(2) 근거가 제시되어 있는 경우

    주장과 근거를 각각 요약한 뒤 근거의 타당성을 검토한다.

    ① 근거의 타당성 검토
      → 근거가 **보편적으로 수용**할 수 있는 대표성을 지니고 있는지 살핀다.

    ② 인과 관계 검토
      → 제시된 주장과 근거 사이에 **필연적인 인과 관계**가 성립하는지, 다른 원인이 존재하는지를 살핀다.

    ③ 대립적 의견의 성립 가능성 검토
      → 주장과 **대립되는 견해와 사례**가 존재할 가능성이 있는지 살핀다. **(반례 검토)**

✅ 선재 쌤's TIP 주장의 타당성 검토

- **조건의 충분성**
  - 보편적 수용이 가능한지
  - 필연적 인과 관계가 없는지
  - 반례가 가능한지
    - 반례 O: 타당 ✕
    - 반례 ✕: 타당 O

📗 **주장**: 아침에 일찍 일어나는 것이 건강에 좋다. → 반론 검토

    근거 1: A가 일찍 일어나서 건강이 좋아졌다.
      → A의 경우가 보편적이고 대표적인 사례가 될 수 있는지, 건강이 좋아진 다른 원인은 없는지, 건강이 나빠진 반대 사례는 없는지 검토

    근거 2: 이에 대한 연구 결과 A가 발표되었다.
      → A는 권위를 인정받는 연구인지, 반대 연구 결과는 없는지 검토

02 비교 평가 지문의 특성

제시문은 여러 논지의 공통점과 차이점을 중심으로 구성되므로 '**이항 대립형·대비 구조**'의 형식으로 구성될 가능성이 매우 높다. 따라서 이항 대립형·대비 구조의 제시문을 읽을 때와 같이 '그러나, 하지만, ~와/과 달리' 등에 표시하면서, 논지의 핵심을 이항 대립적으로 메모하며 읽어야 빠르게 문제를 풀 수 있다.

견해의 비교 평가 지문에는 두 개 이상의 논지가 나타나므로 선택지 또한 각 논지의 핵심이나 근거를 거꾸로 연결하거나 혼용하는 식으로 구성되는 편이다. 여러 입장이 제시되면 각 입장의 차이점을 파악하는 것에 중점을 두어야 하지만, 공통점이 제시될 수도 있으므로, 이러한 의견에는 따로 표시하도록 한다.

> **주의** '견해를 달리하다'는 '견해를 반대하다'와 동의어가 아님에 유의한다.

예 A: 임금 피크제는 근로자의 조직력을 약화한다.
B: 임금 피크제는 임금 삭감으로 근로자의 동기를 감소한다.
→ A와 B는 임금 피크제에 대한 견해가 서로 다른 것이지, 반대하고 있는 것은 아님.

정답과 해설 020쪽

연습하기

공직자들이 바람직한 목적을 지닌 정책을 달성하기 위해 옳지 않은 수단을 사용하는 것이 정당화될 수 있는가? 이에 대해서 다음과 같은 세 가지 주장이 제기된다.

갑: 공직자가 공동선을 증진하기 위해 전문적 역할을 수행할 때는 일반적인 도덕률이 적용되어서는 안 된다. 공직자의 비난받을 만한 행동은 그 행동의 결과에 의해서 정당화될 수 있다. 즉 공동선을 증진하는 결과를 가져온다면 일반적인 도덕률을 벗어난 공직자의 행위도 정당화될 수 있다.

을: 공직자의 행위를 평가함에 있어 결과의 중요성을 과장해서는 안 된다. 일반적인 도덕률을 어긴 공직자의 행위가 특정 상황에서 최선의 것이었다고 하더라도, 그가 잘못된 행위를 했다는 것은 부정할 수 없다. 공직자 역시 일반적인 도덕률을 공유하는 일반 시민 중 한 사람이며, 이에 따라 일반 시민이 가지는 도덕률에서 자유로울 수 없다.

병: 민주 사회에서 권력은 선거를 통해 일반 시민들로부터 위임받은 것이고, 이에 의해 공직자들이 시민들을 대리한다. 따라서 공직자들의 공적 업무 방식은 일반 시민들의 의지를 반영한 것일 뿐만 아니라 동의를 얻은 것이다. 그러므로 민주 사회에서 공직자의 모든 공적 행위는 정당화될 수 있다.

01 공직자가 옳지 않은 수단을 사용해 공동선을 증진했을 경우 갑과 병은 이를 옹호하지만, 을은 이를 비판할 것이다. ○|×

02 갑, 을, 병은 모두 공직자가 일반적인 도덕률에서 벗어난 행위를 했을 때 바람직한 결과가 일어날 수 없다고 본다. ○|×

POINT 25 논증 평가 2: 견해의 비교 평가

정답과 해설 020쪽

01 갑~병의 주장을 분석한 내용으로 적절한 것만을 〈보기〉에서 모두 고르면?

인혁처 2차 예시 문제

> 갑: 오늘날 사회는 계급 체계가 인간의 생활을 전적으로 규정하지 않는다. 실제로 많은 사람이 사회 이동을 경험하며, 전문직 자격증에 대한 접근성 또한 증가하였다. 인터넷은 상향 이동을 위한 새로운 통로를 제공하고 있다. 이에 따라서 전통적인 계급은 사라지고, 이제는 계급이 없는 보다 유동적인 사회 질서가 새로 정착되었다.
>
> 을: 지난 30년 동안 양극화는 더 확대되었다. 부가 사회 최상위 계층에 집중되는 것에 대한 우려가 커지고 있다. 과거 계급 불평등은 경제 전반의 발전을 위해 치를 수밖에 없는 일시적 비용이었다고 한다. 하지만 경제 수준이 향상된 지금도 이 불평등은 해소되지 않고 있다. 오늘날 세계화와 시장 규제 완화로 인해 빈부 격차가 심화되고 계급 불평등이 더 고착되었다.
>
> 병: 오랫동안 지속되었던 계급의 전통적 영향력은 확실히 약해지고 있다. 하지만 현대 사회에서 계급 체계는 여전히 경제적 불평등의 핵심으로 남아 있다. 사회 계급은 아직도 일생에 걸쳐 개인의 삶에 큰 영향을 미친다. 특정 계급의 구성원이라는 사실은 수명, 신체적 건강, 교육, 임금 등 다양한 불평등과 관련된다. 이는 계급의 종말이 사실상 실현될 수 없는 현실적이지 않은 주장이라는 점을 보여 준다.

─ 보기 ─
㉠ 갑의 주장과 을의 주장은 대립하지 않는다.
㉡ 을의 주장과 병의 주장은 대립하지 않는다.
㉢ 병의 주장과 갑의 주장은 대립하지 않는다.

① ㉠
② ㉡
③ ㉠, ㉢
④ ㉡, ㉢

02 다음 대화를 분석한 내용으로 적절하지 않은 것은?

> 갑: 언어는 인간의 지각과 사고, 세계관 등을 결정해. 인간 사고의 내용과 구조는 언어에 의해 형성되며, 이 때문에 동일한 언어를 쓰는 민족은 그 언어에 의해 형성된 공통된 세계관을 갖게 되지. 사고가 언어에 영향을 미치는 것이 아니라 실은 그 반대야.
> 을: 나는 동의할 수 없어. 언어는 인간의 사고를 표현하는 도구에 불과해서 사고가 언어에 영향을 미친다고 봐야 해. 따라서 사고의 차이가 언어의 차이를 낳지.
> 병: 그렇긴 하지. 사고의 깊이가 깊은 사람은 그렇지 않은 사람에 비해 구사하는 언어의 수준이 높아. 하지만 나는 언어가 사고에 영향을 미친다는 것도 동의해. 남미의 어떤 부족은 방향을 표현할 때 '왼쪽'이나 '오른쪽'이 아니라 '북서쪽'과 같이 절대 방위로 표현하는데, 이 언어를 쓰는 사람들의 공간 감각은 이 언어를 쓰지 않는 사람들보다 더 뛰어나다고 하거든.
> 갑: 언어가 다르면 세계를 다르게 인식해. 어떤 언어의 화자가 자기 언어의 색채어에 맞추어 색깔을 구별하는 것을 그 사례로 들 수 있어. 이런 점에서 언어가 없다면 인식하고 사고할 수 없다는 말도 성립해.
> 을: 언어가 미숙한 유아라든지 언어가 없는 동물들도 자신들이 직면한 문제에 대해서 사고하고 판단하잖아. 이건 언어가 사고에 영향을 미치지 못한다는 증거이지.
> 병: 나는 언어와 사고의 관계가 어느 한쪽이 일방적으로 영향을 주는 게 아니라 서로 영향을 주고받으면서 발전한다고 생각해.

① 언어와 사고가 서로 영향을 주고받는 관계라는 점에 대해 갑과 을은 동의하지 않지만 병은 동의한다.
② 사고가 언어에 영향을 미친다는 점에 대해 갑은 동의하지만 을은 동의하지 않는다.
③ 언어가 다르면 세계를 다르게 인식한다는 점에 대해 갑과 병은 동의한다.
④ 사고의 차이가 언어의 차이를 낳는다는 점에 대해 을과 병은 동의한다.

POINT 25 논증 평가 2: 견해의 비교 평가

03 갑~병의 주장에 대한 분석으로 적절한 것만을 〈보기〉에서 모두 고르면?

> 갑: 우리가 사는 사회는 전문가 사회입니다. 과학과 관련된 윤리적 문제를 전문적으로 연구하는 윤리학자들이 있습니다. 과학이 초래하는 사회적 문제는 이들에게 맡겨 두어야지 전문가도 아닌 과학자가 개입할 필요가 없습니다. 또한 과학이 불러올 미래의 윤리적 문제는 과학 이론의 미래와 마찬가지로 확실하게 예측하기 어렵습니다. 이런 상황에서 과학자가 윤리적 문제에 집중하다 보면 신약 개발처럼 과학이 가져다줄 수 있는 엄청난 혜택을 놓치게 될 위험이 있습니다.
>
> 을: 과학 윤리에 대해 과학자가 전문성이 떨어지는 것은 사실입니다. 하지만 중요한 것은 과학자들과 윤리학자들이 자주 접촉을 하고 상호 이해를 높이면서, 과학의 사회적 영향에 대해 과학자, 윤리학자, 시민이 함께 고민하고 해결책을 모색해 보는 것입니다. 게다가 과학 연구가 일단 진행된 다음에는 그 방향을 돌리기도 힘듭니다. 그렇기에 연구 초기 단계에서 과학자들은 가능한 미래의 위험이나 부작용에 대해 자세히 고찰해 보아야 합니다.
>
> 병: 과학의 사회적 영향에 대한 논의 과정에 과학자들의 참여가 필요합니다. 현재의 과학 연구가 계속 진행되었을 때, 그것이 인간 사회나 생태계에 미칠 영향을 예측하는 것은 결코 만만한 작업이 아닙니다. 그래서 인문학, 사회 과학, 자연 과학 등 다양한 분야의 전문가들이 함께 소통해야 합니다. 그렇기에 과학자들이 과학과 관련된 윤리적 문제를 도외시해서는 안 된다고 봅니다.

─ 보기 ─
㉠ 갑의 주장과 을의 주장은 대립한다.
㉡ 갑의 주장과 병의 주장은 대립하지 않는다.
㉢ 을의 주장과 병의 주장은 대립하지 않는다.

① ㉡
② ㉠, ㉡
③ ㉠, ㉢
④ ㉡, ㉢

04 갑~병의 견해에 대한 평가로 적절한 것만을 〈보기〉에서 모두 고른 것은?

갑: 오늘 흥미로운 사건의 재판이 있었어. 피고인은 피해자를 칼로 찔렀다는 점을 인정했지만 자신이 피해자를 살해하지는 않았다고 주장했지. 이 사건이 흥미로운 점은 피해자의 시체가 발견되지 않았다는 거야. 하지만 피고인이 인정했듯이 피해자는 많은 피를 흘렸어. 일반적으로 사람은 혈액량의 30%를 잃으면 사망할 확률이 높은데, 경찰 수사에 따르면 피해자는 혈액량의 40%에 해당하는 피를 현장에서 쏟은 것으로 추정된다고 해. 피고인의 진술과 주변 사람들의 증언을 고려할 때, 피해자가 사망했다는 것은 확실해. 나는 피고인이 피해자를 살해한 범인이라고 판결을 내리는 것이 옳다고 생각해.

을: 여러 증거를 종합할 때, 누군가 피해자를 살해했다면, 피고인이 그런 일을 저질렀다는 점은 분명하지. 하지만 시체의 발견 여부는 살인죄 성립에서 다른 증거와는 차원이 다른 중대한 문제라는 걸 염두에 두어야 해. 피고인이 피해자를 살해했을 가능성을 부정하지는 않지만, 피고인이 피해자를 살해하지 않았고 피해자는 살아 있다고 합리적으로 의심할 여지는 여전히 있다고 보여.

병: 물론 여러 가지를 의심해 볼 수 있지. 하지만 여러 정황을 고려할 때, 그런 의심을 '합리적'이라고 여길 수는 없어. 모든 증거는 피고인이 살인을 저지른 자가 분명함을 말하고 있어. 하지만 문제는 살인 사건이 성립하기 위한 조건이야. 이 사건은 시체를 발견하지 못한 사건이야. 시체를 발견하지 못했다면, 살인 사건은 성립할 수 없어.

─〈보기〉─
㉠ 피해자의 사망을 확신하는가에 대한 갑과 을의 견해는 서로 대립한다.
㉡ 피고인의 살인죄 판결에 대한 갑과 병의 견해는 서로 대립한다.
㉢ 살인죄 성립 조건에 대한 을과 병의 견해는 서로 대립하지 않는다.

① ㉠, ㉡
② ㉠, ㉢
③ ㉡, ㉢
④ ㉠, ㉡, ㉢

05 다음 대화에 대한 분석으로 적절한 것만을 〈보기〉에서 모두 고른 것은?

> 갑: 형사 절차에서 추구해야 할 진실은 사건의 진상, 즉 '객관적 진실'이다. 그리고 객관적 진실을 발견하기 위해서 사건 당사자(피고인, 검사) 못지않게 판사의 적극적인 진실 발견의 활동과 개입이 필요하다. 따라서 진실 발견을 위해 필요한 경우, 중대한 절차 위반이 없다면 판사가 사건 당사자의 주장이나 청구에 제약을 받지 않고 직접 증거를 수집하거나 조사하는 것도 가능하다.
>
> 을: 판사의 역할은 진실을 담보해 내기 위해 절차를 공정하고 엄격하게 해석, 적용, 준수하는 것이어야 한다. 즉 판사는 정해진 절차 속에서 행해지는 사건 당사자들의 주장과 입증을 토대로 중립적인 제3자의 지위에서 판단자의 역할을 수행해야 한다.
>
> 병: 객관적 진실의 발견은 전적으로 사건 당사자들의 증거 제출과 입증에 맡겨야 하고, 이러한 진실 발견의 과정에 판사가 직접적, 적극적으로 개입하는 것은 바람직하지 않다. 따라서 판사는 원칙적으로 제3자의 입장에서 중립적인 판단자의 역할을 수행해야 한다.

─┤보기├─
㉠ 갑과 을의 견해는 양립할 수 있다.
㉡ 갑과 병의 견해는 양립할 수 있다.
㉢ 을과 병의 견해는 양립할 수 있다.

① ㉠
② ㉢
③ ㉠, ㉡
④ ㉡, ㉢

06 갑과 을의 주장에 대한 평가로 적절한 것을 〈보기〉에서 모두 고른 것은?

> 갑: 읽기 발달은 일정한 시기에 급격히 이루어지는 것이 아니라 글자를 깨치기 이전부터 점진적으로 진행된다. 따라서 이 시기에 생활 속에서, 책을 자주 읽어 주며 생각을 묻는 등 의사소통의 각 영역인 듣기·말하기·읽기·쓰기가 같이 발달할 수 있도록 하는 자연스러운 지도가 읽기 발달에 도움을 준다. 읽기 준비 단계에서의 경험은 이후의 단계에 중요한 영향을 미친다.
>
> 을: 읽기 지도는 신체적, 정신적으로 어느 정도 성숙한 이후에 해야 한다. 그 전에는 읽기 지도를 하지 않는 것이 바람직하다. 듣기·말하기와 달리 읽기 발달은 글자를 읽을 수 있는 기초 기능을 배운 후부터 시작되기 때문이다. 따라서 듣기와 말하기를 먼저 가르친 후 읽기, 쓰기의 순으로 가르치는 것이 효과적이다.

─┤보기├─
㉠ 갑은 을과 달리 글자를 깨치기 이전부터 읽기 지도를 해야 한다고 주장한다.
㉡ 을은 갑과 달리 읽기와 쓰기 영역이 함께 발달할 수 있는 학습 지도에 찬성한다.
㉢ 갑과 을은 모두 글자를 읽지 못하는 아이에게 듣기·말하기 지도를 할 수 있다는 입장이다.

① ㉠
② ㉠, ㉢
③ ㉡, ㉢
④ ㉠, ㉡, ㉢

07 A~C의 주장에 대한 분석 내용으로 적절하지 않은 것은?

> A를 비롯한 동물 실험 옹호자들은 인간은 동물이 가지지 않은 언어 능력, 도구 사용 능력, 이성 능력 등을 가진다는 점을 동물 실험의 근거로 들었지만, 이와 같은 인간과 동물의 질적인 차이를 부정하는 이들이 있다. 현대의 공리주의 생명 윤리학자들은 동물 실험 옹호자들에 반박한다. 이들은 인간과 동물의 차이로 인해 동물 실험이 정당화되는 것은 아니라고 본다. 현대의 공리주의 생명 윤리학자들이 문제 삼는 것은 동물 실험 자체라기보다는 그것이 초래하는 전체 복지의 감소에 있다. 따라서 공리주의 생명 윤리학자인 B는 동물에 대한 충분한 배려 속에서 전체적인 복지를 증대시킬 수 있다면, 일부 동물 실험은 허용될 수 있다고 본다.
>
> 반면 C는 몇몇 포유류의 경우 각 동물 개체가 삶의 주체로서 갖는 가치가 있다고 주장하면서, 다른 동물과 달리 이 동물에게만은 실험에 이용되지 않을 권리가 있다고 본다. 이러한 고유한 가치를 지닌 존재는 존중되어야 하며 결코 수단으로 취급되어서는 안 된다. 따라서 개체로서의 가치와 동물권을 지니는 대상은 그 어떤 실험에도 사용되지 않아야 한다고 주장한다.

① 동물 실험 허용에 관한 A의 주장과 B의 주장은 양립 가능한 면이 있다.
② 인간과 동물의 질적 차이에 관한 A의 주장과 B의 주장은 양립 가능하지 않다.
③ 일부 동물 실험 허용에 관한 B의 주장과 C의 주장은 양립 가능한 면이 있다.
④ 일부 동물 실험의 허용 여부에 관한 B의 주장과 C의 주장은 양립 가능하지 않다.

08 갑~병의 주장에 대한 분석으로 적절한 것만을 〈보기〉에서 모두 고르면?

> 갑: 개인의 어떤 행동이 자신에게만 영향을 주고 다른 사람에게는 아무런 손해도 입히지 않는다면, 그런 행동에 대한 국가의 간섭은 정당화되지 않는다. 다만 다른 사람의 이익을 침해하는 행동에 대해서는 침해 당사자가 당연히 책임을 져야 하며, 사회 전체의 이익을 보호하기 위해 국가는 다른 사람의 이익 침해 행동에 대해 처벌을 가할 수 있다.
>
> 을: 다른 사람에게 손해를 입힐 때만 국가의 간섭이 정당화되기는 하지만, 그렇다고 그런 간섭이 언제나 정당화될 수 있다고 생각해서는 안 된다. 원하는 대상을 놓고 서로 경쟁한 결과 실패한 사람은 어떤 의미에서 손해를 입었다고 할 수 있지만 그렇다고 해서 그런 경쟁을 국가가 나서서 꼭 막아야 하는 것은 아니다.
>
> 병: 다른 사람에게 손해를 입히거나 또는 손해를 입힐 가능성이 있을 때는 국가의 간섭이 정당화된다. 그래서 때로는 국가가 사후에 범죄 행위를 적발하고 그 범죄자를 처벌하는 것뿐만 아니라 사전에 확실한 예방 조치를 취해야 할 경우도 있다. 어떤 사람이 분명히 범죄를 저지를 것이라는 판단이 서면, 국가가 실제 그런 일이 일어날 때까지 아무런 조치를 취하지 않은 채 그냥 방관만 해서는 안 되고 그것을 막기 위해 어떤 식으로든 개입해야 한다.

─ 보기 ─

㉠ 갑의 주장에 따르면, 타인에게 피해를 주지 않았다면 한 개인의 과음을 국가가 막을 수 없다.
㉡ 을의 주장에 따르면, 타인에게 손해를 끼친 개인의 모든 행동은 국가가 간섭하는 것이 정당하다.
㉢ 병의 주장에 따르면, 갑이 주장한 국가의 간섭 범위보다 더 많은 행동을 국가가 간섭할 수 있다.

① ㉠
② ㉢
③ ㉠, ㉡
④ ㉠, ㉢

POINT 26 논증 평가 3
: 사례의 적절성 평가

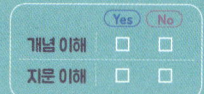

1. 제시문에서 설명한 원리가 해당 선택지에 적용되는지를 파악하는 문제 유형이다.
2. 제시문에 근거하지 않은 원리를 선택지의 사례에 적용하면 안 된다.

01 사례의 적절성 평가란

사례 평가 문제 유형에서는 제시문에 주어진 논증이나 설명의 타당성을 평가할 수 있는 능력을 측정한다. 제시문에 소개된 원리를 새로운 사례나 상황에 적용하거나 주어진 논지의 설득력을 높이는 사례를 파악할 것을 요구한다.

특정 원리나 규칙을 적용한 사례를 묻는 경우에는, 핵심 개념을 얼마나 잘 파악하고 이해했느냐가 관건이다. 따라서 제시문에 소개된 원리나 규칙의 핵심 사항을 파악해야 한다. 이후 선택지에 제시된 사례와 관련된 부분을 제시문에서 찾아 해당 정보로부터 선택지의 내용을 도출해 낼 수 있는가를 판단해야 한다. 제시문에 예시가 있다면 선택지에 나타난 사례와의 유사 정도를 파악하면 정답을 찾을 수 있다.

논지의 설득력을 높이는 사례를 묻는 경우에는, 우선 논지가 무엇인지를 정확하게 파악해야 한다. 그리고 선택지에 나온 사례들 중 논지와 관련성이 있고, 논지가 참일 가능성을 높여 주는 사례를 파악해야 한다.

정답과 해설 021쪽

연습하기

01 다음 글을 읽고 ㉠에 부합하지 않는 사례를 고르시오.

> 개인이나 사회는 장기적으로 최선인 일을 의지박약, 감정, 충동, 고질적 습관, 중독 그리고 단기적 이익 추구 등의 이유로 인해 수행하지 못하는 경우가 많다. 예컨대 많은 사람들이 지금 담배를 끊는 것이 자신의 건강을 위해서 장기적으로 최선이라고 판단함에도 불구하고 막상 담배를 피울 수 있는 기회를 접하게 되면 의지박약으로 인해 담배를 피우는 경우가 많다. 이런 경우 개인이나 사회는 더 합리적으로 행동하기 위해서 행위자가 가질 수 있는 객관적인 기회를 제한하거나 선택지를 줄임으로써 의지박약이나 충동 또는 단기적 이익 등에 따라 행동하는 것을 방지할 수 있다. 이런 조치를 ㉠'사전 조치'라고 명명한다.

① A는 돈을 빌리고 갚지 않는 일을 반복하는 친구에게 더 이상 돈을 빌려주지 않기 위해 친구의 휴대폰 번호를 수신 차단하였다.
② B 보험사는 암 보험 상품을 판매할 때 신체검사 결과를 제출하게 하여 가입자들의 건강 상태에 맞게 보험 약관을 다르게 조정하여 계약을 체결하였다.

01 ㉠을 뒷받침할 수 있는 사례로 가장 적절한 것은?

　　'사회적 소비'란 제품 자체의 질 때문이 아니라 그 제품을 보는 사회적 시선 때문에, 또는 사회적 시선을 의식하는 개인의 특성 때문에 소비하는 행위이다. 소비자가 상품을 소비하는 가장 중요한 이유는 경제적 동기이다. 그 상품을 소비함으로써 얻게 되는 실질적 만족이다. 그러나 소비는 이런 실질적 만족 이외에 다른 만족도 준다. 바로 그 상품을 소비함으로써 느끼는 사회적 만족이다. 미국의 철학자이자 경제학자인 소스타인 베블런이 이야기한 '과시적 소비'가 그 대표적인 사례이다. 베블런은 1899년에 나온 저서 《유한계급론》에서 "상층 계급의 두드러진 소비는 사회적 지위를 과시하기 위하여 자각 없이 행해진다."라며 과시적 소비를 지적했다. 상류 계층이 비싼 상품을 사는 이유는 그 상품이 주는 실질적 만족 때문이 아니라, 비싼 상품의 소비를 통해 높은 신분에 속해 있다는 사실을 과시하기 위해서라는 점을 지적한 것이다. 이후 경제학에서 초고가 명품 패션 상품, 매우 비싼 상류층 클럽의 회비 등을 설명할 때 베블런의 과시적 소비 개념이 단골로 사용된다. 물론, 모든 사회적 소비가 그저 과시적 소비인 것만은 아니다. 사회적 소비는 남들과 나를 구별 짓기 위해 행하는 소비다. 그런 점에서 베블런이 이야기한 것처럼 과시적 소비도 물론 사회적 소비에 포함된다. ㉠ 그러나 꼭 상류 계층만 사회적 소비를 통한 구별 짓기에서 만족을 느끼는 것은 아니다.

① 청소년들이 자신이 좋아하는 아이돌 스타가 입은 스타일의 옷을 구입하면서 만족감을 느끼는 것
② 질이 좋지만 가격은 저렴한 제품을 판매하는 빈티지 숍에서 옷이나 가방을 구입하는 것
③ 부유층들이 초고가 명품 가방 구입이 일반인들에게도 보편화되자 오히려 저렴한 천 가방을 구입해서 들고 다니는 것
④ 얼리 어답터가 휴대폰이 새로 출시될 때마다 먼저 사들여서 남들이 지니지 못한 제품을 구매하는 행위 자체에서 만족감을 느끼는 것

02 다음 글을 바탕으로 할 때, 밑줄 친 재화의 종류가 나머지와 다른 하나는?

　　소비자가 하나의 재화에 대하여 가지는 정보의 양이나 질을 기준으로, 재화를 탐색재와 경험재로 나눌 수 있다. 탐색재는 소비자가 그 상품을 사기 전에 그 특성을 분명히 알 수 있는 상품을 의미한다. 경험재는 이와 달리 소비자가 그 상품을 구입하고 나서야 그 특성을 알 수 있는 재화를 의미한다.
　　배달 음식은 전형적인 경험재이다. 경험재는 두 가지 특징을 가지는데, 그 첫 번째 특징이 직접 구입해 경험해 봐야만 물건의 품질을 알 수 있다는 점이다. 정보를 수집해 품질을 짐작할 수 있는 탐색재와 대비되는 지점이다. 둘째, 특정한 브랜드는 어떤 소비자에게는 잘 맞지만 다른 소비자에게는 잘 맞지 않기도 한다. 그런데 잘 맞지 않았을 때 부작용이 만만치 않은 경우가 흔하다. 그러니 일단 한번 맞는 제품을 찾고 나면, 아무리 값싸고 질 좋다는 제품이 새로 나와도 브랜드를 바꾸기가 쉽지 않다. 경험재의 이런 특징 때문에, 경험재 시장의 진입 장벽은 탐색재 시장에서보다 높다. 소비자가 품질을 짐작하기 어렵고, 새 브랜드 사용에 따른 위험이 크고, 부분적으로 새로운 브랜드를 사용해 보면서 탐색할 수 있는 여지가 적기 때문이다.

① 갑은 2년 전부터 복용하면서 효과를 보고 있는 비타민C를 인터넷으로 주문했다.
② 을은 물걸레질이 가능한 로봇 청소기를 구입하기 위해 A사의 상품 설명서에 기재된 사양을 살펴보았다.
③ 병은 성업 중인 대형 횟집을 지나쳐 단골 횟집에 들어가 참치회를 주문했다.
④ 정은 선물 받은 고가의 화장품 대신 사용할 때 피부 트러블이 생기지 않았던 C사의 크림을 사용한다.

POINT 26 논증 평가 3: 사례의 적절성 평가

03 ㉠~㉣에 해당하는 사례로 가장 적절한 것은?

> 언어가 가진 의미에는 다양한 유형이 있다. 먼저 개념적 의미는 어떤 단어가 지니고 있는 가장 기본적이고 객관적인 의미를 말한다. 한편 개념적 의미에 덧붙여서 연상이나 관습 등에 의하여 형성되는 의미를 ㉠ 함축적 의미라고 한다. 가령 '달걀'의 개념적 의미는 '닭의 알'이지만, '달걀로 바위치기'에서 '달걀'의 함축적 의미는 '연약함'이다. 또한 우리는 사람들이 하는 말을 통해 그 사람의 출신 지역, 사회적 지위, 교양 수준 등을 알 수 있다. 이렇게 말이 그것을 사용하는 사람의 사회적 환경과 관련되는 의미들을 전달할 때 이를 ㉡ 사회적 의미라고 한다. 이러한 사회적 의미는 선택한 단어의 종류나 말투, 그리고 글의 문체 등에 의해서 전달된다.
> 또 말을 할 때 심리적 상태나 상대에 대한 공손함 등을 표현하기 위하여 다른 어조를 선택하는 경우가 있는데, 이처럼 말하는 사람의 태도나 감정 등을 드러내는 의미를 ㉢ 정서적 의미라고 한다. 똑같은 '여보세요'라는 말을 하더라도 심리 상태에 따라 그 어조 등이 달라지는데, 대개의 경우 말하는 사람은 무의식적으로 말을 하더라도 듣는 사람은 그 말이 주는 느낌, 즉 정서적 의미를 읽어 낼 수 있다. 한편 ㉣ 반사적 의미는 '아빠'는 친근함이, '부친'은 위엄이 느껴지는 것과 같이 동일한 지시물에 대해 둘 이상의 언어 표현이 존재할 때 이들 언어 표현의 개념적 의미는 동일하지만 의미적 뉘앙스가 다르게 나타나거나, '문어진'이라는 사람 이름처럼 그 말의 원래 뜻과는 아무런 관계없이 [무너진]으로 발음되어 특정한 반응을 불러일으키게 되는 경우를 말한다.

① ㉠: '참 대단하시군요!'는 억양에 따라 존경의 말로 또는 비꼬는 말로 들릴 수 있다.
② ㉡: 범죄자들 사이에서는 '경찰이 왔다.'라는 의미로 '짭새가 떴다.'라는 표현을 주로 쓴다.
③ ㉢: '피바다'라는 사람의 이름을 듣고서 '피'와 관련된 부정적인 느낌이 들어 꺼림칙했다.
④ ㉣: '그는 마치 목석같다.'에서 '목석'은 '감정이 없는 사람'을 의미한다.

04 ㉠~㉣의 사례로 적절하지 않은 것은?

> 버라이어티 가격 전략은 기업이 다양한 상황, 조건, 시장 요구에 따라 상품이나 서비스의 가격을 조정하는 전략을 의미한다. 동일한 상품을 똑같은 가격으로 판매하는 것이 아닌 소비자들의 다양한 수요나 구매력, 구매할 때의 상황을 고려해서 가격을 책정하는 것이다.
> 버라이어티 가격 전략에서 가격을 정하는 기준은 다양하다. 우리가 가장 흔하게 만날 수 있는 것이 ㉠ 시간 기반의 가격 책정이다. 영화의 조조할인 등과 같이 시간대에 따라 다른 가격을 적용하는 것으로, 판매가 부진한 시간대에 고객을 늘려 매출을 끌어올리기 위한 목적으로 사용된다. ㉡ 고객 기반의 가격 책정은 고객 그룹에 따라서 가격이 달라지는 것이다. 보통 특정 고객층을 겨냥할 때 사용하며, 브랜드의 충성도를 높이고 특정 그룹의 구매를 촉진하기 위해 사용한다. 또 수량에 따라 다양한 가격대를 구성하는 ㉢ 수량 기반의 가격 책정도 있다. 이는 고객이 더 많은 양을 구매하도록 유도하여 판매량을 증가시키고, 재고 관리의 효율성을 높이려는 목적으로 활용된다. 더 나아가 ㉣ 판매 채널 기반의 가격 책정을 선택하기도 한다. 오프라인 매장이나 온라인 몰, 모바일 앱 등 여러 창구에 차이점을 두서 가격을 다르게 두는 것이다. 이는 채널별 비용 구조나 고객의 접근성, 구매 행동 차이를 고려해서 책정한다.

① ㉠: A는 지난여름 휴가철에 10만 원이었던 펜션 숙박비를 비수기인 현재 5만 원으로 인하하였다.
② ㉡: B는 신규 고객에 한하여 무제한 듣기 이용권을 두 달간 100원에 제공하였다.
③ ㉢: C는 1개 구매 시 정가에 살 수 있는 물건을, 2개 구매 시 5%, 3개 구매 시 10%를 할인해 주었다.
④ ㉣: D는 가격 비교 사이트에서 2겹 화장지와 3겹 화장지 중 2겹 화장지를 더 싸게 판매하였다.

05 다음 글을 읽고 〈보기〉의 사례를 평가한 내용으로 적절한 것은?

어떤 원인에 의해서 나타나는 결과가 다시 원인에 작용하여 그 결과를 촉진하거나 억제하는 조절 원리를 피드백이라고 한다. 이 중 원인이 결과를 촉진하는 방향으로 일어나는 피드백을 '강화 피드백'이라고 하며, 결과를 억제하는 방향으로 일어나는 피드백을 '억제 피드백'이라고 한다.

제임스 러브록의 가이아 가설에 따르면, 생물권은 마치 온도 조절 장치처럼 작동하면서 지구의 기후를 조절한다. 지구가 뜨거워지면 생물권은 냉각 효과를 만들어 내며 반응한다. 반면 지구가 차가워지면 생물권은 다시 정반대의 효과를 만들어 내기 시작한다. 이런 식의 '억제 피드백' 체계를 통해서 생물권은 지구 온도를 안정시킬 수 있었다. 그러나 지구 시스템에는 '억제 피드백'뿐 아니라 '강화 피드백'도 많다. 이 강화 피드백 순환을 통해 온난화는 더 큰 온난화로 이어진다. 강화 피드백이 계속되면 언젠가는 돌이킬 수 없는 지점인 '티핑 포인트' 혹은 '체제 이동'에 다다를 수도 있다.

---- 보기 ----

㉠ 태양이 북극의 얼음을 녹이면 태양 에너지를 잘 흡수하는 바닷물이 더 많이 노출되고 그에 따라 열 흡수를 더 많이 할 수 있게 된다. 결과적으로 얼음이 많이 녹을수록 온난화는 더 많이 진행된다.

㉡ 지구가 차가워지면 생물권은 온실 가스를 증가시키고 대기 중의 미세 입자, 즉 에어로졸을 감소시켜 온난 효과를 만들어 낸다.

① ㉠과 ㉡ 모두 '강화 피드백' 순환의 사례에 해당한다.
② ㉠과 ㉡ 모두 '억제 피드백' 순환의 사례에 해당한다.
③ ㉠은 '강화 피드백', ㉡은 '억제 피드백' 순환의 사례에 해당한다.
④ ㉠은 '억제 피드백', ㉡은 '강화 피드백' 순환의 사례에 해당한다.

POINT 27 논리 형식의 지문 적용

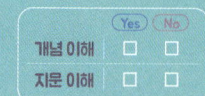

1. 제시문의 진술을 가정적 조건문으로 바꾸어 이해할 수 있어야 한다.
2. 가정적 조건문에서 '전건 긍정으로 후건 긍정, 후건 부정으로 전건 부정'은 참이고, '전건 부정으로 후건 부정, 후건 긍정으로 전건 긍정'은 거짓(오류)이다.
3. 'p이면 q이다.'에서 p는 q이기 위한 충분조건이고, q는 p이기 위한 필요조건이다.

01 논리 형식의 지문 적용

논증은 어떤 주장과 그 주장에 대한 근거로 구성된다. 그리고 논증은 언어적 차원으로 표현된다. 따라서 독해 제시문은 논증의 형식으로 바꾸어 이해될 수 있다. 독해의 추론 문제 중에 언어로 표현된 명제를 논증의 형식으로 바꾸어 선택지를 구성하는 문제 유형을 '논리 형식의 지문 적용'이라고 한다.

02 조건문을 이용한 선택지 구성

가정적 조건문이란 어떤 상황이 다른 상황의 조건이라고 단정하는 명제이다. '만약 ~하면 ~한다'와 같은 가정적 조건문은 선택지로 구성될 확률이 높으므로 제시문에서 이러한 문장을 본다면 미리 표시해 두는 것이 좋다.

예를 들어 '만약 ~하면'의 전건에는 원인이, '~한다'의 후건에는 결과가 들어가게 되므로, 원인과 결과를 바꾸거나 시간의 선후를 바꾸어서 선택지를 구성하기도 한다. 또한 전건을 부정하여 후건을 부정한 선택지(전건 부정의 오류), 후건을 긍정하여 전건을 긍정한 선택지(후건 긍정의 오류)라는 잘못된 선택지를 만들기도 한다.

03 가정적 조건문을 언어적 진술로 바꿔 이해하기

- p이면 q이다.
  - p는 q이기 위한 충분조건이다.
  - p이기 위해서는 q이어야만 한다.
  - q는 p이기 위해 필요하다.
  - q가 아니면 p는 아니다.
  - q는 p를 위해 {필요하다/필수적 요건이다}.
  - q가 성립되지 않으면 p도 성립하지 않는다.

04 충분조건과 필요조건

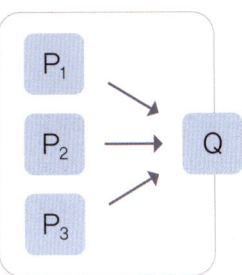

p이면 q이다.
- p를 충족하면 q가 성립하므로 p는 q이기 위한 충분조건이다.
- p를 입증하려면 q가 필요하므로 q는 p이기 위한 필요조건이다.

예) 비가 오면 땅이 젖는다.
→ 비가 온다는 조건은 땅이 젖기에 충분한 것이고, 땅이 젖었다는 것은 비가 오는 것을 입증하기 위해 필요한 조건이다.

참고 | 필요충분조건

만일 p가 존재한다면 q도 존재하게 되고, 만일 p가 존재하지 않으면 q도 존재하지 않는 경우에, 전건 p를 후건 q의 필요충분조건이라고 한다.

예) '삼각형의 세 각의 크기는 같다.'는 '삼각형의 세 변의 길이는 같다.'의 필요충분조건이다. 왜냐하면 삼각형의 세 각의 크기가 같으면 삼각형의 세 변의 길이도 같게 되고, 삼각형의 세 각의 크기가 같지 않으면 삼각형의 세 변의 길이도 같지 않게 되기 때문이다.

정답과 해설 022쪽

연습하기

01 다음 명제가 참일 때, 도출되는 명제의 참과 거짓 여부를 판단하시오.

> 만일 비가 오면 땅이 젖는다.

① 비가 오는 것은 땅이 젖기 위한 필요조건이다. — 참 / 거짓
② 땅이 젖지 않았다는 것은 비가 오지 않았다는 것이다. — 참 / 거짓
③ 오직 비가 와야만 땅이 젖을 것이다. — 참 / 거짓
④ 비가 온다는 것을 입증하기 위해서는 땅이 젖어야만 한다. — 참 / 거짓

02-03 ▨에 들어갈 알맞은 말을 쓰시오.

02 마찰하면 반드시 열이 발생하게 되지만 마찰하지 않았다 하여 열이 발생하지 않는 것은 아니다. 왜냐하면 열은 마찰 외에 전기, 태양 광선, 불 등에 의해 발생할 수 있기 때문이다. 따라서 '마찰'은 '열이 발생'하는 ▨ 이 된다.

03 공부를 잘하지 않는다면 필연적으로 대학에 합격할 수 없다. 하지만 공부를 잘했다 하여 꼭 대학에 합격하는 것은 아니다. 따라서 '공부를 잘하는 것'은 '대학에 합격'하기 위한 ▨ 이 된다.

POINT 27 논리 형식의 지문 적용

01 다음 글에서 추론한 내용으로 가장 적절한 것은?

> 논리 실증주의자들에 따르면, 만약 어떤 것이 과학일 경우 거기에서 사용되는 문장은 유의미하다. 그들은 유의미한 문장의 기준으로 소위 '검증 원리'라는 것을 제안했다. 검증 원리란, 경험을 통해 참이나 거짓을 검증할 수 있는 문장은 유의미하고 그렇지 않은 문장은 유의미하지 않다는 것이다. 다음 두 문장을 예로 생각해 보자.
>
> ㉮ 달의 다른 쪽 표면에 산이 있다.
> ㉯ 절대자는 진화와 진보에 관계하지만, 그 자체는 진화하거나 진보하지 않는다.
>
> 위 두 문장 중 경험을 통해 검증할 수 있는 것은 무엇인가? 비록 현실적으로 큰 비용이 들기는 하지만 ㉮는 분명히 경험을 통해 진위를 밝힐 수 있다. 즉 우리는 ㉮의 진위를 확정하기 위해서 무엇을 경험해야 하는지 알고 있다는 것이다. 이런 점에 근거하여 논리 실증주의자들은 ㉮는 검증할 수 있고, 유의미한 문장이라고 판단한다. 그럼 ㉯는 어떠한가? 우리는 무엇을 경험해야 ㉯의 진위를 확정할 수 있는가? 논리 실증주의자들은 그런 것은 없다고 주장하고, 이에 ㉯는 검증할 수 없고 과학에서 사용될 수 없는 무의미한 문장이라고 말한다.

① 논리 실증주의자들에 따르면 무의미한 문장을 사용하는 것은 과학이 아니다.
② 논리 실증주의자들에 따르면 과학의 문장들만이 유의미하다.
③ 검증 원리에 따르면 아직까지 경험되지 않은 것을 언급한 문장은 무의미하다.
④ 검증 원리에 따르면 거짓인 문장은 무의미하다.

02 다음 글에서 추론할 수 있는 것만을 〈보기〉에서 모두 고르면?

컴퓨터에는 자유 의지가 있을까? 나아가 컴퓨터에 도덕적 의무를 구속시킬 수 있을까? 컴퓨터는 다양한 전기 회로로 구성되어 있고, 물리 법칙, 프로그래밍 방식, 하드웨어의 속성 등에 따라 필연적으로 특정한 초기 상태로부터 다음 상태로 넘어간다. 마찬가지로 두 번째 상태에서 세 번째 상태로 이동하고, 이러한 과정이 계속해서 이어진다. 즉 컴퓨터는 결정론적 법칙의 지배를 받는 시스템이라는 것이다. 그럼 이러한 시스템에는 자유 의지가 있을까?

결정론적 법칙의 지배를 받는 시스템의 중요한 특징은 주어진 조건에 따라 결과가 하나로 고정된다는 점이다. 다시 말해, 이러한 시스템에는 항상 하나의 선택지만 있을 뿐이다. 그런 뜻에서 결정론적 지배를 받는다는 것과 자유 의지를 가진다는 것은 양립할 수 없음이 분명하다. 어떤 선택을 할 때 그것과 다른 선택을 할 수도 있다는 것은 자유 의지의 필요조건이기 때문이다. 결국 결정론적 법칙의 지배를 받는 시스템은 자유 의지를 가지지 않는다. 또한 자유 의지를 가지지 않는 시스템에 도덕적 의무를 귀속시킬 수 없음은 당연하다.

─보기─
㉠ 컴퓨터는 자유 의지를 가지지 않으며 도덕적 의무의 귀속 대상일 수도 없다.
㉡ 도덕적 의무를 귀속시킬 수 있는 시스템은 결정론적 법칙의 지배를 받지 않는다.
㉢ 어떤 선택을 할 때 그것과 다른 선택을 할 수 없는 시스템은 자유 의지를 가지지 않는다.

① ㉠, ㉡
② ㉠, ㉢
③ ㉡, ㉢
④ ㉠, ㉡, ㉢

POINT 27 논리 형식의 지문 적용

03 A와 B의 견해에 대한 평가로 올바른 것은?

> A: 개인은 자신과 특별히 관계되는 것에 대해 권리를 지닌다. 누구의 행동이든 다른 사람의 권리를 침해하면, 그것은 규제의 대상이 된다. 다시 말해 어떤 행동이 타인의 권리를 침해한다는 사실은 그 행동이 규제의 대상이 될 수 있는 충분조건이 된다.
>
> B: 개인의 행동이 다른 사람의 권리를 전혀 침해하지 않는다면 그것은 규제의 대상이 될 수 없다. 바꾸어 말해 어떤 사람의 행동이 타인의 권리를 침해할 경우에만, 그것은 규제의 대상이 될 수 있다. 즉 어떤 행동이 타인의 권리를 침해한다는 사실은 그 행동이 규제의 대상이 되기 위한 필요조건이 된다.

① 타인의 권리를 침해하더라도 규제의 대상이 되지 않는 행동이 있다면, A의 견해는 약화된다.
② 규제의 대상이 되는 행동인데 타인의 권리를 침해하지 않는 행동이 있다면, A의 견해는 강화된다.
③ 규제의 대상이 된 행동이 타인의 권리를 침해한 사실이 밝혀졌다면, B의 견해는 약화된다.
④ 타인의 권리를 침해하지 않은 행동이 규제되지 않은 사례가 있다면, B의 견해는 약화된다.

04 다음 글이 참일 때, 추론한 내용으로 적절하지 않은 것은?

> 자동화 시스템이 많이 발전하였지만 아무리 훌륭한 시스템이라도 사용자가 믿지 않아 시스템을 사용하지 않는다면 시스템 성능을 활용할 수 없다. 따라서 자동화 분야에서는 신뢰를 인간이 자동화 시스템을 활용하는 데 반드시 필요한 핵심 요소로 보고 있다. 자동화가 높은 시스템에서 신뢰는 사람이 해당 시스템을 얼마나 잘 받아들일 수 있는지와 같은 수용성과 시스템에게 온전히 맡겨도 좋은지와 같은 신임을 결정짓는 요소이다. 자동화 시스템에서의 신뢰에 영향을 미치는 기본 토대는 성능, 과정, 목적으로 분류된다. 성능은 사용자의 목표를 성취하기 위한 자동화 시스템의 능력으로 간주된다. 자동화 시스템의 정확도가 높아지면 신뢰가 형성된다. 과정은 자동화 시스템이 '어떻게' 작동되는지를 인지하는 정도이다. 사용자들은 자동화 상황에 대해 충분한 정보를 받으면 신뢰를 형성한다. 목적은 자동화 시스템이 '왜' 개발되었는지에 관한 문제로 볼 수 있으며 사람들이 특정 자동화 시스템을 사용하면서 파악하게 되는 추상화된 동기와 의무로 본다. 사용자는 자동화 시스템이 본인의 준법 의식과 맞는 행동을 하면 자동화 시스템을 신뢰한다.

① 자동화 시스템에 대한 사용자의 신뢰는 자동 시스템을 활용하기 위한 필요조건이다.
② 사용자가 자동화 시스템을 활용한다면 그 자동화 시스템의 정확도는 높을 것이다.
③ 사용자에게 자동화 시스템에 대한 충분한 정보를 제공하는 것은 사용자의 신뢰를 높이기 위한 충분조건이다.
④ 자동화 시스템에 대해 사용자가 신뢰하지 않는다면 사용자는 그 시스템과 자신의 준법 의식이 맞지 않다고 생각했을 것이다.

05 ㉠과 ㉡에 들어갈 말로 가장 적절한 것은?

> A는 다음과 같은 실험을 진행했다. 먼저, 검은색 옷과 흰색 옷을 입은 6명이 두 개의 농구공을 가지고 패스를 주고받는 동안 고릴라 복장의 사람을 지나가게 하고 그 장면을 동영상으로 촬영했다. 그리고 실험 참가자들에게 이 동영상을 보여 주면서 흰색 옷을 입은 사람들이 몇 번 패스를 주고받았는지 세어 달라고 요청했다. 이에 대해 참가자들은 패스 횟수에 대해서는 각자의 답을 말했는데, 동영상 중간중간에 출현한 고릴라 복장의 사람에 대해서는 하나같이 보지 못했다고 답했다. 참가자들이 패스 횟수를 세는 데 집중하느라 1분이 채 안 되는 동영상 가운데 9초에 걸쳐 등장하는 고릴라 복장의 사람을 인지하지 못한 것이다. A는 이 실험을 통해 다음의 결론을 도출했다. ㉠ .
>
> 이 실험 결과를 우리의 일상에서도 확인해 볼 수 있다. 오토바이 운전자의 안전을 위해 눈에 잘 띄는 밝은색 옷을 입도록 권하는데, 밝은색 옷의 오토바이 운전자는 시각적으로 더 잘 보이고, 덕분에 더 쉽게 알아볼 수 있기 때문이다. 그렇다고 해도 모든 자동차 운전자가 밝은색 옷을 입은 오토바이 운전자를 다 알아보는 것은 아니다. 바라보는 행위는 인지의 ㉡ 없기 때문이다.

① ㉠: 인간의 인지는 시각과 밀접하게 관련되어 있다
　㉡: 충분조건일 수는 있어도 필요조건일 수는

② ㉠: 인간의 인지는 시각과 밀접하게 관련되어 있다
　㉡: 필요조건일 수는 있어도 충분조건일 수는

③ ㉠: 인간은 중요하다고 생각하는 것 위주로 주의를 기울인다
　㉡: 충분조건일 수는 있어도 필요조건일 수는

④ ㉠: 인간은 중요하다고 생각하는 것 위주로 주의를 기울인다
　㉡: 필요조건일 수는 있어도 충분조건일 수는

POINT 27 논리 형식의 지문 적용

06 빈칸에 들어갈 말로 가장 적절한 것은?

> 사물의 이름이 모두 그러하듯, 나무 이름도 특별한 이유와 근거 속에서 만들어진다. '층층나무'는 나뭇가지가 층을 이루고 있어서, '생강나무'는 잎이나 가지를 꺾으면 생강 냄새가 난다고 하여서 붙여진 이름이다. 지금까지 나무 이름의 유래를 찾는 일은 식물학자의 몫이었다고 해도 과언이 아니다. 나무에 대한 식물학적, 생태학적 특징을 설명하는 가운데 양념 삼아 그 유래를 곁들이는 식의 논의가 주를 이루었다. 그러나 나무의 특징을 통한 나무 이름의 유래 찾기는 한계가 있을 수밖에 없다. 나무의 특징만으로 그 유래를 밝힐 수 없는 나무 이름이 허다하기 때문이다. 특히 긴 역사 속에서 나무 이름의 형태가 크게 변질된 경우에는 나무의 특징과 언어적 사실이 잘 부합되지 않아 나무의 특징이 유래 설명에 별반 기여를 하지 못한다. 다시 말해 이름의 형태가 크게 바뀐 나무의 경우, 나무의 특징 파악은 나무 이름의 유래를 찾는 데 _____.

① 충분조건이다 ② 충분조건이 아니다
③ 필요조건이다 ④ 필요충분조건이다

07 다음 글을 읽고 추론한 '하이데거'의 견해로 적절하지 않은 것은?

> 12월은 한 해가 끝나고 새로운 해가 시작하는 변환기이다. 시간의 전환점에서 사람들은 자신의 삶에 대해 실존적 평가를 내리며 일반적 삶의 조건을 성찰한다. 연말은 종말로 나아가는 삶의 진행을 반영하기에 실존적 질문을 불가피하게 촉발한다. 12월에 사람들은 지나간 한 해를 되돌아보고 다가올 한 해를 기대하면서, 실존주의자인 **하이데거**의 '죽음을 향한 존재[Sein-zum-Tode]' 개념과 유사한 과정에 참여한다. 이 개념은 인간의 삶이 진행하다가 언젠가는 죽음을 맞이한다는 의미가 아니라, 진정한 삶은 늘 죽음과 마주하고 있다는 의미이다. 보통 사람들은 삶과 죽음을 분리하여 삶이 끝나면 죽음이 온다고 생각하는 데 반해, 하이데거는 죽음을 의식하지 않으면 인간 존재는 불가능하다고 강조한다. 그는 단순한 삶과 존재를 구별한다. 죽음을 의식하지 않고도 인간은 살기는 살겠지만, 그것은 생활일 뿐 존재는 아니다.

① 죽음을 의식하는 것은 인간 존재의 필연적 조건이다.
② 인간이 존재하기 위해서는 죽음을 의식해야만 한다.
③ 살아 있는 모든 것은 존재하고 있는 것이다.
④ 진정한 삶은 죽음과 분리할 수 없다.

08 ㉠~㉣에 들어갈 말로 바르게 짝 지어진 것은?

> 인과 관계를 지닌다는 것은 특정한 사건이 원인이 되어 다른 사건에 영향을 미친다는 것을 의미한다. 하지만 두 변수 간에 일정한 관련성이 입증된다 하더라도 상관관계는 인과 관계의 ㉠ 일 뿐 ㉡ 이 아니다. 즉 상관관계가 없는 변수들 간에는 인과 관계도 없는 것이다. 'A이면 B이다.'라는 명제가 성립할 때, A이면 반드시 B이기 때문에 A는 B가 성립하기 위한 ㉢ 이지만, B라고 해서 반드시 A가 되는 것은 아니기에 B는 A가 성립하기 위한 ㉣ 이다. 따라서 상관관계를 지닌 두 변수 사이에 인과 관계가 반드시 성립하지는 않는다는 것을 알 수 있다.

	㉠	㉡	㉢	㉣
①	필요조건	충분조건	충분조건	필요조건
②	필요조건	필요조건	충분조건	충분조건
③	충분조건	필요조건	필요조건	충분조건
④	충분조건	필요조건	충분조건	필요조건

09 다음 글의 맥락을 고려할 때, 빈칸에 들어갈 내용으로 가장 적절한 것은?

> 사람들은 법을 자유와 대립하는 것으로 착각하여 법을 혐오하는 경향이 있다. 그러나 모든 국민이 법 없이 최대의 자유를 누리는 이상적인 사회 질서를 주장했던 자유 지상주의는 환상에 지나지 않는다. 몽테스키외는 인간이 법과 동시에 자유를 가졌다고 말했다. 또한 인간이 법 밖에서 자유를 찾으려 한다면, 주인의 집을 도망쳐 나온 정처 없는 노예처럼 된다고 하였다. 자유는 정당한 행위를 할 수 있는 상태를 의미한다. 그렇다면 자유는 정의를 실현하는 올바른 사회 질서에 의해서만 보장될 수 있다. 따라서 법이 없다면 자유도 없다고 할 수 있다. 왜냐하면 ☐☐☐☐☐ 때문이다. 결국 자유와 법은 대립하는 것이 아니다.

① 법은 정당한 행위를 할 수 있는 상태의 실현 가능성을 높이기
② 자유가 없다면 정의를 실현하는 올바른 사회 질서도 확립될 수 없기
③ 정의를 실현하는 올바른 사회 질서는 법에 의해서만 확립될 수 있기
④ 법과 자유가 있다면 정의를 실현하는 올바른 사회 질서가 확립될 수 있기

POINT 27 논리 형식의 지문 적용

01 다음 논증 과정을 바탕으로 할 때, 빈칸에 들어갈 내용을 적으시오.

- 대전제: 사적 이윤 추구를 제한하는 것은 기업에 손해를 끼치는 일이다.
- 소전제: _____.
- 결론: 기업에 사회적 책임을 요구하는 것은 기업에 손해를 끼친다.

02 다음 글을 읽고 빈칸에 들어갈 내용을 적으시오.

아리스토텔레스는 생략 삼단 논법을 '실천적 삼단 논법'이라 불렀다. 우리의 일상 언어생활 속에서 '실제로 사용되는' 덜 엄격하지만 더 부드러운 삼단 논법이라는 뜻이다. 그는 《수사학》에서 다음과 같이 설명했다. 가령 도리에우스가 승리의 대가로 월계관을 받았다는 결론을 끌어내기 위해서는 "그는 올림피아에서 승리자였다."라는 말로 충분할 뿐이다. 여기에서 '_____.'라는 전제를 덧붙일 필요가 없다. 이런 사실은 모든 사람이 알고 있기 때문이다.

03 다음 글을 읽고 ㉠과 ㉡에 들어갈 내용을 적으시오.

충분조건과 필요조건은 수학이나 논리학에 나오는 개념이지만 일상생활에서도 자주 쓰인다. 단일화를 한다고 해서 곧바로 승리하는 것은 아니지만 승리하기 위해서는 단일화를 해야만 한다는 말은 단일화는 승리의 ㉠ 이지만, ㉡ 은 아니라는 뜻이다.

04-09 다음 명제를 참이라 전제할 때, 반드시 참인 명제는 'O', 반드시 참은 아닌 명제는 '×'로 표시하시오.

04
뇌의 특정 부위에 활동이 증가하면 산소를 수송하는 헤모글로빈의 비율이 그 부위에 증가한다.

① 뇌의 특정 부위에 활동이 증가했다는 사실만으로도 우리는 산소를 수송하는 헤모글로빈의 비율이 증가한다는 것을 알 수 있다. O | ×

② 뇌의 특정 부위에 헤모글로빈의 비율이 증가하지 않았다면 그 부위의 활동 역시 증가하지 않았을 것이다. O | ×

③ 뇌의 특정 부위에 활동이 증가해야만 산소를 수송하는 헤모글로빈의 비율이 증가할 것이다. O | ×

05 A국의 시민이 특정 도시에서 생활하며 일하기 위해서는 정부의 허가를 받아야만 한다.

① A국의 시민이 정부의 허가를 받았다는 것은 특정 도시에서 생활하며 일하고 있다는 것이다. O | X

② 특정 도시에서 생활하며 일하고 있는 A국의 시민은 정부의 허가를 받았을 것이다. O | X

③ A국에서 정부의 허가를 받는 것은 특정 도시에서 생활하며 일하기 위한 필수적 요건이다. O | X

06 만약 지도자가 국민의 의견을 좇아 자신의 판단을 단념한다면 그것은 국민을 배신하는 것이다.

① 지도자가 국민의 의견을 좇아 자신의 판단을 단념하는 것은 국민을 배신하는 행위의 충분조건이다. O | X

② 지도자가 국민을 배신하지 않았다면 그는 국민의 의견을 좇아 자신의 판단을 단념하지 않았을 것이다. O | X

③ 지도자가 국민의 의견을 좇아 자신의 판단을 단념하는 것만 국민을 배신하는 행위이다. O | X

07 요즘 청소년들의 건강을 위해서는 올바른 식습관이 필수적이다.

① 청소년들이 올바른 식습관을 가지면 건강을 지킬 수 있다. O | X

② 건강한 청소년이라면 올바른 식습관을 가지고 있을 것이다. O | X

③ 올바른 식습관을 가지고 있지 않은 청소년은 건강을 지키기 어려울 것이다. O | X

08 데이터 센터에 로봇을 도입한다면 노동자의 업무 효율이 올라갈 것이다.

① 노동자의 업무 효율이 올라가는 것은 데이터 센터의 로봇 도입을 입증하기 위한 필수적 조건이다. O | X

② 데이터 센터에 로봇이 도입되었다는 사실만으로도 노동자의 업무 효율이 올라갔음을 알 수 있다. O | X

09 경제 원리라는 과학적 요소만 고려해서는 현실의 경제 정책은 성공할 수 없다.

① 현실의 경제 정책이 성공하려면 경제 원리라는 과학적 요소를 포함한 다른 것도 고려해야 한다. O | X

② 경제 원리라는 과학적 요소만 고려하는 것은 현실의 경제 정책이 성공하기 위한 충분조건이 아니다. O | X

PART 5
실전 감각 모의고사

01~02회

01 실전 감각 모의고사 1회

01 다음 글의 내용과 일치하지 않는 것은?

전통 목가구(木家具)를 만들 때 나무와 나무를 연결하는 기술을 '짜맞춤'이라고 한다. 짜맞춤을 하면 쇠못이나 대못을 사용할 필요가 없다. 목가구의 소박한 아름다움과 견고함은 이 짜맞춤 기술에서 나온다. 짜맞춤이 제대로 되면 면도칼은 물론 물이 들어갈 틈도 없을 정도이다. 틈새로 습기가 먹지 않기 때문에 수명이 아주 오래간다.

짜맞춤 기법 중 가장 기본이 되는 것이 맞장부 짜임이다. 끌로 구멍을 한 개 파서 거기에 맞게 나무를 깎아서 박는 방법이다. 들어가는 나무 촉이 하나이다. 일본 전통 목가구에서 많이 발견된다. 쌍장부 짜임은 두 가닥의 나무를 깎아서 박는 방법이다. 중국 가구를 보면 쌍장부 짜임이 많다고 한다. 또한 삼지창처럼 세 가닥의 나무를 박는 삼장부 짜임이 있다. 서안(書案), 문갑, 책장의 몸체와 다리를 연결할 때 이 방법을 사용한다. 통장부 짜임은 다섯 가마가 넘게 들어가는 대형 쌀뒤주를 짤 때 사용한다. 쌀의 무게를 지탱하기 위하여 구멍을 크게 만들어 박는 기법이다.

사개물림은 두 개의 목재를 서로 요철처럼 파낸 다음에 아귀를 맞추는 기법이다. 관, 서랍, 돈 궤짝을 짤 때 사용한다. 임진왜란 도중에 사망한 김덕령 장군의 묘를 400년 만에 판 적이 있는데, 여기에서 나온 목재 관(棺)의 짜맞춤 형식도 아주 정교한 사개물림 방식이었다고 한다.

① '쌍장부 짜임'과 '삼장부 짜임'이란 명칭은 사용되는 나무의 가닥 수와 관련된다.
② 대형 쌀뒤주를 짤 때 사용하는 통장부 짜임은 중국 전통 목가구에서 많이 발견된다.
③ 제대로 된 짜맞춤 기술은 습기의 침입을 막아 목가구의 수명을 연장시킨다.
④ 김덕령 장군의 관은 두 개의 목재를 요철처럼 파내 아귀를 맞추는 기법으로 제작되었다.

02-03 다음 글을 읽고 물음에 답하시오.

사람들은 보통 생후 3년 안에 겪은 일을 기억하지 못하는 '유아기 기억 상실' 증상을 보이는데 이 현상의 원인은 아직 명확하게 밝혀지지 않았다. 이에 대해 과학자들은 '일화 기억'을 형성하고 오랫동안 기억을 저장하는 데 중요한 뇌 부위인 해마가 그 시기에 완전히 발달하지 않아 기억이 제대로 형성되지 않기 때문일 것이라는 가설을 제시해 왔다. ㉮ 미국 예일대 연구 팀은 생후 4~25개월 된 영아들을 대상으로 ㉠이들의 해마가 개별 기억을 저장할 수 있는지 알아보기 위해 기억 과제를 수행하게 하는 실험을 했다. ㉡이들은 얼굴, 풍경, 사물 등 사진을 아기들에게 보여 준 다음 나중에 다시 사진을 보여 줄 때 뇌 스캔을 하는 동시에 시선 반응을 추적해 특정 사진에 대한 기억 여부를 조사했다. 연구 팀은 아기가 특정 사진을 이전에 한 번 본 적이 있으면 더 많이 볼 것으로 예상할 수 있다고 말하며, 이 기억 과제에서 아기들이 옆에 있는 새로운 사진보다 이전에 본 사진을 더 많이 쳐다본다면 ㉢이들이 그 사진을 기억하는 것으로 해석할 수 있다고 말했다. 실험 결과, ㉣이들의 해마는 생후 12개월께부터 개별적인 경험의 기억을 부호화할 수 있는 능력을 갖추기 시작하는 것으로 나타났다. 이 실험 결과에 대해 연구 팀은 아기들의 뇌에는 이 시기에 이미 일화 기억을 형성하는 메커니즘이 존재한다는 것을 보여 준다고 밝혔다. 이어 이 연구는 유아 기억 상실은 기억 형성 자체의 문제라기보다는 형성된 기억을 인출하는 과정의 실패 때문일 가능성이 크다는 것을 시사한다고 설명했다.

02 ㉮의 주장에 대한 평가로 가장 적절한 것은?

① 생후 4~25개월 된 영아들은 해마가 발달하지 못해 기억을 형성할 수 없다면, ㉮의 주장은 강화된다.
② 생후 15개월 된 아기가 자신의 기억을 정확하게 인출해 냈다면, ㉮의 주장은 강화된다.
③ 생후 4~25개월 된 영아들이 본 적이 없는 사물을 이미 본 사물보다 더 많이 쳐다본다면, ㉮의 주장은 약화된다.
④ 생후 12개월 이후의 아기들의 해마에서 성인과 유사한 패턴의 뇌 활성화가 나타났다면, ㉮의 주장은 약화된다.

03 문맥상 ㉠~㉣ 중 지시하는 바가 다른 것은?

① ㉠ ② ㉡
③ ㉢ ④ ㉣

04 ㉠~㉣을 수정하는 방안으로 적절하지 않은 것은?

> 별의 겉보기 밝기는 지구에 도달하는 별빛의 양에 의해 결정된다. 과학자들은 단위 시간 동안 단위 면적에 입사하는 빛 에너지의 총량을 '복사 플럭스'라고 정의하였는데 이 값이 클수록 별이 더 밝게 관측된다.
>
> 그러나 별의 복사 플럭스 값은 빛이 도달되는 거리의 제곱에 ㉠비례하기 때문에 별과의 거리가 멀수록 그 별은 더 어둡게 보인다. 이처럼 겉보기 밝기는 ㉡거리와 상관없이 같게 관측되기 때문에 별의 실제 밝기는 절대 등급으로 나타낸다. 예를 들어, '리겔'의 경우 겉보기 등급은 0.10 정도이지만, 절대 등급은 -6.8 정도에 해당한다.
>
> 절대 등급은 별이 지구로부터 10파섹(약 32.6광년)의 거리에 있다고 가정했을 때 그 별의 겉보기 등급으로 정의한다. 별의 실제 밝기는 별이 매초 방출하는 에너지의 총량인 광도가 클수록 밝아지게 된다. 광도는 별의 반지름의 제곱과 별의 표면 온도의 네제곱에 비례한다. 즉, 별의 실제 밝기는 별의 ㉢표면적이 작을수록, ㉣표면 온도가 높을수록 밝다.

① ㉠: 반비례하기 때문에
② ㉡: 거리에 따라 다르게 관측되기 때문에
③ ㉢: 표면적이 클수록
④ ㉣: 표면 온도가 낮을수록

05 가~라를 가장 자연스럽게 배열한 것은?

> 가 표준어의 필요성은 국민들이 하나의 같은 도구로 의사소통을 효과적으로 할 수 있도록 하는 데에 있다. 그런데 우리는 표준어와 방언의 관계를 잘못 이해하는 경우를 흔히 본다.
>
> 나 그러나 이러한 두 생각은 모두 옳지 않다. 표준어는 국민의 올바른 의사소통을 위해 필요한 도구이며, 방언은 우리 삶의 생생한 모습과 정신이 담긴 문화유산이다.
>
> 다 광복 후 표준어의 폭넓은 보급은 우리의 공통된 의사소통에 크게 기여했다. 그러나 표준어의 필요성을 지나치게 앞세워 지역 방언의 가치를 폄하한 결과 방언은 버려야 할 것으로 인식되어 사라질 위기에 이르렀다. 이는 방언에 대한 올바른 가치를 모르는 데서 비롯한 것이다.
>
> 라 그러나 반대로 방언의 정서적 가치만 강조한 나머지 표준어의 필요성을 인정하지 않으려는 극단적인 주장도 있다. 마치 표준어를 고유문화와 언어의 평등성을 해치는 없애야 할 존재로 바라본 것이다.

① 가 - 나 - 다 - 라
② 가 - 다 - 라 - 나
③ 다 - 가 - 라 - 나
④ 다 - 나 - 라 - 가

06 다음 글의 내용과 부합하는 것은?

> 신고전주의는 합리주의 철학을 바탕으로 18세기 중반부터 19세기 전반에 걸쳐 유럽에서 발생한 미술 사조이다. 신고전주의는 이전의 관능적이며 향락적인 로코코 양식에 반기를 들어 나타났다. 또한, 엄격한 윤리와 도덕성을 추구하고 장엄하고 웅장한 복고적 취향을 반영하여 질서 정연한 통일감과 입체감 있는 형태로 대상을 표현한 것이 이 사조의 특징이다. 신고전주의는 자유롭게 주제를 선택하여 고전주의와 차이를 두었다.
>
> 낭만주의는 19세기 전반 신고전주의의 엄격한 형식성에 반발하여 나타난 사조로 객관보다는 주관을, 지성보다는 감성을 중요시하였다. 낭만주의는 현실을 살아가는 인간 감정에 주목하여 격정적으로 역사적 사건을 표현하였다. 낭만주의 미술은 신고전주의의 균형 잡힌 구도에서 벗어나, 비대칭 구도나 사선 구도를 사용하여 극적이고 강렬한 색채로 생동감 있게 표현하였다.
>
> 사실주의는 19세기 후반 가식적이지 않은 평범한 세속의 삶을 예술 전반의 본격적인 소재로 나타내며 등장했다. 사실주의 작가들은 낭만주의가 역사적인 사건을 개인의 주관과 상상력을 바탕으로 표현하여 현실을 그대로 다루지 못한다는 것을 비판하였다. 사실주의 대표 화가인 쿠르베는 시대를 살아가는 평범한 사람들의 삶을 묘사하는 것이 진정한 예술이라고 주장했다.

① 사실주의 작가들은 역사적 사건을 있는 그대로 기록하듯 그렸다.
② 낭만주의 작가들은 비형식적 구도와 강렬한 색채로 평범한 사람들의 일상을 그려 냈다.
③ 신고전주의는 장엄하고 웅장한 고전주의의 복고적 취향에 반발하여 나타난 미술 사조이다.
④ 낭만주의는 신고전주의의 형식성에, 사실주의는 낭만주의의 주관성에 반발하여 나타난 미술 사조이다.

07 다음 글의 논지에 대한 평가로 옳은 것만을 〈보기〉에서 모두 고르면?

> 일반적으로 독자들은 소설이나 시를 읽을 때, 이것이 작가의 메시지를 담고 있다고 보고, 그 숨겨진 메시지를 해석하는 것에 독서 행위의 가치가 존재한다고 생각한다. 사실 난해함은 비단 문학뿐 아니라, 회화, 음악 등 모든 종류의 예술을 감상하는 과정에서 항상 발생하는데, 독자들은 문학에 있어서만큼은 메시지에 좀 더 많이 집착하는 것 같다.
>
> 우리가 몬드리안과 같은 화가의 추상 예술을 감상할 때는 눈을 통해서 색과 선의 시각적 이미지들을 받아들이고, 오로지 그것들이 일으키는 감정에 집중하게 된다. 인접한 선과 면들의 부분적인 배치, 색채의 전체적인 조화는 감각적인 것이며, 구체적인 사회적 메시지를 함축하지 않는다. 그 시각적인 배치가 우리 내면에 모종의 감각을 일으키고, 그 자체로 예술적인 감성을 느낄 수 있는 것이다. 이와 마찬가지로 문학을 감상할 때 창작 과정에서의 의도나 사회적 배경을 고려하지 않고 오직 텍스트 그 자체에 초점을 맞춰야 한다. 예술은 예술 그 자체로 존재할 수 있어야 하는 것이다.

―〈보기〉―

㉠ 작가는 자신을 둘러싼 정치적·사회적 상황 속에서 문학 작품을 쓰기 때문에 이를 감상하는 독자 또한 정치적·사회적 상황을 벗어나 문학을 감상할 수 없다는 견해는 이 글의 논지를 약화한다.
㉡ 예술 작품을 감상할 때, 단지 감각적인 쾌감만을 중시하고 의미와 가치를 논하지 않으면 작품 감상의 의의를 찾을 수 없다는 견해는 이 글의 논지를 약화한다.
㉢ 미술 작품을 감상할 때 작품이 전시되어 있는 공간도 중요한 요소가 된다는 견해는 이 글의 논지를 강화한다.

① ㉠, ㉡
② ㉠, ㉢
③ ㉡, ㉢
④ ㉠, ㉡, ㉢

08-09 다음 글을 읽고 물음에 답하시오.

한글판 저자 서문, 한글 자막, 한글 이름, 한글 지명처럼 한글과 한국어를 혼동하여 쓰는 일이 종종 있다. 한글 파괴를 우려하는 기사도 막상 열어 보면 대개는 한글 자체의 문제보다 한국어가 외래어에 오염되어 파괴되고 있다는 주장을 펼 때가 많다.

일반적으로 한 음성 언어와 한 문자의 결합이 필연적인 것은 아니다. 하나의 언어가 여러 문자로 표기될 수 있고, 로마 문자처럼 하나의 문자가 여러 언어를 적는 데 ㉠쓰일 수도 있다. 한글도 다르지 않다. 그런데 한글과 한국어의 관계는 다소 필연적인 것처럼 보인다. 한국어를 표기하는 데 한글 이외의 다른 문자를 상상하기 어렵고, 한글은 한국어를 적는 고유한 문자 체계이다 보니 한글과 한국어가 한 몸처럼 보이기도 한다.

말의 쓰임에 대한 최종 결정권은 그 말을 쓰는 사람들에게 있다. 대다수의 사람들이 한글과 한국어를 구분하지 않고 사용한다면 그것을 막을 도리는 없다. 한 가지 우려되는 점은 한글에 대한 민족적 자부심이 되레 외래 요소를 지나치게 경계하고 배제하는 태도로 확장되는 것이다. 한글이라는 뛰어난 문자를 가진 민족이 외래의 언어, 특히 영어를 무분별하게 수입하여 쓰는 현실을 개탄하며, 이러다 한글 혹은 한국어가 곧 소멸할지도 모른다는 걱정에는 대개 한글이 곧 한국어라는 인식이 깔려 있다. 한글이 우수한 문자이고 또 한국어를 가꾸고 보존해야 하는 건 맞지만 외래어의 유입으로 우리 언어인 한글과 한국어가 사라지지는 않는다.

08 이 글에서 추론한 바로 적절하지 않은 것은?

① 외래어의 유입과 사용은 한국어의 발전에 긍정적 영향을 미친다.
② 한글로 다른 나라의 언어를 표기할 수 있다.
③ '한글'과 '한국어'를 동의어처럼 사용하는 대중의 언어 습관을 배척할 수는 없다.
④ 한글의 우수성에 대한 자부심 때문에 외래어 유입을 지나치게 경계하는 경향이 있다.

09 밑줄 친 표현이 문맥상 ㉠의 의미와 가장 가까운 것은?

① 요즘에는 농사에 기계가 많이 쓰이고 있다.
② 모자가 작아서 머리에 잘 쓰이지 않는다.
③ 그는 곡이 잘 쓰이지 않아 무작정 길을 떠났다.
④ 인재들이 적재적소에 쓰여야 나라가 발전한다.

10 다음 글의 중심 내용으로 가장 적절한 것은?

> 글이라고 하는 것은 특히 문학 작품에 있어서는 모든 다른 예술 부문에서와 마찬가지로 쓰는 사람의 정신 속에서 일어나는 생각과 말의 끊임없는 대립과 반발과 충돌과 중화를 통한 싸움의 결과라는 것을 잊어버리기 쉽다.
> 조각가가 자기의 예술적 충동과 의도에 맞추어 대리석을 몹시 굴리고 깎고 저며 내고 허물어 버리고 살을 돋혀 내듯, 화가가 팔레트 위에서 물감을 개는 것이 표현의 이상과 현실적 조건의 싸움이듯 글을 써 가는 것도 특히 문학 작품의 제작에 있어서는 작가가 뜻하는 바와 표현과 묘사 능력이 실제적 제약과의 싸움을 거쳐서 되는 것이다.
> 처음에 생각이 떠오른다. 그 생각은 막연한 말의 성운(星雲) 상태에 싸여 있는 것이다. 말하자면 한 카오스(Chaos)의 상태가 요동하는 것이다. 그것은 끊임없이 제게 가장 맞는 말을 찾아서 헤맨다. 이리하여 생각과 말의 한 무리와의 사이에 여러 모로 대립이 생긴다. 이 대립을 통하여 격렬한 경쟁이 일어난다. 그리하여 이러한 생각과 말들의 다각적인 싸움 속에서 가장 알맞은 한마디가 선택된다. 드디어 과녁을 맞힌 것이다. 플로베르가 "한 마디 말…… 오직 한 마디 말……." 하고 부르짖은 것은 바로 이러한 위기에서였을 것이다.

① 생각과 글은 대립 관계에 있다.
② 문학 작품을 제작하는 일은 고통스럽다.
③ 생각과 말의 부단한 대립에서 글이 탄생한다.
④ 글은 올바른 생각을 표현하기 위한 고민의 산물이다.

02 실전 감각 모의고사 2회

01 다음 〈개요〉의 빈칸에 들어갈 내용으로 적절하지 않은 것은?

〈개요〉

제목: 정류장 주변 보행자 사고 현황과 보행 환경 개선 방안

Ⅰ. 정류장 주변 보행자 사고의 실태
   1. 정류장 하차 후 보행자의 예측 불가능한 이동 동선 발생
   2. 보행자의 위험한 도로 진입 빈도 증가
   3. 차도 가장자리 또는 차도 위 대기 현상의 상시화

Ⅱ. 정류장 주변 보행자 사고의 발생 원인
   1. 보행자 유도 표지 및 안내 미흡
   2. 불법 주정차로 인한 시야 제한
   3. 정류장 인근에 인도 미확보

Ⅲ. 정류장 주변 보행 환경 개선 방안
   ☐

① 보행자 전용 공간 확충
② 보행자 인식형 음성 안내 시스템 도입
③ 불법 주정차 강력 단속 및 물리적 차단
④ 중앙 분리대 설치를 통한 보행자의 무단 횡단 방지

02 다음 글에 대한 평가로 적절한 것만을 〈보기〉에서 모두 고르면?

> 인간이 서로 협력하지 않을 수 없게 하는 힘은 무엇인가? 사회는 타인과 어울리고 싶어 하는 끊임없는 충동이나 노동의 필요 때문에 생겨나는 것이 아니다. 인간을 협력하게 하고 단합하게 하는 것은 다름 아닌 폭력의 경험이다. 사회란 공동체의 구성원들끼리 공동의 보호를 위해 만든 예방 조치이다. 사회가 구성되면 각자가 누리던 절대적 자유의 상태는 끝이 난다.
>
> 행동을 제한하는 규약이 없다면 도처에서 수시로 간섭이나 침해가 이루어질 것이다. 살아남기 위한 투쟁이 불가피해진다. 만인에 대한 만인의 투쟁 상태는 끊임없는 유혈 사태가 아니라 그런 사태가 일어날 가능성으로 인한 지속적인 불안감에서 비롯된다. 사회를 구성하는 동기와 근거는 바로 인간이 서로에 대해 느끼는 불안이다. 모든 인간은 신체를 가지고 있다는 점에서 동등하다. 사람들은 상처를 받을 수 있기 때문에, 즉 그들의 몸에 생겨나는 고통을 너무나 두려워하기 때문에 각종 계약을 맺어야 할 필요성을 느낀다. 상대방으로부터 안전을 확보하기 위해 서로 손을 잡고, 서로 관계를 맺음으로써 스스로를 보존한다. 결국 사회의 탄생은 인간이라는 존재의 육체적 속성에 뿌리를 두고 있다.
>
> 사회적 행동은 늘 육체적인 측면을 지닌다. 그것은 타인의 자유로운 움직임을 방해한다. 인간이 뭔가를 한다는 것은 곧 타인에게 뭔가를 하는 것이다. 그것은 결국 육체와 관련을 맺게 되고 상처를 입히게 된다. 모든 행위는 곧 행위 가능성이다. 그래서 인간은 자신들의 대인 기피증을 완화하며 동시에 자신의 신체를 방어하기 위해 다양한 사회 형태를 고안했다.

─ 보기 ─

㉠ 사람들이 폭력을 경험했기 때문에 절대적 자유를 보장하는 사회를 건설할 수 있었다는 견해가 추가된다면, 이 글의 논지는 강화된다.

㉡ 고대 부족 사회에서는 개인 간의 상해 사건이 끊임없이 복수로 이어졌고 이를 막기 위해 혈연 집단 사이의 상호 보호 및 규약이 생겨났다면, 이 글의 논지는 강화된다.

㉢ 신체적 폭력이나 강압 없이 상호 이익과 신뢰를 바탕으로 형성된 사회가 사례로 추가된다면, 이 글의 논지는 약화된다.

① ㉡
② ㉠, ㉡
③ ㉡, ㉢
④ ㉠, ㉡, ㉢

03-04 다음 글을 읽고 물음에 답하시오.

'크로노토프'는 그리스어로 시간과 공간을 뜻하는 두 단어를 결합한 것으로, 시공간을 통합적으로 이해하기 위한 개념이다. 이러한 크로노토프 분석을 통해 여로형 소설의 특성을 보다 명확히 알 수 있다.

여로형 소설은 주인공이 일상 공간을 떠나 여행이나 유랑을 통해 사건을 경험하고, 그 속에서 성장하거나 변화하는 과정을 그린 소설 유형이다. 여로형 소설에는 두 종류의 위기적 시간이 존재한다. 하나는 인물의 일상 공간에서의 위기적 시간이며, 다른 하나는 인물의 여로 과정에서 드러나는 위기적 시간이다. 일상 공간에서의 위기적 시간이 일상적 시간에 의한 내면성의 상실 위기에서 비롯된 시간이라면, 여로의 과정에서의 위기적 시간은 모험적 시간에서 어떤 위기적 순간을 이겨내고 성장과 변화를 꾀하는 시간이다.

여로형 소설은 '일상적 시간'과 '내적 시간'의 이중적 시간 구조로 되어 있다. 일상적 시간은 인물의 일상 공간 위에서 이루어지는 시간으로, ㉠이 시간은 개인의 충동과 자유를 제한하고, 개인의 내면성을 인정하지 않는다. ㉡이 시간에 대항하는 것이 내적 시간이다. ㉢이 시간은 개인의 내면성과 관련이 있다. 일상 공간에서의 위기적 시간은 일상적 시간과 내적 시간의 충돌에서 발생한다. 일상에서의 인물은 소외되고 무력할 뿐만 아니라 공허감에 시달린다. 이러한 일상 공간을 인물이 떠나는 것은 자신의 내면성에 대한 절대적인 위기감에서 비롯되는데, 바로 그 순간이 일상에서의 위기적 시간이다. 즉 ㉣이 시간은 여로형 소설의 구성 요소인 인물의 떠남과 직접적인 관련이 있다. 여로형 소설에서 인물의 떠남 이후의 시간은 일상 공간을 벗어났으므로 모험의 시공간에 놓이게 된다. 모험에서 인물은 여로 공간에서의 위기적 시간을 대면하면서 정신적으로 성장하고 더 나은 존재로 변화한다.

03 이 글에 대한 이해로 적절하지 않은 것은?

① 여로형 소설의 주인공이 일상 공간을 떠나는 이유는 일상 공간에서의 위기적 시간과 관련이 있다.
② 여로형 소설에서 위기적 시간의 존재는 일상적 시간과 내적 시간이 나타나기 위한 전제이다.
③ 여로형 소설에서 위기적 시간을 겪은 주인공은 긍정적 방향으로 변모할 수 있다.
④ 여로형 소설의 주인공은 일상과 여로에서 위기적 시간을 겪는다.

04 ㉠~㉣ 중 문맥적 의미가 동일한 것을 모두 고르면?

① ㉠, ㉡
② ㉢, ㉣
③ ㉠, ㉡, ㉣
④ ㉡, ㉢, ㉣

05 다음 글에서 알 수 있는 '하이브리드 자동차'의 특징으로 가장 적절한 것은?

> 하이브리드 자동차는 차량 속도나 주행 상태 등에 따라 내연 기관 엔진과 전기 모터의 힘을 적절히 조절하여 에너지 효율을 높인다. 시동을 걸 때는 전기 모터만 사용하지만, 가속하거나 등판할 때처럼 많은 힘이 필요하면 전기 모터가 엔진을 보조하여 구동력을 높인다. 정속 주행은 속도에 따라 두 유형이 있는데, 저속 정속 주행할 때는 전기 모터만 작동하지만, 고속 정속 주행할 때는 엔진과 전기 모터가 함께 작동한다. 반면에 감속할 때는 연료 공급이 중단되어 엔진이 정지되고 전기 모터는 배터리를 충전한다. 또한 잠깐 정차할 때는 엔진이 자동으로 정지하여 차량의 공회전에 따른 불필요한 연료 소비와 배기가스 발생을 차단한다.
> 하이브리드 자동차는 기존의 내연 기관 자동차와 비교했을 때, 전기 모터 시스템이 추가로 내장되면서 차체가 무거워지고, 가격도 비싸진다는 단점이 있다. 또한 구조가 복잡해서 차량 정비에 어려움이 가중되고, 근본적으로 배기가스를 배출할 수밖에 없다는 한계가 있다. 하지만 동력 성능이 뛰어날 뿐만 아니라 연료 소비율이 낮아 배기가스도 적게 배출하여 환경 오염을 줄일 수 있다는 장점이 있다.

① 배기가스를 배출하지 않아 환경 오염을 줄일 수 있다.
② 기존의 내연 기관 자동차보다 정비하기가 쉽다.
③ 차량 속도나 주행 상태에 따라 전기 모터가 다르게 작동한다.
④ 엔진과 전기 모터가 함께 작동하여 구동력과 연료 소비율을 높인다.

06 ㉠~㉣을 가장 자연스럽게 배열한 것은?

> ㉠ 그러나 노동 시장에서 노동이라는 상품은 공급자 자신과 분리될 수 없기 때문에 노동의 수요와 공급자는 단순히 물건을 사고파는 것 이상의 인간적 관계를 맺게 된다.
> ㉡ 수요·공급에 있어서는 봉급, 부가 급여, 직업의 사회적 명예, 근무 환경, 직장의 평판 등 가격 이외의 비경제적 요소가 많은 영향을 미친다.
> ㉢ 생산물 시장에서 일반 재화는 구매자와 판매자 간에 완전한 이전이 가능하고, 수요와 공급자는 상대방이 누구인가에 대해 전혀 신경 쓸 필요 없이 오로지 그 재화 자체의 가격과 품질을 고려하여 수요·공급 의사를 결정한다.
> ㉣ 따라서 노동 시장은 가격의 변화에 따라 수요·공급이 유연성 있게 변화하지 않는 동시에 수요·공급의 불균형이 발생해도 가격의 조절 기능이 즉각적으로 작동하지 않는다.

① ㉡ - ㉠ - ㉢ - ㉣
② ㉡ - ㉢ - ㉣ - ㉠
③ ㉢ - ㉠ - ㉡ - ㉣
④ ㉢ - ㉡ - ㉠ - ㉣

07 다음 글에서 추론한 바로 적절하지 않은 것은?

> 우리 민족은 처마 끝의 곡선, 버선발의 곡선 등 직선보다는 곡선을 좋아했고, 그러한 곡선의 문화가 곳곳에 배어 있다. 이것은 민요의 경우도 마찬가지이다. 가령 서양 음악에서 '도'가 한 박이면 한 박, 두 박이면 두 박, 길든 짧든 같은 음이 곧게 지속(持續)되는데 우리 음악은 '시김새'에 의해 음을 곧게 내지 않고 흔들어 낸다. 시김새는 어떤 음높이의 주변에서 맴돌며 가락에 멋을 더하는 역할을 하는 장식음이다.
>
> 시김새는 음 본래의 음높이를 흐리게 만드는 요소도 갖고 있다. 이것은 '끌어올리는 소리', '끌어내리는 소리', '미끄러져 내리는 소리', '떠는 소리'를 말한다. 이런 음들은 음정적으로 규정(規定)하기 어려운 불분명한 음들이다. 이처럼 시김새는 불분명한 음높이를 가지고 있어 악보에 기록할 때 정확한 기록을 어렵게 한다. 그래서 일정한 음높이와 무관한 기호들로 기록되는 경우가 대부분이다. 이는 시김새의 즉흥성 때문이다. 시김새의 이러한 즉흥성은 우리 음악의 맛을 한층 더해 준다.
>
> 그러나 시김새의 진미(眞味)를 금방 알아채는 일은 쉽지 않다. 시김새의 맛을 알기 위한 좋은 방법은 입문자(入門者)의 음악과 노련(老鍊)한 음악가의 음악을 비교하거나 또는 동일 음악가의 녹음 자료를 시대별로 대비해 보는 것이다.

① 서양 음악과 달리 우리 음악의 음은 곧게 지속되지 않는다.
② 시김새는 우리 민족 고유의 문화적 특징을 반영한다.
③ 시김새의 음높이를 음표를 이용해 정확하게 표현하기는 힘들다.
④ 입문자와 노련한 음악가는 유사한 시김새를 연주할 수 있다.

08-09 다음 글을 읽고 물음에 답하시오.

　이성을 감정과 대립적이며 우월한 것으로 보는 관점은 서구의 합리적 인간관에서 비롯되었다. 가령 합리론자인 데카르트는 인간의 이성을 모든 과학적 인식과 지식의 근원이자 인간 존재의 전반을 규정하는 근거로 보았다. 이러한 합리적 인간관에서는 인간의 사고가 기본적으로 논리적 구조에 맞게 진행된다고 본다. 다만 사람들은 논리 규칙과 확률적 규칙에 의거한 사고를 실제 행동으로 수행할 때에 비합리성을 보일 수 있는데, 이는 ㉠ 이들의 사고 능력 문제가 아니라 행동 수행의 오류라고 본다. 즉 인간의 비합리성은 인간의 사고 능력 결함이 아니라 감정이나 그 밖의 요인들에 의해 발생하는 행동적 오류에 불과하다고 보는 것이다.
　그러나 1950년대 이후 사이먼 등은 인간들이 의사 결정 과정에서 모든 가능성을 고려하지 않고 단순화된 방법으로 판단하는 것을 발견했으며 이를 제한된 합리성으로 개념화했다. 제한된 합리성 관점은 인간을 완벽한 이성을 지닌 것이 아니라 일부 조건에서만 합리성을 보이는 존재로 본다.
　그러나 이러한 시각은 기본적으로 인간의 합리성을 인정한다는 점에서 전통적 합리적 인간관에 대한 수정안에 지나지 않는다. 즉 ㉡ 이들 관점은 인간의 이성이 기본적으로 논리적 합리성에 따라 사고할 수 있는 체계로 구성되어 있지만, ㉢ 이들의 내외적 제약에 의해 그러한 기능이 올바르게 수행되지 못한다고 설명한다는 점에서 공통적이다. 그러나 최근의 뇌 과학자들의 연구에 따르면, 인간이 합리적이고 논리적인 방법이 아니라 과거 경험을 통해 저장된 주관적 기억과 감정에 따라 사고하고 행동한다고 보고한다. 또한 ㉣ 이들은 연구 결과에 따라 인간의 이성이 합리적이며 감정은 비합리적이라는 전통적 관점에 강한 의문을 제기하였다.

08 이 글에 대한 이해로 적절하지 않은 것은?

① 사이먼의 주장은 합리적 인간관을 바탕으로 한다.
② 데카르트는 인간이 비합리적으로 행동할 수 있다는 데 동의한다.
③ 사이먼의 제한된 합리성은 이성의 합리성과 감정의 합리성을 모두 인정한다.
④ 뇌 과학자들은 이성이 감정보다 우월하다는 합리적 인간관에 동의하지 않는다.

09 문맥상 ㉠~㉣ 중 지시 대상이 같은 것만으로 묶인 것은?

① ㉠, ㉢
② ㉡, ㉣
③ ㉠, ㉡, ㉢
④ ㉡, ㉢, ㉣

10 갑~병의 견해에 대한 평가로 적절한 것만을 〈보기〉에서 모두 고른 것은?

> 갑: 법은 실제로 사람들에 의해 잘 지켜지고 또 법을 지키지 않는 사람이 제재될 경우에만 효력이 있다. 부동산의 명의 신탁을 금지하는 법 규정이 있지만, 명의 신탁이 흔할 뿐 아니라 제재도 제대로 이루어지지 않는다면 그러한 법 규정은 있으나 마나 한 것이다.
>
> 을: 법이란 일단 정해진 절차에 따라 제정되고 공포되면, 실제로 지켜지고 있는지, 또 지켜지지 않는 데에 대하여 처벌이 이루어지는지 여부와는 무관하게 효력이 있다. 예컨대 낙태를 처벌하는 법 규정은, 실제로 지켜지지 않고 처벌 사례도 거의 없다 할지라도 효력을 갖는다.
>
> 병: 법이 정해진 절차에 따라 제정되고 공포되었다고 하여 무조건 효력이 있는 것은 아니다. 법은 법이 추구해야 할 이념 내지 가치를 구현할 경우에만 효력이 있다. 진정한 법은 올바른 법이다. 가령 합리적인 이유 없이 장애인을 차별하게 되는 법률은 효력이 없다.

─〈보기〉─
㉠ 법의 효력을 위해서는 법의 이행이 필요하다는 데에 갑과 을의 견해는 양립하지 않는다.
㉡ 법은 올바른 이념이나 가치를 구현해야만 효력을 지닌다는 데에 갑과 병의 견해는 일치한다.
㉢ 정해진 절차에 따라 제정되고 공포되는 법은 모두 효력을 지닌다는 데에 을과 병의 견해는 대립한다.

① ㉡
② ㉠, ㉢
③ ㉡, ㉢
④ ㉠, ㉡, ㉢

MEMO

MEMO

가장 많은 수험생들이 선택하는 공무원 국어 1위
선재국어

쉽고 빠르게 익히는
국어 독해 기술

2026 선재국어

쉽고 빠르게 익히는 국어 독해 기술

수비니겨 독해

이선재·선재국어연구소 편저

정답과 해설

PART 1 빠르고 정확하게 읽는 방법

01 주요 정보 파악하기

유형 탐구

01 ①
출전: 고등학교 《경제》 교과서, 천재교육
해설: 효율 임금 이론에 대해 설명한 글이다. 이에 따르면 임금의 크기가 생산성의 결정 요인이 된다. 따라서 '임금의 크기가 노동의 질을 결정한다'가 제시문의 중심 내용으로 가장 적절하다.
오답 풀이: ② '효율 임금 이론'과 배치되는, 전통적인 경제학의 관점이다.
③ 제시문의 범위를 벗어난, 지나치게 포괄적인 내용이므로 적절하지 않다.
④ 앞부분에 부분적으로 제시된 내용일 뿐이다.

02 ④
출전: 전승민, 〈친환경 시대, 수소 에너지의 역할〉, 《아시아경제》(2023. 2. 28.), 수정
해설: 2문단에 핵심 논지가 잘 나타난다. 즉 다양한 장점이 있는 수소를 활용해 화석 연료 시대 이후의 새로운 시대를 대비해야 한다는 것이 제시문의 핵심 논지이다.
오답 풀이: ①·③ 2문단의 '수소는 이제 피할 수 없는 선택'이라는 내용으로 보아, 수소 외의 다른 친환경 에너지를 개발해야 한다거나 화석 연료와 수소 중 하나를 택해야 한다는 내용은 핵심 논지로 적절하지 않다.
② 1문단의, 엄밀하게 수소는 친환경 에너지라고 구분하지 않는다는 내용과 배치된다.

03 ①
해설: 핵심 내용은 2문단에 나와 있다. 즉, 원칙을 혼동하여 합리적으로 처리해야 할 일을 힘이나 감정으로 해결한다면 인간성을 비하시키는 결과를 초래할 수 있다는 것이 이 글의 주제이다.
오답 풀이: ②·④ 마지막의 "합리적으로 처리해야 할 ~ 인간성을 비하시키는 결과를 ~ 야수의 위치로 전락시키는 일인 것이다."에서 추론할 수 있는 내용이지만, 제시문의 일부 내용일 뿐이다.
③ 주제를 이끌어 내기 위한 전제로 볼 수 있다.

04 ②
출전: 미셸 푸코, 《감시와 처벌》
해설: 2문단에 따르면, 원형 감옥에 있는 죄수들은 감시자의 관찰에 노출되지만, 감시하는 사람들을 볼 수 없기 때문에 항상 감시당하고 있다고 생각하여 모든 규칙을 스스로 지키게 된다. 따라서 '원형 감옥은 타자와 자신, 양자에 의한 이중 통제 장치'라는 것이 원형 감옥의 감시 메커니즘을 핵심적으로 표현한 것이다.
오답 풀이: ③ 피관찰자 스스로의 통제 장치라는 내용이 빠져 있다. 또한 원형 감옥이 관찰자를 신의 전지전능한 위치로 격상하는 세속적 힘을 부여한다는 내용은 나오지 않는다.
④ 관찰자의 감시에 대한 내용이 빠져 있어 적절하지 않다.

02 주요 정보 요약하기 : 구조화 10개념

유형 탐구

01 ②
해설: 앞에서 체온 조절을 위해 열을 획득하는 방식과 체온의 안정성을 기준으로 동물을 구분하는 방식에 대해 설명한 뒤, 이 두 방식 사이에는 어떤 상관관계도 없다고 결론 내리고 있다. 따라서 '체온 조절을 위한 열 획득 방식과 체온의 안정성은 동물을 분류하는 서로 다른 기준이다'가 중심 내용으로 가장 적절하다.
오답 풀이: ① 제시문의 내용과 배치된다.
③·④ 동물 구분의 두 방식 중 무엇이 더 모호하고 적합한지에 대한 내용은 제시문에 나오지 않는다.

02 ②
출전: 한철우 외, 고등학교 《국어 Ⅱ》 교과서, 비상교육, 수정
해설: 사람이 사물을 볼 때, 대상 물체가 무엇인지 인식하는 과정에서 눈의 각 구성 요소들이 하는 역할과 그 과정을 자세히 설명한 글이다. 따라서 '눈을 통해 물체를 인식하는 과정'이 주제로 가장 적절하다.
오답 풀이: ① 물체를 식별할 때 물체에서 반사된 빛이 눈을 통과하며 뇌가 이를 인식하게 되는 과정이 설명되어 있지만, 빛의 역할 자체에 초점이 맞추어진 것은 아니므로 이를 주제로 보기는 어렵다.
③ 망막 세포에서 만들어진 전기 신호가 시신경을 통해 뇌로 전달된다는 내용이 있지만, 눈을 통해 물체를 인식하는 과정의 하나로 제시된 것이므로 '전기 신호의 특징'을 주제로 보기는 어렵다.

03 ④
출전: 탁석산, 《한국의 정체성》
해설: 글쓴이는 '대중성이 정체성 판단의 기준이 되어야 한다'라는 사실을 전제로 하여, 한국의 문화 중 옛것이든 현재의 것이든 공정한 경쟁을 통해 대중성을 확보한 것이 한국의 지배적인 문화(한국적인 것, 한국의 정체성을 담고 있는 것)가 된다고 주장하고 있다. 따라서 공정한 경쟁을 통해 대중성을 확보한 문화가 한국의 정체성을 탐구하는 대상이 되어야 한다는 것이 중심 내용으로 가장 적절하다.
오답 풀이: ① 판소리가 대중성을 확보하도록 후원해야 한다는 내용은 나오지 않는다. 글쓴이는 옛 문화인 판소리와 현대의 문화가 대중성 확보를 두고 공정하게 경쟁할 수 있도록 국가나 공공 기관에서 후원해야 한다고 하였다.
② 제시문에 나오지 않는 내용이다. 옛것을 발굴하여 소개하는 것은 지금의 문화를 풍요롭게 한다는 내용만 나온다.
③ 잃어버린 우리의 옛것을 찾아 소개하는 일은 바람직하지만 그것으로 충분하다고 했으므로, 옛 문화를 통해 한국 문화의 정체성을 탐구해야 한다는 주장으로까지 연결되지는 않는다.

01

❶ 한글의 특성
❷ 프레임의 정의와 기능
❸ 비극을 감상하는 이유 / 비극의 효용성
❹ 법의학의 기능과 역할
❺ 민요의 개념과 종류
❻ 언어 오염의 악영향, 폐해
❼ 화폐 거래 시스템의 형성 배경
❽ 디지털 콘텐츠의 의의
❾ 빈부 격차 심화 현상의 원인
❿ 한나라에서 도가 사상이 후퇴한 이유

02

❶ 중국의 역사 개념의 다층성
❷ 한국의 국민적 정체성의 형성 방식
❸ 미래 사회 조직의 원리 변화
❹ 노동에 대한 비판적 견해
❺ 언어의 출현에 따른 두뇌 기능의 변화
❻ 생산물 시장과 다른, 노동 시장의 특징
❼ 전자 주택의 발전에 따른 부수적 효과 / 전자 주택의 발전에 따른 변화(결과)
❽ 몽타주의 개념과 구성(재현) 원리

03

❶ 현실의 상황을 고려해 볼 때, 국민 국가의 수준을 넘어서야 한다는 세계화의 문제의식은 의미가 있다.
❷ 동물의 지각 행동은 문제 해결을 위한 창의적인 행동이다.
❸ 불의 사용은 인류 문명이 진보하는 데 결정적인 역할을 했다.
❹ 덴마크는 트랜스 지방을 엄격히 규제하고 있다.
❺ 인종 간 피부색의 차이는 서로 다른 기후에서 기인한 것이다.

03 선택지 구성 방식

연습하기

01 ○ 김병연은 할아버지인 김익순이 대역죄로 사형당한 뒤, 그의 후손이라는 이유로 당대의 주류 세력과 관계를 맺지 못하게 되었다는 내용에서 알 수 있다.

02 × 긍정과 부정을 바꾸어서 선택지를 구성한 경우이다. 즉 '한옥에서 창과 문은 그 크기와 형태가 비슷해서 구별하지 않는 경우가 많다'를 반대로 진술한 것이다.

03 × 반의적인 어휘를 사용하여 선택지를 구성한 경우이다. 《여씨춘추》에서는 음악이 우주 자연의 근원에서 비롯되어 자연에서 생겨나지만 조화로운 소리는 인위적 과정을 거쳐야 한다고 보았다. 이를 자연 그대로의 소리를 좋은 음악이라고 보았다고 반대로 진술한 것이다.

04 × '영어 공용화 국가는 모두 다민족 다언어 국가'라는 진술과 어긋나는 내용이다. 즉 영어 공용화 국가 중 단일 민족 단일 모국어 국가는 존재할 수 없다.

05 × '대규모 군사력의 운용으로 국가의 재정 수요가 증대'하여 대동법을 운영하였고, 이 때문에 재정권의 중앙 집중화가 시도되었다는 내용이다. 그런데 이를 인과 관계를 뒤바꾸어 결과가 원인이 되어 원인이 발생했다는 식으로 표현한 것이다.

06 × 사건이 일어난 순서대로 배열하면 'A: 정밀하고 복잡한 구조나 지시 체계가 소리(말) 속에서 발전함 → B: 쓰기에 의해 소리(말)가 기록됨 → C: (이로 인해) 훨씬 더 정교한 구조나 지시 체계가 산출됨'이다. 그런데 A → B의 선후 관계를 뒤바꾸어 B → A로 선택지를 구성한 것이다.

07 × 점술사는 신라가 발전할 것이라고 예언을 했지만, 신라의 발전을 의도하고 예언을 했다는 내용은 제시문에 나오지 않는다.

08 ○ 유럽 연합에서의 공용어 개념은, 10개가 넘는 공용어를 다 배울 필요는 없고, 그중 하나만 알아도 공식 업무상 불편이 없게끔 한다는 것이다. 이를 달리 말하면, 유럽 연합이 복수의 공용어를 지정하여 그중 하나만 알아도 공무를 집행할 수 있도록 편의를 도모했다고 할 수 있다.

09 ○ 과거에 예술 작품은 상층 사람만이 제한된 장소에서 감상하는 것이었다. 그러나 사진기와 같은 새로운 기술의 발명으로 대중도 예술 작품을 공유할 수 있게 되면서, 대중은 예술 작품을 능동적으로 소비하고 실용적으로 사용하게 되었다는 데서 알 수 있다.

10 ○ 동양의 인식에 의하면, 용은 네 발이 있지만 땅에서 걷는 일이 없고, 육지 사람들은 용이 하늘 위 구름 속에서 지낸다고 믿었다는 내용이다. 따라서 이를 종합해 볼 때, 육지 농부들은 용이 구름 속에 살며 네 발을 지녔다고 인식했을 것이다.

11 × 조선 시대의 상황과 서양의 상황을 섞어서 선택지를 구성한 경우이다. 즉 조선에서는 국가가 금속 활자를 독점했다는 내용과, 서양의 인쇄술은 상업적 목적으로 민간의 필요에 의해 제작되었다는 내용을 혼용하여 '조선에서는 국가가 상업적 이익을 독점하기 위하여 금속 활자로 인쇄하였다'라는 오답 선택지를 구성한 것이다. 이와 같이 멀리 떨어져 있는 정보들을 혼용하면 문제의 난도가 올라가게 된다.

12 × 중국에서 차용한 한자로 된 수학·과학 용어는 그 뜻을 파악하기 어려운 경우가 많고, 한자로는 다르지만 한글로는 같이 발음되는 용어가 있어 혼란을 초래할 수 있다고 그 문제점을 지적하고 있다. 하지만 중국에서 차용한 용어가 '다의적'으로 사용되기 때문에 어려움을 초래한다는 내용은 제시문에 나오지 않는다.

13 × 경제학에서 사용하는 숫자가 객관성이 부족하다거나, 실제 경제를 이해하는 데 도움이 되지 않는다는 내용은

제시문에 나오지 않는다.
14 ✕ 한문이 한국어 문장보다 문장 성분이 복잡하다는 것을 추론할 수 있는 내용은 제시문에 나오지 않는다.
15 ○ 한자는 문맥에 따라 같은 글자가 다른 뜻으로 쓰이지는 않지만(동음이의어가 아니지만) 다른 문장 성분으로 사용되기도 한다고 했다. 따라서 '愛人'에서 '愛'가 동음이의어는 아니지만 '愛'의 문장 성분이 바뀔 수는 있는 것이다.

유형 탐구

01 ②

해설 마지막 문단의, 이집트 종교는 수직적이고 이원적인 정신성에 토대를 두고 있는데 이러한 정신성은 이집트의 이상주의적 미술로 표현된다는 내용에서 추론할 수 있다.

오답 풀이 ① 2문단에 따르면, 이집트 벽화에서는 존재하는 자를 불변의 양식으로, 행위하는 자를 실제 모습 그대로 그렸다. 이를 통해 이집트 벽화에서는 존재와 행위를 서로 다른 가치로 표현했다고 추론할 수 있다.
③ 마지막 문단에 따르면, 이집트의 이상주의적 미술에서는 같은 인간을 위계에 따라 달리 표현하였다. 즉 이집트의 이상주의적 미술에서는 평범한 사람들과 고귀한 존재들 모두를 표현한 것이다.
④ 1문단에 따르면, 이집트인들은 존재하는 자의 신체를 여러 시점으로 나누어 그리고, 일반인들은 사실적으로 그렸는데, 이는 이집트 미술이 특정한 이데올로기를 통해 양식화되어 있었기 때문이다. ④는 이의 인과 관계를 반대로 말한 것이다.

02 ①

해설 1문단에 따르면, 언어의 형식적 요소에는 '음운', '형태', '통사'가 있으며 언어의 내용적 요소에는 '의미'가 있다. 따라서 '언어는 형식적 요소가 내용적 요소보다 다양하다'는 것이 적절한 이해이다.

오답 풀이 ② 2문단에 따르면, 언어 각각의 탐구에 해당하는 음운론, 문법론, 의미론은 서로 관련된다. 따라서 언어의 형태 탐구인 형태론과 의미 탐구인 의미론은 서로 관련된다.
③·④ 의사소통의 첫 단계는 화자의 발신이다. 2문단에 따르면, 화자의 측면에서 언어를 발신하는 경우에는 의미론에서 문법론을 거쳐 음운론의 방향으로 작용하므로, 언어의 의미를 형식으로 전환하는 것이다. 청자의 측면에서 언어를 수신하는 경우에는 반대의 방향으로 작용한다. 이때 문법론(형태론 및 통사론 포괄)을 거치므로, 언어를 발신하고 수신하는 과정에서 통사론도 활용된다.

03 ③

해설 3~마지막 문단에 따르면, 《훈민정음해례》는 집현전 학사들이 주도해 편찬한 것으로, 그들이 합의한 현실적인 표기 방식을 따랐다. 즉 소리와 문자가 일대일로 대응되는 표기 방식을 따랐다. 또한 《석보상절》은 수양 대군이 편찬한 것으로, 그는 집현전 학사들의 견해를 따랐다. 따라서 《훈민정음해례》와 《석보상절》은 모두 소리와 문자가 일대일로 대응하는 표기 방식을 따랐을 것이다.

오답 풀이 ① 2문단에 따르면, 세종은 형태를 중시하는 표기 방식을 지향했는데, 이는 《월인천강지곡》의 표기 방식을 통해서도 유추할 수 있다. 따라서 《월인천강지곡》에는 형태를 중시하는 표기 방식이 반영되었을 것이다.
② 1문단의, 〈용비어천가〉가 《훈민정음해례》에 뒤이어 간행되었다는 내용에서 알 수 있다.
④ 2~3문단의, 〈용비어천가〉는 집현전 학사들이 편찬과 주해를 담당해 간행했고, 《훈민정음해례》는 집현전 학사들이 주도해 편찬했다는 내용에서 알 수 있다.

04 ④

해설 마지막 문단에 따르면, 대부분의 '백포도주'는 시간이 지날수록 품질이 떨어지고, 일부 '고급 적포도주'만이 병에 담겨 코르크 마개를 끼워 보관될 경우에만 보관 기간에 비례하여 품질이 개선된다. 따라서 '고급 백포도주'는 보관 기간에 비례하여 품질이 떨어질 것이므로 품질이 개선되지 않는다는 추론은 적절하다.

오답 풀이 ① 3문단에 따르면, 고급 포도주의 주요 생산지는 너무 덥지도 않고 너무 춥지도 않은 곳이다. 그러나 너무 더운 지역의 포도를 잘 활용하면 고급 포도주를 만들 수 있으며, 달콤한 백포도주의 경우 뜨거운 여름 날씨가 지속하는 곳에서 명품이 만들어진다. 따라서 고급 포도주가 모두 너무 덥지도 춥지도 않은 곳에서 재배된 포도로 만들어지는 것은 아니다.
② 2문단에 따르면, 포도 재배의 북방 한계는 이탈리아 정도였다. 그러나 한계가 상당히 북쪽으로 올라가서, 대서양의 루아르강 하구로부터 크림반도와 조지아를 잇는 선이 북방 한계선이 되었다. 따라서 루아르강 하구로부터 크림반도와 조지아를 잇는 선은 이탈리아보다 남쪽이 아니라, 북쪽에 있을 것이다.
③ 1문단에 따르면, 일상적으로 마시는 식사용 포도주로는 저렴한 포도주가 쓰이며, 술이 약한 사람들은 여기에 물을 섞어 마시기도 한다. 즉 고급 포도주가 아니라 저렴한 포도주에 물을 섞어 마신 것이다.

05 ②

해설 '기술적 한계'를 서술하는 내용은 나오지 않는다. 제시문에서 인간의 생물학적 한계를 추론할 수는 있어도 기술적 한계에 대한 내용을 추론할 수는 없다.
또한 '포스트휴먼'은 신체를 버린 업로드의 형태일 수 있으며, 현재의 기준으로는 더 이상 인간이라 부를 수 없는 존재이다. 마지막 문단에 생물학적 인간에 기술적 변형을 가하면 포스트휴먼 개념을 적용할 수 있다고 서술되어 있지만 이는 포스트휴먼의 일부 유형을 설명하는 것이지, 이것이 포스트휴먼 개념의 궁극적인 결과(귀결)가 되는 것은 아니다. 포스트휴먼은 인간의 신체를 완전히 이탈한 인공 지능이나 슈퍼컴퓨터의 업로드 형태 등으로도 구현이 가능하기 때문이다. 따라서 '포스트휴먼'이 기술적 한계를 극복한 존재이며, 이 개념은 결국 신체적 결함을 보완하여 기술적 한계를 극복한 새로운 인간형 탄생에 귀결된다는 ②의 추론은 적절하지 않다.

오답 풀이 ① 마지막 문단에 따르면, 포스트휴먼은 인공 지능 또는 업로드의 형태나, 생물학적 인간에 다양한 과학 기술을 이용해 기술적 변형을 가한 것이다. 따라서 포스트휴먼 개념에 따라 제시되는 미래의 존재는 현재의 인간에 비해 과학 기술의 발전에 따른 영향을 더 많이 받을 것임을 추론할 수 있다.

③ 2문단에 따르면, 포스트휴먼은 현재 상태의 인간이 가진 능력을 뛰어넘는 존재일 것임을 알 수 있다. 그러나 이러한 존재가 어떤 존재일지 지금은 정확하게 상상하기 어렵다는 내용으로 보아, 그 형태가 어떠할지에 대해서는 다양한 가능성이 존재할 수 있다.
④ 1문단의, '포스트휴먼'은 그 기본적인 능력이 근본적으로 현재의 인간을 넘어서기 때문에 현재의 기준으로는 더 이상 인간이라 부를 수 없는 존재라는 내용에서 추론할 수 있다.

01 ✕
최근 A 시에서 운영한 청소년 의회 교실은 '의원 선서 - 자유 발언 - 조례안 상정 - 찬반 토론 - 전자 투표'의 순서로 진행되었다. 따라서 '자유 발언'과 '조례안 상정'의 순서가 바뀐 것이다.

• 선택지 구성 방식 **선후 관계 오류**

02
❶ ○ 〈아동 권리에 관한 제네바 선언〉에는 아동은 정상적인 발달을 위해 필요한 조건이 충족되어야 한다는 내용이 포함되어 있다. 또한 〈아동 권리 협약〉과 이를 토대로 만들어진 〈아동 권리 헌장〉도 '생존과 발달의 권리'라는 원칙을 포함하고 있다. 따라서 세 가지 모두 아동의 발달에 대한 내용을 포함하고 있는 것이다.

• 선택지 구성 방식 **혼용**

❷ ✕ 〈아동 권리에 관한 제네바 선언〉에서 아동은 보호의 객체로 인식되었을 뿐 생존, 보호, 발달을 위한 적극적인 권리의 주체로 인식되지 않았다.

• 선택지 구성 방식 **반대 진술**

03
❶ ✕ 알파벳 언어에서 철자 읽기의 명료성의 수준은 표기 체계, 즉 한 글자에 대응되는 소리가 규칙적인지의 여부에 따라 달라진다. 따라서 알파벳 언어에서 철자 읽기의 명료성을 판단하는 기준이, 각 소리가 지닌 특성은 아니다. 알파벳 언어의 철자 읽기가 소리와 표기의 대응과 관련된다는 설명은 적절하다.

• 선택지 구성 방식 **그대로 + 치환**

❷ ○ 스페인어는 철자 읽기의 명료성이 높다. 그러나 영어는 묵음과 같은 예외도 많은 편이고 글자에 대응하는 소리도 매우 다양하다. 즉 영어는 음운 처리 규칙에 적용되지 않는 예외들이 많아서 스페인어에 비해 소리와 글자의 대응이 덜 규칙적이다.

• 선택지 구성 방식 **그대로 + 혼용**

04 ○
갈퀴발도마뱀이 모래 속에 몸을 묻고 움직이지 않는 것은 먹이를 사냥할 기운을 얻고 포식자로부터의 위협에서 벗어나기 위한 것이라는 내용에서 알 수 있다.

• 선택지 구성 방식 **치환**

05 ✕
'인류가 황금 분할의 개념을 인식함 → 피라미드 건설 → 황금 분할의 개념을 그리스에 전달함 → 에우독소스가 '황금 분할'이라는 명칭을 붙임'의 순서이므로 에우독소스가 황금 분할의 개념을 처음으로 인식한 사람은 아니다.

• 선택지 구성 방식 **선후 관계 오류**

06 ✕
보는 놀이는 머리를 비게 하지만 책의 문화는 바로 읽는 일과 직결되며, 생각하는 사회를 만드는 지름길이 된다. 따라서 생각하는 사회는 보는 문화가 아니라 읽는 문화가 만들어 가는 것이다.

• 선택지 구성 방식 **반대 진술**

07 ✕
출전 〈세책가(貰冊家)〉, 《국어국문학자료사전》, 수정
세책료 산정의 기준이 된 것은 빌리는 책의 권수와 빌리는 기간(날짜)이었다. 놋그릇, 가구 등은 책을 빌리는 사람이 맡긴 담보이다.

• 선택지 구성 방식 **혼용**

08 ✕
출전 주광렬, 〈왜 생태계는 잘 보존되어야 하는가〉
식물의 호흡 작용 후 탄산 가스가 생성된다. 하지만 탄산 가스는 식물의 광합성에 필요한 원료이지, 광합성 후 만들어진 생성물은 아니다.

• 선택지 구성 방식 **혼용 + 원인과 결과**

09 ✕
출전 칼 세이건, 《코스모스》, 수정
뉴턴은 당시 발견된 목성의 달을 이용해 목성의 중력을 확인했다. 따라서 뉴턴의 중력 법칙은 목성의 달이 발견된 이후에 나타난 것이다.

• 선택지 구성 방식 **선후 관계 오류**

10 ✕
출전 주경철, 〈팬데믹의 역사에서 얻는 교훈〉
비대면 수업이나 회의 같은 것들은 팬데믹으로 인해 이전에 없던 것들이 새롭게 창조된 것이 아니라, 대개는 이전부터 준비됐던 것들이다.

• 선택지 구성 방식 **반대 진술**

11 ○
출전 2000학년도 대학수학능력시험
콰큐틀 인디언이 행하는 '포틀래치 축제'는 자연 자원이 풍부하고 사회적 신분이 고정되어 있지 않다는 조건을 배경으로 한 것이다. 따라서 '포틀래치 축제'는 콰큐틀 인디언의 사회 경제적 조건에 기초하여 발달된 문화인 것이다.

• 선택지 구성 방식 **치환**

12 ✕
출전 홍윤기 외, 고등학교 《철학》 교과서, 천재교육
이차적인 성질은 일차적인 성질에서 단순히 파생된 것이다. 그러나 양적으로 측정될 수 있는 크기, 무게 등은 이차적인 성질이 아니라 일차적인 성질을 의미한다.

• 선택지 구성 방식 **혼용**

13 ✕
출전 2022학년도 한국외국어대학교 수시 논술(사회계열)
A 사는 챗봇 시스템을 통해 직원에 대한 정보를 수집하여 직원들의 업

무 효과성을 높일 수 있었다. 그러나 챗봇이 개인적인 질문까지 하면서 정보를 수집하자 직원들은 회사를 떠나고 기업 실적은 향상되지 못한다. 즉 A 사의 챗봇 시스템의 사례는, 직원들과 관련된 데이터를 과도하게 수집하면 직원의 업무 효과성을 높이는 데에 긍정적인 영향을 끼치지 못한다는 사실을 뒷받침한다.

선택지 구성 방식 치환 + 반대 진술

14 ×
출전 〈야간 조명, 생명체의 일주기 리듬을 파괴하다〉, 《월간유레카》 461호

보리는 밤보다 낮이 길어야 꽃을 피우는 식물로, 인공조명은 보리가 꽃 피는 시기를 앞당겨 추수량에 영향을 미친다. 반면 들깨는 밤이 낮보다 길어야 꽃을 피우는데, 인공조명은 들깨가 낮이 길어졌다고 착각을 하게 해서 꽃이 피는 시기를 늦춘다.

선택지 구성 방식 혼용 + 반대 진술

15 ×
출전 2017학년도 한국외국어대학교 수시 논술

정보 사회의 문제점으로 '정보 격차의 문제'와 '정보의 오남용으로 인한 사용자의 윤리 부족 문제'를 제시하고 있다. 그런데 '정보에 관한 사용자의 낮은 윤리 의식 개선'은 정보 격차의 문제 해결과 무관하다. '사용자의 낮은 윤리 의식 개선'은 정보 사회의 두 번째 문제점인 '정보의 오남용으로 인한 사용자의 윤리 부족 문제'를 해결하는 방안에 해당한다.

선택지 구성 방식 원인과 결과 + 혼용

16 ○
출전 오민수, 〈인간 뇌와 인공 지능의 차이, 모라벡의 역설〉

인간의 운동·감각 능력은 오랜 시간 진화를 거쳐 형성됐으므로 이를 인공 지능으로 구현하기란 매우 어렵다. 즉 인공 지능이 아직까지 인간의 운동·감각 능력을 따라오지 못하는 원인으로 인간의 진화를 들 수 있는 것이다.

선택지 구성 방식 그대로

17 ×
출전 레이첼 카슨, 《침묵의 봄》

디디티는 소화 기관이나 폐를 통해 천천히 흡수되는 물질이다. 그러나 디디티는 피부 속으로 스며들지 않는 분말 형태이므로 피부를 통해 신체에 흡수되지 않는다.

선택지 구성 방식 혼용 + 반대 진술

PART 2 제시문의 구조 분석

04 이항 대립형·대비 구조

연습하기

01 × 1문단의, 미국의 어머니는 말하는 사람의 입장을 강조한다는 내용과, 2문단의, 일본의 어머니는 듣는 사람의 입장에서 말할 것을 강조한다는 내용과 배치된다.

02 ○ 1문단의, 미국의 아이들은 어머니에게 스스로 독립적인 행동을 하도록 교육받는다는 내용과, 2문단의, 일본의 아이들은 어머니에게 다른 사람들의 감정을 미리 예측하도록 교육받는다는 내용에서 알 수 있다.

유형 탐구

01 ④

해설 영웅 소설은 천상계의 의지나 그 대리자의 개입에 의해 지상의 혼란이나 세계 질서의 모순이 해소된다. 반면 판소리계 소설은 초월적 세계가 지배적 장치로 나타나는 경우가 극히 드물며, 현실의 고난과 불행이 현실적 삶의 인과에 따라 전개된다. ④는 이러한 설명을 뒤바꾼 것이므로 적절하지 않다.

오답 풀이 ① 1문단의, 영웅 소설은 지상의 혼란이나 세계 질서의 모순이 초월적 세계가 이미 설계한 바에 따라 쉽사리 해소되는 이원적 세계상을 보여 준다는 내용에서 알 수 있다.
② 2문단의, "판소리계 소설에는 ~ 현실의 경험적 인과 관계에 의해 서사가 전개된다"에서 알 수 있다.
③ '천상계의 대리자가 지상계의 서사를 결정하는 작품'은 천상계와 지상계가 나누어진 영웅 소설을 의미한다. 영웅 소설은 이원적 세계상이 나타난다.

02 ②

출전 박석준, 〈다문화 가정 중도 입국 자녀 대상 한국어 교육 의제 문제〉

해설 ⓒ 뒤에, '반면에'라는 표현과 함께 조선족 자녀에게 외래어 교육은 필요하지만 한자어 교육은 비중이 클 필요가 없다는 내용이 나온다. ⓒ을 수정할 경우, 북한 이탈 주민 자녀의 어휘 교육과 조선족 자녀의 어휘 교육 내용의 차이점이 없어지게 된다. 따라서 ⓒ은 그대로 두어야 한다.

오답 풀이 ① 학교생활 한국어와 학습 한국어 교육이 필요한 점에서는 다르지 않다는 문맥이므로 ㉠은 '북한 이탈 주민 자녀와 차이가 없다'로 수정해야 자연스럽다.
③ ⓒ 앞의 조선족 자녀에게 한자어 교육은 비중이 클 필요가 없다는 내용으로 보아 ⓒ은 (한자어에 대한 이해가) '충분하기 때문이다'로 수정해야 자연스럽다.
④ ㉣ 앞의 북한 이탈 주민 자녀와 조선족 자녀의 한국에 대한 지식적, 정서적 스키마가 다르다는 내용으로 보아 ㉣은 '결코 같지 않다는

점을'로 수정해야 자연스럽다.

05 비교와 유추 구조

연습하기

01 ○ 실제 생활은 허구의 세계를 구축하는 데 필요한 재료가 되지만, 이 재료들이 일단 문학 구조의 구성 분자가 되면 그 본래의 성질과 모습이 확연히 달라진다는 내용에서 알 수 있다.

유형 탐구

01 ④
해설 빈칸에는 〈동명왕 신화〉와 〈감자〉의 공통적인 특징이 들어가야 한다. 〈동명왕 신화〉와 〈감자〉는 인물, 사건, 환경의 상호 관계 속에서 신화시대, 식민지 시대의 모습을 형상화한다는 공통점을 갖는다. 따라서 '특정한 시대의 삶의 모습을 담은 이야기'가 빈칸에 들어갈 내용으로 가장 적절하다.

오답 풀이 ① 〈동명왕 신화〉와 〈감자〉에 인물과 사건이 나타나는 것은 맞지만, '사건'을 강조하는지는 알 수 없다. 인물, 사건, 환경이 상호 작용한다는 사실만 알 수 있다.
② 〈동명왕 신화〉에만 해당하는 내용이다. 〈감자〉는 궁핍한 환경에서 타락하고 몰락한 복녀의 이야기를 다루므로 시련을 극복한 인물로 볼 수 없다.
③ 〈동명왕 신화〉와 〈감자〉는 모두 서사 문학인데, 전자는 '하강 – 상승의 구조'가 나타나고, 후자는 '하강적 구조'가 나타난다. 서사 문학에 '하강과 상승을 반복하는 구조'가 나타나는지는 알 수 없다.

02 ①
해설 글쓴이는 유추의 방식으로 암묵적 지식 등 개인적이고 인격적 성격을 띤 지식의 중요성을 강조하고 있다. 따라서 '드러나지 않은 다양한 지식의 가치'가 제시문에서 말하고자 하는 바로 가장 적절하다.

오답 풀이 ③·④ '과학적 지식의 객관성', '완전한 검증을 거친 지식' 등은 글쓴이가 회의하고 있는 대상이다. 따라서 이들에 가치를 둔 선택지들은 이 글의 주장과 어울리지 않는다.

06 일반적·구체적 구조

연습하기

01 ○ 2문단에 따르면, 그림의 사실성을 높이는 기법은 정신성을 극대화해 온 동양 회화의 전통과 배치되기 때문에 동양 회화는 명암을 의도적으로 외면했다. 이를 달리 말하면, 동양 회화는 정신성을 추구하기 위해 사실성을 멀리한 것이다.

02 × 김홍도의 〈씨름〉과 김두량의 〈견도〉는 명암법에서 서로 차이가 나타나는 것이 아니라, 명암 표현의 사용 여부에서 차이를 보이는 것이다. 즉 2문단을 보면, 김홍도의 〈씨름〉에는 명암이 표현되지 않았지만 마지막 문단을 보면, 김두량의 〈견도〉에는 명암 표현이 시도된 흔적이 있다.

유형 탐구

01 ②
해설 2문단에 따르면, '역병'은 사람이 고된 일을 치르듯 병에 걸려 매우 고통스러운 상태를 말한다. 따라서 '역병'은 '질병의 전염성'이 아닌 질병으로 인한 '고통의 정도'에 주목하여 붙여진 명칭인 것이다.

오답 풀이 ① 마지막 문단의, '온역'은 질병의 원인이 계절에 있음에 주목하여 붙여진 이름이라는 내용에서 알 수 있다.
③ 2문단의, '당독역'은 질병의 고통스러운 정도에 주목하여 붙여진 이름이라는 내용에서 알 수 있다.
④ 마지막 문단의, '마진'은 질병으로 인해 몸에 나타난 증상에 주목하여 붙여진 이름이라는 내용에서 알 수 있다.

02 ③
출전 이은숙, 〈한국 문화 교육의 관점에서 보는 판소리 영화 '서편제'〉
해설 〈흥부가〉에서 비참한 가난의 상황을 희화화하여 골계미를 구현한 장면을 예로 들고 있다. 따라서 심각하고 비장한 상황에서 일어날 수 있는 정서를 극적으로 흥겹게 표현하는 판소리의 특징을 설명한다는 것이 글쓴이의 의도로 가장 적절하다.

오답 풀이 ① 비장한 내용을 희극적으로 표현하는 것이 판소리의 특징이라는 점을 설명하기 위해 〈흥부가〉의 한 대목을 예로 들고 있다. 비장미를 구현하는 판소리의 표현 방식은 제시문에 나오지 않는다.
② '우리 고전 문학 특히 판소리는 한이 아닌 골계가 중요한 미적 범주가 되고 있다', '흥부네 가난 타령은 ~ 관객으로 하여금 한에만 빠져들지 않게 하고 있다'와 배치된다.
④ 〈흥부가〉에서 비장한 처지에 놓인 인물을 희화화한다는 내용은 나오지만, 이를 통해 현실을 극복한다는 내용은 나오지 않는다.

07 열거식 구조

연습하기

01 × 루카치는 각기 다른 기준이 아닌 '총체성'이라는 단일한 개념을 기준으로 그리스 세계를 세 시대로 구분하였다.

02 ○ 루카치의 그리스 세계 구분에 따르면, '서사시의 시대 → 비극의 시대 → 철학의 시대' 순으로 총체성, 즉 신과 인간의 결합 정도가 낮아진다. 따라서 '비극의 시대'에 속한 에우리피데스의 비극에 비해 '서사시의 시대'에 속한 《오디세이아》에서는 신과 인간의 결합 정도가 높을 것이다.

유형 탐구

01 ④

해설 락토오보·락토·오보 채식주의자는 공통적으로 고기와 생선 모두를 먹지 않되, 유제품과 달걀 중 어떤 것을 먹는지에 따라 구분된다. '락토'는 우유를 의미하며 '오보'는 달걀을 의미하는데, 이 두 가지 이름이 모두 들어간 락토오보 채식주의자는 유제품과 달걀은 먹는다. 이를 통해 해당 식품의 이름이 들어간 채식주의자는 그 식품은 먹되 다른 식품은 먹지 않는다는 것을 알 수 있다. 따라서 락토 채식주의자는 유제품은 먹되 고기와 생선, 달걀은 먹지 않으며(㉠), 오보 채식주의자는 달걀은 먹되 고기와 생선, 그리고 유제품은 먹지 않을 것이다(㉡).

	고기	생선	유제품	달걀
락토오보	×	×	○	○
락토	×	×	○	×
오보	×	×	×	○

02 ④

출전 하동석, 《이해하기 쉽게 쓴 행정학 용어 사전》, 수정

해설 1문단에 따르면, 사람은 하위 단계의 욕구가 어느 정도 충족되어야 다음 단계의 욕구가 발생하게 된다. 자동차를 탈 때마다 사고가 날까 봐 걱정하는 사람은 신체적 위험으로부터 보호받고자 하는 안전 욕구가 충족되지 않은 상태이므로 그 다음 단계인 소속과 애정의 욕구가 발생할 수 없다. 즉 자동차 동호회에 가입하고자 하는 욕구가 발생할 수 없을 것이다.

오답 풀이 ① 생리적 욕구는 가장 최하위 욕구이고, 자아실현의 욕구는 최상위의 욕구이다. 따라서 자아실현의 욕구를 추구하는 사람은 그보다 하위 단계인 생리적 욕구가 충족된 상태일 것으로 추론할 수 있다.
② 소속과 애정의 욕구는 어떤 집단에 가입하고자 하거나 동료들과 친목을 갖고자 하는 욕구이므로 친구를 사귀고 가족을 이루고 싶은 욕구는 소속과 애정의 욕구에 해당한다.
③ 욕구가 이미 충족되었다면(p이면) 인간의 행동을 유발시키는 동기부여의 기능을 갖지 못한다(q이다). 따라서 존경 욕구가 행동의 동기라면(q가 아니면), 존경 욕구가 아직 충족되지 않은 상태임(p가 아니다)을 추론할 수 있다.

08 원인과 결과 구조

연습하기

01 × 확증 편향이 뉴스 수용자의 사전 신념에서 비롯된다는 내용과 배치된다.

02 ○ 확증 편향을 보이는 뉴스 수용자는 뉴스 정보 자체의 객관성이나 신뢰성을 비판적으로 점검하는 인지적 행위를 올바로 수행하지 못한다는 내용에서 알 수 있다.

유형 탐구

01 ③

출전 C. J. 휘트로, 《시간의 문화사》

해설 1문단에는 인간이 대상을 파악하기 위해 대상의 본질은 변하지 않는다는 '무시간적 사고'를 하게 되었다는 설명이 나온다. 2문단에는 이러한 '무시간적 사고'를 통해 인간이 자기 인식을 하게 되는 존재가 되었다는 내용이 나온다. 따라서 '인간은 무시간적 사고를 통해 자신의 정체성을 인식하는 존재가 될 수 있었다'가 글쓴이의 궁극적인 견해로 가장 적절하다.

오답 풀이 ②·④ 부분적인 내용이므로, 글쓴이의 궁극적인 견해로는 적절하지 않다.

02 ②

해설 2문단에 따르면, 자존심이 높은 사람은 상대에게 불편한 상황을 만들어 줄 수 있는 반면 자존감이 높은 사람은 타인에게도 사랑과 존중의 마음을 갖는다. 따라서 자존심이 있는 사람이 자존감을 갖고 행동할 가능성은 높지 않을 것이다.

오답 풀이 ① 1문단의, 자존감은 개인과 회사의 성과에 지대한 영향을 미치기 때문에 회사 구성원들의 자존감을 높여 주는 것이 매우 중요하다는 내용에서 추론할 수 있다.
③ 1문단의, 관리자의 자존감은 구성원의 자존감으로, 다시 조직의 자존감으로 전이되기 때문에 관리자 자신이 자존감을 가지는 것이 중요하다는 내용에서 추론할 수 있다.
④ 2문단의, 누군가의 자존감을 높여 주기 위해서는 그 사람의 존재 자체만으로 그 가치를 인정하고, 그 사람을 사랑하고 존중하는 마음을 가져야 한다는 내용에서 추론할 수 있다.

09 통념과 반박 구조

연습하기

01 × ❷에 따르면, 인디언들이 죽은 주된 요인은 구세계의 병원균이었다.

02 × ❶에 따르면, 콜럼버스가 도착하기 이전의 북아메리카에는 인디언들이 약 2,000만 명가량 있었다.

유형 탐구

01 ③

해설 1문단에서, 인간의 행동은 유전적인 적응 성향과 환경으로부터의 입력이 상호 작용한 결과임을 알 수 있다. 따라서 같은 조상을 둔 후손은 유전적인 적응 성향이 동일하더라도 환경이 다르다면 행동이 다르게 나타날 것이라고 추론할 수 있다.

오답 풀이 ①·④ 1문단에 따르면, 인간의 행동은 환경의 영향만으로 결정되는 것이 아니라 유전과 환경이 상호 작용한 결과이다. 유전과 환경 중 어느 것이 인간의 진화에 영향을 더 많이 미치는지에 대한 내용은 나오지 않는다. 그리고 인간의 마음이 유전의 영향으로 결정된다는 내용도 나오지 않는다.

② 상황의 복잡성이 인지적 전략의 최적화에 영향을 미친다는 내용은 나오지 않는다. 2문단에, 현재 인간의 마음이나 행동 체계는 최적의 적응 방식이 아니고, 오늘날의 복잡한 상황에 적응하는 데는 원시 시대의 인지적 전략이 적합하지 않을 수 있다는 내용만 나온다.

02 ④

출전 조동일, 《한국 문학 통사 1》

해설 한문학은 중국 문학이라는 통념을 제시한 뒤, 이를 반박하는 구조를 취하고 있다. 즉 글쓴이는 한국 한문학이 한국 작가가 한국 독자를 상대로 한국인의 생활을 다룬 문학이기 때문에 한국 한문학을 한국 문학에 포함해야 한다고 주장하는 것이다.

오답 풀이 ① 2문단의, 구어인 다른 공동 문어와 달리 한문학은 어느 한 곳에서 창작되고 밖으로 전해질 수 있는 기회가 드물었다는 내용과 배치된다.
② 2문단의, 써 놓은 한문은 서로 같지만, 소리 내어 읽는 한문은 나라마다 달랐다는 내용과 배치된다. 공동 문어인 한문은 나라마다 동일하게 쓰이고 다르게 읽혔다.
③ 1문단에 따르면, 동아시아 사람들이 함께 사용해 온 '공동 문어'는 중국의 백화가 아닌 한문이다. 따라서 중국의 백화는 공동 문어에 포함되지 않는다.

10 통시적·과정적 구조

연습하기

01 ○ 1517년 이후 인쇄술이 종교 개혁을 위한 수단으로도 이용되었다는 내용에서 알 수 있다.

02 × 15세기 후반부에는 라틴어가 가장 중요했기에 라틴어로 된 종교 서적이 인쇄의 주류를 이루었다는 내용으로 보아, 15세기 후반부에 라틴어는 이미 가장 중요한 언어로 인식되어 있었다. 즉 인쇄술에 힘입어 라틴어가 가장 중요한 언어가 된 것은 아니다.

유형 탐구

01 ②

해설 몽유록에서 몽유자가 현실을 비판하는 경향이 강하게 나타난 것은 17세기보다 나중 시기가 아니라 16~17세기의 몽유록에서이다.

오답 풀이 ① 몽유록 중 참여자형에서는 몽유자가 꿈속 인물들의 모임에 직접 참여하는 데 반해 방관자형의 몽유자는 그들의 모임에 참여하지 않는다고 했다. 따라서 몽유자가 꿈속 인물들의 모임에 직접 참여하는지, 참여하지 않는지에 따라 몽유록의 유형이 나뉘는 것이다.
③ 몽유자가 모임의 구경꾼 역할을 하는 몽유록이란 방관자형을 말한다. 방관자형 몽유록은 통속적이고 허구적인 성격을 보인다고 했으므로, 적절한 내용이다.
④ 참여자형에서는 몽유자와 꿈속 인물들이 현실의 고통스러운 문제에 대해 의견을 나누며 비판적 목소리를 낸다는 내용에서 알 수 있다.

02 ②

출전 2007학년도 3월 고2 전국연합학력평가

해설 2문단의 "이제까지 완성된 거미줄은 거미들이 쉽게 이동할 수 ~ 거미집을 지그재그 모양으로 촘촘하게 만든다"에서 끈적이지 않는 거미줄과 끈적이는 거미줄을 각각 만든 이유를 설명하고 있으므로 인과의 방식이 사용되었다. 하지만 이를 통해 거미집의 문제점을 밝히는 것은 아니다.

오답 풀이 ①·③ 거미집을 이루는 구성 요소를 '거미줄의 중심(Y 자의 접합점), 바큇살, 임시 나선형 거미줄, 포획 나선형 거미줄' 등으로 나누어 그 특징을 설명하고 있다.
④ 거미의 집짓기 과정을 '바큇살 짓기 → 임시 나선형 거미줄 치기 → 포획 나선형 거미줄 치기'의 시간의 흐름에 따라 단계별로 설명하고 있다.

11 자문자답 구조

연습하기

01 × 1문단의, 고전파 음악이 종래의 신을 위한 음악에서 탈피해 '형식과 내용의 일체화'를 꾀했다는 내용으로 보아, 고전파 음악의 특징이 형식과 내용의 분리에 있었던 것은 아니다.

02 ○ 첫 번째 문장에서 "고전파 음악은 어떤 음악인가?"라고 화제를 제시하여 호기심을 유발하는 데서 알 수 있다.

유형 탐구

01 ②

출전 이대택, 〈먹을거리 대신 포장지와 소통하다〉, 《영양 시대의 종말》

해설 글쓴이는 먹을거리를 포장지와 상표에 제공된 정보만을 보고 사는 현실에 대해 "왜 이렇게 되었을까?"라고 문제를 제기하고 있다. 그리고 이에 대한 답으로 현대 사회는 사람과 자연을 소통하게 해 주는 음식의 가치를 부정하고, 음식을 지식으로 선택해서 먹는 상품으로만 규정하고 강요하기 때문이라고 비판하고 있다. 따라서 '현대 사회에서 먹거리는 지식화되고 상품화되고 있다'가 이 글에서 궁극적으로 말하고자 하는 바로 가장 적절하다.

오답 풀이 ③·④ 제시문의 일부 내용일 뿐이므로, 궁극적인 견해로는 적절하지 않다.

02 ②

출전 서은국, 〈동전 탐지기로 찾는 행복〉, 《행복의 기원》, 수정

해설 우리 뇌가 유발하는 쾌와 불쾌의 감정은 우리를 위험으로부터 보호하고 기회를 포착하여 생존 확률을 높여 준다고 설명한 글이다. 따라서 '뇌가 생성하는 쾌감과 불쾌감의 역할'이 중심 내용으로 가장 적절하다.

오답 풀이 ① 인간의 생존 확률을 높이는 활동 그 자체보다 쾌감과 불쾌감이라는 정서가 그것을 촉발한다는 점에 초점을 맞추고 있다.
③ 1문단과 마지막 문단에 각각 불쾌감과 쾌감을 유발하는 정서의 예가 제시되어 있다. 하지만 이는 불쾌감과 쾌감의 역할이라는 중심

내용을 설명하기 위한 부분적 진술이다.
④ '불쾌'라는 감정이 생존 확률을 높여 준다는 내용이 빠져 있으므로 중심 내용으로 적절하지 않다.

PART 3 자주 출제되는 기출 유형 훈련

12 제목·주제·중심 내용 찾기

연습하기

01 ②

해설 사회적 동물인 인간이 공동체에서 합리적 시민으로 살아가기 위해서는 합리적 논증을 제시할 수 있는 능력을 가져야 함을 강조한 글이다. 따라서 '합리적 논증의 필요성'이 중심 내용으로 가장 적절하다.

오답 풀이 ① 범위가 너무 넓어 적절하지 않다. 제시문은 사회적 동물인 인간이 갖추어야 할 요건 중 '합리적 논증의 필요성'에 초점이 맞추어져 있다.

유형 탐구

01 ④

해설 2문단에 따르면, 판타지에서는 알고 있는 것보다 새로운 것이 더 중요한 의미를 갖는다. 또한 SF에서는 새로운 것을 인정하면서도 그것을 이미 알고 있던 인식의 틀로 끌어들여 재조정하는 과정이 요구된다.

오답 풀이 ① 판타지에서 새로운 것인 '괴물'은 등장인물과 독자에게 있는 그대로 받아들여져 세계의 일부가 된다. 한편 SF에서는 새로운 것인 '괴물'과 이미 알고 있던 인식의 틀 사이의 재조정이 일어난다.
② 새로운 것을 그대로 인정하는 것은 판타지이고, 알고 있는 것과 새로운 것 사이의 재조정이 필요한 것은 SF이다. ②는 이 내용을 잘못 혼용한 것이다.

02 ③

해설 글쓴이는 가장 단순한 생명체부터 가장 고등한 생명체인 인간까지 모두 자신의 목적을 위해 환경을 '능동적'으로 변형시킨다고 주장하고 있다. 따라서 '생명체는 환경을 능동적으로 변형한다'가 제시문의 주장으로 가장 적절하다.

오답 풀이 ① 인간을 포함한 모든 생명체가 단순히 환경에 적응하는 데 그치지 않고, 환경을 적극적으로 변형시킨다고 주장하고 있다.
② 생명체가 생존을 위해 환경을 변형시킨다(삶의 기술)는 의미로 1문단에 부분적으로 제시된 내용이다.

13 내용 일치 1: 난도가 낮은 경우

연습하기

01 ✗

> 석탄 발전은 전기 생산 시 천연가스[LNG] 발전 대비 약 2.5배 온실가스[CO_2]를 더 배출한다. 500MW 용량 발전소를 기준으로 비교하면 LNG 발전소가 석탄 발전소 대비 연간 약 218만t의 온실가스를 덜 배출한다.

비교 범주를 잘못 파악하고 있다. 즉 천연가스 발전은 석탄 발전보다 온실가스를 덜 배출하는 것이지, 온실가스를 아예 배출하지 않는 것은 아니다.

02 ✗

> 맥놀이 현상은 종을 칠 때 나는 소리의 주파수 중 매우 작은 두 개의 파동이 서로 간섭하여 소리의 강약이 주기적으로 반복되는 현상이다. 이 현상의 근본 원인은 대칭형 구조 속에 숨어 있는 미세한 비대칭성에 있다.

제시문의 내용과 배치되는 진술이다. 맥놀이 현상의 근본 원인은 '미세한 비대칭성'에 있다. 따라서 종이 완벽하게 대칭적일수록 맥놀이 현상이 잘 일어난다고 볼 수 없다.

유형 탐구

01 ③

해설 마지막 문단에 따르면, 프랑스어 'quinze jours'의 어원은 '15일'을 가리키지만, 이 말은 '2주'를 의미하는 용도로 사용된다. 이는 '0' 개념이 들어오기 전 '1'부터 셈했던 흔적이 반영된 것이다.

오답 풀이 ① 2문단에 따르면, '0' 개념은 13세기가 되어서야 유럽에 들어왔다. 이는 유럽이 아닌 다른 곳에서 유럽으로 유입되었다는 의미이지, 13세기에 유럽이 '0' 개념을 발명했다는 의미는 아니다.
② 1문단의 《성경》에서 (부활 시점을) 3일이라고 한 것은 예수의 신성성을 부각하기 위한 것일까?'라는 진술은 오늘날과 시간을 셈하는 방식이 달랐다는 논지를 전개하기 위한 도입부의 질문일 뿐이다. 이는 독자의 흥미를 끌기 위한 것이지, 확정적 사실에 대한 진술이 아니다.
④ 마지막 문단에 따르면, 'pentaeteris'는 '0' 개념이 없어서 '1'부터 셈해 '5년'을 뜻하는 것일 뿐, 물리적 시간으로는 '4년'이라는 동일한 기간을 가리킨다. 따라서 올림픽 개최 시기가 과거에 비해 오늘날 짧아졌다고 볼 수 없다.

02 ②

출전 이경민, 〈토마스 홉스의 법 개념〉, 《서강 인문 논총》(2023)
해설 1문단에 따르면, 홉스는 17세기 영국의 내전 시기를 살았으며 정치 공동체의 통합성을 약화하는 세력을 제어하기 위해 통일적인 법체계의 완성이 시급하다고 판단했다. 따라서 그가 정치적으로 안정된 시기를 살았던 것은 아니다.

오답 풀이 ① 2문단의, 홉스는 법의 정당성의 원천이었던 규범성을 소거하고 타당성으로 대체하였다는 내용에서 알 수 있다.
③ 1~2문단에 따르면, 홉스는 법의 정당성은 법 공포자의 권위에서 발생하며, 옳고 그름의 기준은 주권자가 정한다고 하였다. 즉, 법에서의 주권자의 절대성을 주장한 것이다.
④ 2문단의, 당대의 자연법주의자들은 정의롭지 않은 법은 지킬 의무가 없다고 주장하였다는 데서 추론할 수 있다.

14 내용 일치 2: 난도가 높은 경우

연습하기

01 ○

> 신경성 식욕 부진증에 걸리게 되면 간 기능 검사 수치가 활동성 간염의 수준으로 높게 측정된다. 체내의 지방이 모두 고갈되어 더 이상 에너지를 만들 수 없게 되면, 그나마 큰 덩어리인 간을 파괴해서 땔감으로 사용하기 시작하기 때문이다. (결과 ← 원인)

'체내의 지방이 모두 고갈되어 ~ 땔감으로 사용'하는 것이 원인이고, 그로 인해 '간 기능 검사 수치가 활동성 간염의 수준으로 높게 측정'되는 것이 결과이다. 간 기능 검사 수치가 높게 측정된 것은 간 기능이 저하되었다는 것으로 이해할 수 있으므로 인과 관계를 제대로 파악한 선택지이다.

02 ✗

> 지식은 인간이 오랜 시간 동안 사유와 실천 활동을 통해 부여한 체계적이고 복합적인 의미의 집적물이다. 그래서 지적 훈련을 거친 엘리트만이 접근하고 획득할 수 있다. 반면 정보는 지식에서 추출한 데이터의 기술적 가공물, 이를테면 지식을 요약한 핵심적이고 기본적인 의미의 집적물이다. 디지털 형태로 전환된 정보는 대중의 접근을 수월하게 한다.

지식과 정보의 특성을 잘못 혼용한 선택지이다. 핵심적이고 기본적인 의미를 지닌 것은 지식이 아니라 정보이다. 또한 지식은 체계적이고 복합적이므로 지적 훈련을 거친 엘리트만이 접근하여 사용할 수 있다.

유형 탐구

01 ④

해설 마지막 문단에 따르면, 비슷한 특성을 가진 음소의 연결로 청각 효과가 약하다고 인지될 경우, 오히려 공통성이 적은 다른 음소로 바뀔 수 있다. 따라서 비슷한 조음 방법을 사용할 경우 청각적 효과가 높아지는 것이 아니라, 약해질 때가 있다는 것을 알 수 있다.

오답 풀이 ② 마지막 문단의, 음운의 변동에 '노력 경제'와는 상반된 심리 작용이 작동하기도 한다는 내용에서 알 수 있다.
③ 2~마지막 문단에 따르면, 동화의 이점은 발음할 때 힘이 덜 든다는 것인데, 표현 효과를 높이기 위해서는 발음상 힘이 더 드는 방법을 택할 수 있다. 이를 통해 표현 효과를 높이기 위해 동화의 이점을 포기해야 한다는 것을 알 수 있다.

02 ②

출전 남궁정, 〈서사 구조 분석을 통한 소설 교육 방안 연구 — 이청준 소설의 시간 구조를 중심으로〉, 수정

해설 사전 제시는 최후에 일어날 사건이 제일 먼저 독자에게 제공되는 형식이다. '순서상 가장 앞선 사건이 가장 나중에 제공'되는 형식은 소급 제시에 해당한다.

오답 풀이 ① 사건이 일어난 순서가 a-b-c의 순일 때, 사건이 b-c-a의 순으로 나열되어 가장 최초에 일어난 사건이 독자에게 제일 차후에 제공되면 소급 제시에 해당한다. 이에 따르면, '현재-미래-과거' 순서대로 사건이 제시되면 소급 제시이다.
③ "소급 제시"는 작중 인물에 따라 ~ 이종은 새로이 언급되는 다른 작중 인물이나 사건 등이 제시되는 경우'에서 알 수 있다.
④ 사건이 일어난 순서가 a-b-c의 순일 경우, b-c-a의 순으로 나열되면 소급 제시이고 c-a-b의 순으로 나열되면 사전 제시이다. 따라서 '과거-현재-미래'의 사건들 중에서 '현재(b)'의 사건은 가장 처음에 나올 수도 있고(소급 제시), 가장 나중에 제시될 수도 있다(사전 제시).

15 내용 추론
: 정보를 이용하여 판단하기

연습하기

01 × 분류 개념은 동물학의 종, 속, 목처럼 분명한 경계를 가지고 대상들을 분류하는 개념이므로, 호랑나비는 분류 개념에 속한다. 또한 분류 개념은 하위 개념으로 분류할수록 그 대상에 대한 정보가 더 많이 전달된다. 따라서 '나비'보다 그의 하위 개념인 '호랑나비'가 정보량이 더 많을 것이다.

02 ○ 유니콘은 현실 세계에 적용 대상이 하나도 없더라도 분명한 정의를 지니고 있기에 분류 개념으로 인정된다. '용' 역시 현실 세계에 적용 대상이 없더라도, 사전적 정의를 가지고 있으므로 분류 개념으로 인정된다.

03 ○ 정경부인의 상중에 부윤공의 부인이 언문 소설을 소리 나게 읽자 찬성공이 '상중에 있으면서 예의에 어긋난 책을 소리 내어 읽'는다고 꾸짖는 데서 알 수 있다.

유형 탐구

01 ②

해설 의사소통적 기호는 그것을 통해 무언가를 알 수 있고, 그 기호 역시 무언가를 알리기 위한 의도를 가진다. 구름 모양의 아이콘은 날씨가 흐리다는 것을 알리기 위한 의도로 만들어졌고, 그 아이콘을 보고 우리는 날씨가 흐리다는 것을 알 수 있으므로 정보성만을 가진 자연적 기호가 아니라, 의도를 가진 의사소통적 기호이다.

오답 풀이 ① 인간이 관습적으로 사용하는 기호인 봉화, 모스 부호 등은 의사소통의 의도를 명백히 가진다고 했다. 따라서 전쟁 중에 군대에서 사용하는 암호는 의사소통의 의도를 가진 관습적 기호라고 추론할 수 있다.
③ 얼굴색은 특정 질병을 알리는 신호가 되지만, 특정 질병을 알리기 위한 의도로 얼굴색이 나타나는 것은 아니므로, 정보성만을 가진 기호이다.
④ 상징탑을 통해 마을을 구별할 수 있고, 상징탑은 마을을 구별하기 위한 의도로 만들어졌다. 따라서 상징탑은 의사소통적 기호이다.

02 ②

출전 〈2050년대 초강력 태풍 예측〉, 《NEWTON》(2024. 10.)

해설 1문단에 따르면, 한국에 상륙하는 태풍은 대부분 동중국해를 지난다. 또한 동중국해의 높은 수온은 태풍이 강한 세력을 유지하며 우리나라 쪽으로 북상할 수 있는 에너지원이 된다. 따라서 동중국해 수온이 높을수록 태풍에 더 많은 에너지를 제공하여 더 강력한 위력을 지닌 태풍이 될 것임을 추론할 수 있다.

오답 풀이 ① 2문단에 따르면, 동중국해의 고수온 현상이 더 자주 일어날 것이므로 한반도에 상륙하는 초대형 태풍이 시간이 지날수록 더 잦아질 것임은 추론할 수 있다. 하지만 한반도에 상륙하는 태풍이 점차 많아질 것인지는 추론할 수 없다.
③ 한국에 상륙하는 태풍은 대부분 동중국해를 지나고, 동중국해의 수온이 상승하면 태풍의 세력이 강해질 수 있다. 하지만 이를 통해 동중국해의 수온이 낮아지면 한국에 상륙하는 태풍의 수가 줄어들 것이라고 추론할 수는 없다.
④ 동중국해의 높은 수온에 영향을 받아 한반도에 초대형 태풍이 상륙했다는 사실은 알 수 있지만, 한반도에 상륙한 모든 초대형 태풍이 동중국해의 높은 수온 때문에 나타난 것인지는 추론할 수 없다.

16 생략된 내용의 추론
: 빈칸 추론

연습하기

01 ②

출전 2004학년도 3월 고3 전국연합학력평가

해설 〈보기〉가 '하지만'으로 시작되므로 '시간은 과거의 모든 인과 관계를 담고 있다'와 상반된 내용이 그 앞에 나와야 한다. ② 앞에는 시간은 과거의 정지된 찰나만을 나타낸다는 내용이, 뒤에는 사진에서 파악할 수 있는 인과 관계에 대한 사례가 제시되어 있으므로 〈보기〉는 ②에 들어가는 것이 자연스럽다.

오답 풀이 ① 앞의 '사진은 시간을 정지시킨 기록물이다'라는 내용은 그 다음 문장인 "정지된 시간은 ~ 찰나에 지나지 않는다"와 자연스럽게 이어지므로 적절하지 않다.

02 ①

출전 리사 펠드먼 배럿, 〈감정은 사회적 실재다〉, 《감정은 어떻게 만들어지는가?》, 수정

해설 ㉠에는 뒤의 사례를 일반화한 내용이 들어가야 한다. 뒤의 사례에서는 '공포', '놀라움' 같은 단어를 통해 '공포, 놀라움'의

개념이 사람들 사이에서 쉽게 전파될 수 있었음을 설명하고 있다. 따라서 ㉠에는 감정 단어를 통해 감정의 개념을 사람들이 학습할 수 있었다는 내용이 들어가야 적절하다.

오답 풀이 ② 단어의 의미가 사람들 사이에서 전파된다는 내용은 있지만, 단어의 의미가 변화하는지는 알 수 없다.

유형 탐구

01 ④

해설 ㉠ 1문단에 따르면, 나에게 중요한 사람의 평가는 자아 개념 형성에 큰 영향을 미칠 수 있다. 따라서 ㉠에는 기억에 오래 남을 말을 해 주는 사람인 '중요한 타인'이 들어가야 적절하다.
㉡ 2문단에 따르면, 우리는 타인에게 비치는 나의 모습을 상상하고 그 모습에 대한 타인의 판단을 추정하면서 자아를 형성한다. 따라서 이러한 내용에 부합하는 '거울에 비친 자아'가 ㉡에 들어가야 적절하다.

오답 풀이 ② 2문단의, '우리는 단순히 타인을 모범으로 삼아 따라 하기보다는'으로 보아 '모범적인 타인을 따르는 자아'는 ㉡에 들어가기에 적절하지 않다.

02 ③

출전 빌 맥과이어, 〈고장 난 기후〉, 《기후 변화, 그게 좀 심각합니다》

해설 2문단에 따르면, 북극의 제트 기류는 남쪽의 따뜻한 공기를 차단한다. 이 제트 기류의 속도는 고위도와 저위도 사이의 온도 차이에 비례한다. 그런데 ㉠의 앞 문장에 해빙이 녹아 두 위도의 온도 차가 점점 줄어들고 있다는 내용이 나온다. 따라서 제트 기류는 더 느려질 것(㉠)이다. 또한 마지막 문장에서 가열화의 가속으로 인해 북극에서만 일어나던 일들이 북극을 벗어난다고 했으므로, 기존 북극의 찬 공기는 남쪽으로(㉡) 내려가고 남쪽의 따뜻한 공기는 북극으로(㉢) 오게 될 것이다.

17 문장·문단 배열하기 : 논리적 연결 관계

연습하기

01 ④

출전 김영기, 〈현대 정보 사회와 웹 정보의 신뢰성〉

해설 현대 사회에서 생산·유통되는 정보의 성격과 특징에 대해 설명한 글이다.

㉢ 기술의 발달로 누구나 원하는 정보를 구할 수 있게 되었다. → ㉣ 그러나 이러한 정보는 정보 생산자의 필요에 의해 생산된다. → ㉠ (특히) 자본주의 사회에서는 이윤을 남기는 지식과 정보가 적극적으로 생산·유통된다. → ㉡ 따라서 모든 정보가 가치 있는 것이 아니며 모든 정보가 균형 있게 유통되는 것도 아니다.

유형 탐구

01 ②

해설 롤러블 TV 개발을 가능하게 한 OLED 기술의 원리를 설명한 글이다.

㉯ 롤러블 TV의 개발은 어떻게 가능하게 되었는가? → ㉮ 그 원리를 알기 위해 LCD와 OLED의 차이를 이해해야 한다. LCD는 백라이트가 필요하다. → ㉱ 반면 OLED는 백라이트가 필요하지 않아 얇게도 만들 수 있고 특수 유리나 플라스틱으로 제작할 수도 있다. → ㉰ OLED 기술 덕분에 자유롭게 변형할 수 있는 모니터 개발이 가능하게 된 것이다.

02 ④

출전 이삼열, 〈역사의식이란 무엇인가〉

해설 역사의 목적이 더 나은 미래를 만들기 위한 실천 의식을 기르는 데 있다고 주장하는 글이다.

㉰ 원래 우리가 역사를 배우는 목적은 과거에 위대했던 인물이나 사건을 본받아 더욱 위대한 일을 하기 위해서이다. → ㉯ 여기서, 우리는 역사 속에서 본받아야 할 것이 무엇이며, 되풀이해서는 안 될 것이 무엇인가를 구별해야 한다. → ㉱ 이 구별 과정에서 실천의 필요에 따른 가치 판단을 해야 한다. → ㉮ 폭군의 역사를 보면서 백성들의 권리와 자유가 지켜지는 역사를 만들겠다는 실천 의식이 생기며, 남의 나라에게 착취당한 역사를 반성하면서 자주적 국가를 가져야 한다는 실천적 의지를 기르게 된다.

18 글의 수정: 표현과 내용의 적절성

연습하기

01 ②

해설 파놉티콘의 디자인을 '권력자에 의한 정보 독점 아래 ㉡ 다수가 통제'되는 원리로 설명하고 있다. 여기서 '권력자'는 소수의 교도관을, '다수'는 죄수들을 의미한다. 따라서 ㉡을 '소수'로 고친다는 의견은 적절하지 않다.

오답 풀이 ① 파놉티콘은, 교도관은 죄수들을 바라볼 수 있지만 죄수들은 교도관을 바라볼 수 없는 구조로 되어 있다. 따라서 감시탑 안에 교도관이 실제로 없어도 죄수들은 그 사실을 알 수 없으므로, 교도관에게 언제 처벌받을지 모르는 공포감 때문에 스스로를 감시하게 된다. 따라서 ㉠을 '없을'로 고치는 것은 적절하다.

유형 탐구

01 ③

해설 사람의 가청 주파수 대역의 상한을 넘긴 진동은 귀에 들리지 않는다는 문맥이다. 따라서 ㉢을 (가청 주파수 대역의 상한인) 20,000Hz

이상의 진동이 귀에 도달하면 소리로 인식하지 못한다는 내용으로 수정하는 것은 적절하다.

오답 풀이 ①·② 진동은 있지만 들리지 않는 소리가 있다는 문맥이다. 따라서 귀에 들리지 않지만 몸을 흔들리게 하는 진동도 소리로 간주할 수 있다는 내용의 ㉠과 ㉡은 그대로 두어야 한다.
④ 개는 사람과 가청 주파수 대역의 하한은 비슷하지만 상한은 훨씬 높다는 문맥이다. 따라서 개의 가청 주파수 대역이 사람의 가청 주파수 대역보다 넓다는 ㉣은 그대로 두어야 한다.

02 ②

출전 이지은, 〈상권을 이기는 작은 가게 성공 법칙: 이것만 알아도 실패 면한다〉, 《더스쿠프》(2025. 2.)

해설 콘셉트를 정한 뒤 좋은 상권에 들어가는 것보다 특정 지역에 부족한 게 무엇인지 먼저 생각하는 게 장기적으로 성장할 수 있는 방법이라는 내용이 있다. 즉 상권을 보고 그 상권에 부족한 것을 아이템으로 선택하라는 것이다. 따라서 ㉡은 그대로 두어야 한다.

오답 풀이 ① "'마라탕 가게 옆 마라탕 가게'처럼 잘나간다 싶으면 우후죽순 들어서니"를 고려할 때, 상권에 비슷한 콘셉트를 가진 가게들이 많다는 내용이 들어가야 자연스럽다. 따라서 ㉠을 '상권 안에 비슷한 콘셉트의 가게들이'로 수정한 것은 적절하다.
③ 요리 실력만 믿고 행복 회로를 돌리는 것은 잘못된 경영 전략이라는 내용으로 보아 ㉢을 '요리 실력보다 중요한 것은 기획력'으로 수정한 것은 적절하다.
④ 글쓴이는 상권의 유행을 따라가서 기존 고객을 서로 빼앗는 경영 방식이 잘못된 것이라고 지적하고, 상권에서 벗어나 멀리서부터 찾아오는 고객을 창조해야 한다고 주장한다. 이는 상권의 지배로부터 벗어나야 한다는 것을 의미하므로 ㉣을 '상권의 지배로부터 자유로워질 수 있다'로 수정한 것은 적절하다.

19 개요의 작성 및 수정

연습하기

출전 2009학년도 10월 고3 전국연합학력평가, 변형

01 ㉠ NGO의 문제점
㉡ NGO 활동에 대한 시민들의 무관심
㉢ NGO 소통 창구 마련 및 분야별 활동 내역 정리

해설 ㉠ Ⅱ-1의 하위 항목인 '가. NGO 간 교류 부족으로 인한 활동 중복'은 'NGO의 문제점'에 해당하므로, 이것이 Ⅱ-1의 제목인 ㉠에 들어가야 적절하다.
㉡·㉢ ㉡에는 Ⅱ-2-나 '적극적인 홍보로 시민들의 참여 유도'로 해결될 수 있는 문제점이, ㉢에는 Ⅱ-1-가 'NGO 간 교류 부족으로 인한 활동 중복'에 대한 해결책이 들어가야 적절하다. 따라서 ㉡에는 'NGO 활동에 대한 시민들의 무관심'이, ㉢에는 'NGO 소통 창구 마련 및 분야별 활동 내역 정리'가 들어가야 적절하다.

유형 탐구

01 ④

해설 제시된 개요는 실태와 원인의 하위 항목들이 인과 관계로 연결되어 있다. 즉 Ⅰ-1~3과 Ⅱ-1~3은 각 하위 항목이 일대일로 대응하고 있다. 그런데 '청소년 고용 업체 규모 축소를 위한 정부의 감독과 단속'을 개선 방안으로 이끌어 낼 수 있는 실태와 문제 발생 원인은 제시문에 나오지 않는다.

오답 풀이 ① '청소년 아르바이트 실태'는 청소년 아르바이트의 노동 문제에 해당한다. 이러한 노동 문제를 발생시키는 원인을 해소하는 방안이 빈칸에 들어가야 한다. 따라서 노동 환경 개선을 위한 제도 정비는 Ⅱ-1을 개선할 방안이므로 적절하다.
② 청소년 고용 업주에 대한 노동 관계법 교육과 지도를 확대하는 것은 Ⅱ-2를 개선할 방안이므로 적절하다.
③ 청소년 노동자의 인권을 보호하기 위한 사회적 교육 기관을 설립하는 것은 Ⅱ-3을 개선할 방안이므로 적절하다.

02 ③

해설 ㉢의 하위 항목인 Ⅲ-1과 Ⅲ-2는 각각 Ⅱ-1과 Ⅱ-2를 해결하는 구체적 방안이다. 따라서 ㉢에는 '고객 불만의 해소 방안', '○○ 청소기 관련 문제의 해결 방안' 정도가 들어가야 적절하다. '고객 지원 센터의 지원 인력 부족'은 Ⅰ-2. '인터넷 고객 문의 접수 및 처리 지연'의 원인 중 하나이므로, Ⅱ의 하위 항목에 들어가는 것이 적절하다.

오답 풀이 ① ㉠의 상위 항목은 ○○ 청소기 관련 고객의 불만 현황이다. '소음 과다 및 흡입력 미흡'은 Ⅱ-1의 청소기 '모터 품질 불량'으로 발생할 수 있는 고객들의 불만 사항에 해당하므로 ㉠에 들어갈 수 있다.
② Ⅰ-2. '인터넷 고객 문의 접수 및 처리 지연'과, Ⅱ-2. '인터넷 고객 지원 서비스 시스템의 잦은 오류'라는 두 항목이 결과와 원인으로 대응되고 있으므로 ㉡에는 '고객 불만 발생의 원인'이 들어가야 적절하다.
④ ㉣에는 하위 항목인 Ⅳ-1과 Ⅳ-2를 포괄하는 내용이 들어가야 한다. Ⅳ-1은 문제를 해결했을 때의 기대 효과에 해당하고 Ⅳ-2는 향후 과제에 해당하므로 ㉣에는 '기대 효과와 향후 과제'가 들어가는 것이 적절하다.

20 화법: 말하기의 실제

연습하기

출전 2017학년도 11월 고2 전국연합학력평가

01 ○ 찬성 측은 작년 선거 운동의 경험과 학생들의 SNS 사용 통계 자료 조사를 근거로 들어 학생회장 선거에 SNS를 활용하는 것이 타당하다고 주장하고 있다.

02 × 찬성 측은 '물론 SNS를 사용하지 ~ 어려울 수 있지만'에서 모든 학생들에게 SNS가 친숙한 매체가 아니라는 반대 측의 입장을 인정하고 있다. 그러나 '전체적으로는 ~

높일 수 있을 것입니다'에서 SNS를 활용한 선거 운동을 해야 한다는 자신의 주장을 수정하고 있지는 않다.

유형 탐구

01 ①

해설 전염병 예방을 위한 마스크 착용을 윤리적 차원으로 바라본 갑, 병과 달리, 을은 "마스크를 쓰지 않는 행위를 ~ 문화적 차원에서도 고려할 필요가 있어"라며 문화적 측면에서 탐색하고 있다.

오답 풀이 ② 갑이 전염병 예방을 위한 마스크 착용을 거부한 사람을 비판하자, 을은 '무조건 비난하지 말고'라며 반박하고 있다. 그러자 갑은 "개인의 자유로운 ~ 보편적 상식 아닐까?"에서 질문의 형식을 통해 자신의 견해를 다시 강조하고 있다. 하지만 '마스크를 쓰지 않는 행위'라는 화제를 전환하고 있지는 않다.
③ 갑, 을, 병은 전염병이 창궐했을 때 마스크를 쓰지 않는 행위에 관한 각자의 입장을 고수하고 있다. 찬반 입장을 바꾸는 사람은 없다.
④ "어떤 사회에서는 ~ 인식되기도 해"에서 을은 마스크 착용을 문화적 차원으로 바라본 사례를 제시하여 '마스크 착용을 거부하는 사람들을 무조건 비난할 수는 없다'라는 자신의 주장을 강화하고 있다. 그러나 사례의 공통점을 종합하고 있지는 않다.

02 ③

출전 2023학년도 4월 고3 전국연합학력평가, 수정

해설 자신의 경험을 통해 주장의 타당성을 강조하는 사람은 없다. "현재 공중전화는 ~ 손실이 생기고 있다고 해"에서 갑은 통계 자료 등의 수치를 활용하여 공중전화를 유지할 필요가 없다는 주장의 타당성을 강조하고 있다.

오답 풀이 ① 갑이 경제적 관점에서 화제인 '공중전화 유지 여부'를 탐색하자, 을은 복지적 관점에서, 병은 '휴대 전화가 있는 사람들'의 관점에서 화제를 탐색하는 데서 알 수 있다.
② 을이 공중전화가 없어질 경우 공중전화에 의존하는 사람들에게 발생할 수 있는 문제를 지적하자, 갑이 '그런 사람들의 경우에는 ~ 된다고 생각해'라고 해결 방안을 제시하는 데에서 알 수 있다.
④ 병의 말을 들은 뒤, 갑이 공중전화를 유지할 필요가 없다는 자신의 주장을 '공중전화는 유지할 만한 가치가 있다'로 수정하는 데에서 알 수 있다.

21 글의 전개 방식

유형 탐구

01 ②

해설 과학은 사물의 근본적 원리이며, 과학의 법칙과 이론을 깨닫고 나면 통달한 상태가 되는 반면, 기술은 과학과 달리 실제적인 응용을 염두에 두기 때문에 과학보다는 하위의 지적 상태를 지칭한다는 것이 제시문의 내용이다. 따라서 과학과 기술이라는 대상들의 차이점을 중심으로 설명한다는 것이 제시문의 논지 전개 방식으로 적절하다.

오답 풀이 ① 과정 ③ 묘사 ④ 정의

02 ④

출전 정민, 《다산 선생 지식 경영법》

문장과 의술의 유사성을 통해 문장을 잘 쓰는 방법을 이끌어 내고 있다. 즉, 약재 하나하나의 성질과 효능을 익혀야만 약을 잘 쓸 수 있는 것에서 유추하여 문장을 쓸 때 경계해야 할 일을 설명하고 있다. ④ 역시 하나의 문화 속에서 성장한 사람이, 자신이 속한 문화의 특징들을 인식하지 못하는 현상을 물고기가 물을 당연시하는 것에서 유추하여 설명하고 있다.

오답 풀이 ① 과정 ② 정의 ③ 비교

PART 4 신유형 훈련 논증과 강화·약화

22 논증의 개념과 논증 방식

연습하기

01 ②

해설 제시문은 '가치 중립적인 것은(p는) 도덕적 가치 판단의 대상이 아니다(q이다) → 과학의 연구 결과물은(r은) 가치 중립적인 성격을 띠고 있다(p이다) → 과학의 연구 결과물은(r은) 도덕적 가치 판단의 대상이 아니다(q이다)'로 전개되므로 정언 삼단 논법이 나타난다. ② 또한 '창의성은(p는) 조직의 발전에 크게 기여한다(q이다) → 편안한 분위기의 회의 공간은(r은) 창의성을 자극한다(p이다) → 편안한 분위기의 공간을 만드는 것은(r은) 조직의 발전에 기여한다(q이다)'로 전개되므로 정언 삼단 논법이 나타난다.

오답 풀이 ① '고속 도로에서 눈이 쌓이면(p이면) 교통사고가 발생할 확률이 높아진다(q이다) → 어젯밤에 많은 눈이 내렸다(p이다) → 고속 도로에서 사고가 일어날 확률이 높을 것이다(q이다)'이므로 가정적 조건문의 전건 긍정식이 나타난 것이다.

유형 탐구

01 ②

출전 탁선산, 〈내 배낭부터 내려놓자〉, 《한국일보》(2001. 8. 11.), 수정

해설 제시문은 '남을 배려하지 않는다는 것은(p는) 공공의식이 없다는 것이다(q이다). 좁은 공간에서 배낭을 벗지 않는 사람은(r은) 남을 배려하는 마음이 없다(p이다). 따라서 통로가 좁은 대중교통에서 배낭을 벗지 않는 사람은(r은) 공공의식이 없다(q이다)'와 같이 전개되므로 정언 삼단 논법이 쓰였다. ② 또한 '대한민국 국민은(p는) 투표권을 통해 주권을 행사할 수 있다(q이다). 올해 19세인 청년들은(r은) 대한민국 국민이다(p이다). 따라서 그들은(r은) 투표권을 행사할 수 있다(q이다)'로 정언 삼단 논법이 쓰였다.

오답 풀이 ① 'D섬에 들어가려면 육로로 가거나(p 또는) 해로로 갈 수밖에 없다(q이다). 육로는 막혔다(p가 아니다). D섬에 들어가는 방법은 하나밖에 없다(q이다)'이므로 선언 삼단 논법이 쓰였다.
③ '운전 중 휴대폰 사용을 금지하지 않는다면(~p이면) 운전 중 휴대폰 사용으로 인한 사고가 증가할 것이다(q이다)'에서 후건을 부정하여 전건 부정의 결론을 도출한 것이다.
④ 자본주의 경제 체제의 장점과 단점을 제시한 뒤, 이를 종합하여 결론을 도출하고 있으므로 변증법적 논증 방식이 나타난 것이다.

02 ②

출전 박선웅 외, 〈앤서니 기든스의 제3의 길과 복지 정책〉, 고등학교 《사회·문화》 교과서, 금성출판사

해설 앤서니 기든스는 제1의 길과 제2의 길 각각에서 나타나는 한계를 보완하기 위해 둘을 통합한 제3의 길을 주장하고 있다. 이는 두 개의 대립되는 개념인 정(正)과 반(反)으로부터 이를 지양하여 제3의 개념인 합(合)을 도출하는 '변증법적 논증 방식'을 사용한 것이다. ②에서도 인간의 이성과 감정을 대조하고, 이를 종합한 '감성과 이성을 조절할 수 있는 인간상의 필요성'을 주장하고 있으므로 변증법이 사용되었다.

오답 풀이 ① 철근과 건물의 관계를 통해 뼈와 우리 몸의 관계에 대해 설명하고 있으므로, 유비 추리의 방식이 사용된 것이다.
③ 가정적 조건문에서 후건 부정으로 전건 부정을 이끌어 낸 예이다.
④ '모든 조류는(p는) 날개를 가지고 있다(q이다) → 펭귄은(r은) 조류이다(p이다) → 따라서 펭귄은(r은) 날개를 가지고 있다(q이다)'로 전개되므로 정언 삼단 논법이 사용된 것이다.

03 ③

해설 '사회 통합을 저해하는 것은(p는) 국가 성장의 걸림돌이다(q이다) → ㉠ → 다문화를 인정하는 것은(r은) 국가 성장의 걸림돌이 된다(q이다)'로 전개되는 정언 삼단 논법이다. 따라서 ㉠에는 '다문화를 인정하는 것은(r은) 사회 통합을 저해하는 것이다(p이다)'가 들어가야 한다. 이러한 ㉠에 대한 반박으로는, 다문화는 사회 통합을 저해하지 않는다는 내용이 나와야 하므로 다문화 사회가 사회적 연대감을 높인다는 내용이 가장 적절하다.

오답 풀이 ① '사회 공존을 불가능하게 하는 다문화 사회'는 ㉠을 뒷받침한다.
② '단일 민족 의식의 문제점'은 논지와 무관하므로 ㉠에 대한 반박으로 적절하지 않다.
④ 다문화 사회의 갈등 해결 방법에 대한 설명이므로 ㉠에 대한 반박으로 적절하지 않다.

23 논증의 분석

유형 탐구

01 ③

출전 고종석, 〈글쓰기 교육〉, 《자유의 무늬》

해설 말하기보다 글쓰기가 더 고급스럽고 난해하며 아름다운 형식을 지니고 있다는 ㉤은 발화(말)보다 텍스트(글)가 더 복잡한 구조를 지녔다는 ㉣을 구체적으로 설명해 주는 것이다(상술).

오답 풀이 ① ㉠은 ㉡의 근거이다. 이 글의 주지는 쓰기 능력을 키우는 것이 언어 교육의 최종 목표가 되어야 한다는 ㉥이다.
② 말하기와 쓰기를 제대로 하려면 많은 노력이 필요한데(㉡), 특히 쓰기가 더 그렇다(㉢)는 문맥이다. 즉 ㉢은 ㉡의 논리적 결함을 지적한 것이 아니라, 중심 화제의 범위를 '말하기와 쓰기'에서 '쓰기'로 좁히며 논지를 드러낸 것이다.
④ ㉥은 ㉠~㉤을 근거로 하여 도출된 결론으로, 이 글의 주지이다.

02 ③

해설 ㉠은 문학과 철학의 구별을, ㉡은 문학과 철학의 구별에 대한 의심을 설명한다. 그런데 ㉣에서는 (문학과 철학이라는) 서로 독립적인 언어의 유희들이 상호 간섭하여 혼합된 담론으로 존재한다고 설명한다. 이는 문학과 철학이 구별되면서도 서로 융합된다는 것이므로 ㉣은 ㉠과 ㉡을 모두 인정하고 종합하여 도출한 것이다.

오답 풀이 ① ㉠은 문학과 철학의 구별을, ㉡은 문학과 철학의 구별에 대한 의심을 나타내므로 ㉠과 ㉡은 서로 대조적 견해를 드러낸다.
② ㉢은 문학과 철학의 학문적 경계를 고정하지 않는 서적을 설명하고 있으므로 문학과 철학의 구별에 대한 의심을 설명한 ㉡을 뒷받침한다.
④ ㉤은 문학과 철학의 상호 간섭을 바탕으로 '문학의 철학성'을 설명한 것이다. 따라서 ㉤은 ㉣을 근거로 한다.

03 ③

출전 김성철, 〈유튜브 성장과 한국의 미디어 시장〉,《문화일보》(2018. 3. 27.)

해설 ㉤은 ㉣의 내용을 뒷받침하는 부차적 진술이 아니라, ㉣과 함께 이 글의 주지인 ㉠을 뒷받침하는 근거이므로 ㉣과 ㉤은 대등한 관계에 있다.

오답 풀이 ① ㉡에서 설명한 미디어 환경의 변화를, ㉢에서 '원하는 시간에 ~ 다양한 기기를 통해 콘텐츠를 소비'라고 보다 상세하게 설명하고 있다.
② 소비자가 원하는 시간, 장소, 방식에 따라 콘텐츠를 소비하게 되어서(㉢), 정해진 시간, 장소, 방식에 따라 소비해야 하는 전통적인 미디어 콘텐츠의 소비가 줄어들고, 소비 방식 또한 바뀌었다(㉣)는 문맥이므로 ㉢과 ㉣은 원인과 결과의 관계로 연결되어 있다.
④ 이 글은 주지인 ㉠을 앞에 두고, ㉠을 뒷받침하는 근거가 뒤에 제시되는 두괄식 구성을 취하고 있다. ㉡~㉤은 인터넷 기반의 미디어 환경이 보편화되면서 미디어 콘텐츠를 소비하는 방식이 변화하고(㉡·㉢·㉣), 스낵 컬처와 같은 새로운 콘텐츠를 소비하게 되었다(㉤)는 내용이므로 모두 ㉠을 뒷받침하는 근거가 된다.

04 ②

해설 ㉡의 '자본 수요와 노동력 공급 과잉 현상', ㉢의 '북한 지역에 대한 정부의 집중적인 재정 지출', ㉣의 '통화의 통일' 등이 모두 통일 후의 경제 여건의 변화를 말한 것이므로, ㉠은 ㉡~㉣을 근거로 해서 이끌어 낸 결론이다.

오답 풀이 ③ ㉤은 통화를 통일하지 않을 경우에 예상되는 심각한 문제점을 제시한 것이므로, ㉣의 근거가 된다.

05 ③

출전 2020학년도 4월 고3 전국연합학력평가, 수정

해설 ㉣은 '폰트 파일이 저작권으로 보호되고 있다는 사실을 모르고 사용하는 학생들', ㉤은 '폰트 파일의 저작권이 있음을 알면서도 폰트 파일을 문제의식 없이 사용하는 학생들'을 대상으로 한 해결 방안인데, ㉣·㉤의 대상들은 모두 ㉡에 포함되어 있다. 따라서 ㉣·㉤은 모두 ㉡의 문제를 해결할 수 있는 방안이다.

오답 풀이 ① 문제와 해결 방안으로 구성된 구조의 글에서 주제는 주로 해결 방안에서 확인할 수 있다. ㉠은 폰트 파일의 저작권을 침해하는 학생들이 늘어나는 문제를 지적한 것이고, 이 문제의 해결책(주제)은 2문단에 제시되어 있다.
② ㉡과 ㉢은 모두 폰트 파일의 저작권을 침해하는 학생들이 늘어나는 문제의 원인을 상술한 것이다.
④ ㉣과 ㉤은 모두 학생들이 폰트 파일의 저작권을 침해하는 상황을 방지하기 위한 방안이다.

24 논증 평가 1: 강화와 약화

연습하기

출전 앤서니 기든스·필립 서튼,《현대 사회학》, 수정

01 ✕ '교육의 효율성을 높이는 온라인 상호 작용'은 온라인 상호 작용의 장점이지만, 제시문은 온라인 공간에서 이루어지는 의사소통상의 장점에 한하고 있다. 따라서 이 글의 주장과 무관하므로, 이 글의 주장을 강화하지 않는다.

02 ✕ 익명성이 보장된 인터넷 공간에서 대중 간의 불평등이 상대적으로 완화되었다는 사실은 온라인 상호 작용이 말하는 사람의 신분을 감춰 전통적 의사소통에서 차별받아 온 집단에게 이점을 주었다는 제시문의 내용을 뒷받침한다. 따라서 이 글의 주장을 약화하지 않는다.

유형 탐구

01 ①

해설 문법 규범에 맞지 않는 표현이나 비표준어라도 언중에게 널리 쓰이면 사용에 문제가 없다는 것이 갑의 입장이다. 반면 문법 규정에 어긋난 표현이나 비표준어는 사용하면 안 된다는 것이 을의 입장이다.
㉢ 사람들이 자주 쓴다고 해서 비표준어가 표준어로 인정되어서는 안 된다는 것이 을의 입장이다. 사람들이 자주 사용한다는 이유로 비표준어였던 '맨날'이 표준어로 인정되었다는 사실은 을의 입장을 반박하는 것이므로, 을의 입장을 약화한다.

오답 풀이 ㉠ 이중 피동은 문법 규범에 맞지 않으니까 사용하지 말아야 한다는 주장은 을의 입장에 부합하지만, 갑의 입장에는 부합하지 않는다. 따라서 이 주장은 을의 입장을 강화하지만, 갑의 입장은 강화하지 않는다.
㉡ '행복해라'가 문법 규범에 맞지 않지만 널리 쓰이기 때문에 써도 된다는 주장은 갑의 입장에 부합한다. 따라서 갑의 입장을 약화하지 않는다.

02 ②

해설 A국의 현직 교사 및 교사 지망생이 열악한 교육 환경과 사회 기반 시설이 없는, 도시 이외 지역을 꺼린다는 점을 근거로 들어 도시 이외 지역의 초중고 교사 부족 문제를 해결하기 위해서는 '충분한 교육 환경과 사회 시설 기반을 확보'해야 한다는 것이 이 글의 논지이다. 따라서 A국의 사회 초년생들이 도시 이외 지역에서 도시로 이직한 이유가 교통 시설과 같은 사회 시설 기반이 충분하지 않기 때문이라는 사례는 이 글의 논지를 뒷받침하므로, 이 글의 논지를 강화한다.

오답 풀이 ① A국의 도시 이외 지역의 교육 환경과 도시의 교육 환경에 차이가 없다는 것은, 이 글의 논지를 반박하므로, 이 글의 논지를 강화하지 않는다.
③ 교사 연봉 인상이 도시 이외 지역의 초중고 교사를 늘리기 위한 근본적인 해결책이 아니라는 것이 이 글의 논지이다. 교사 연봉으로 인해 도시 이외 지역의 교사 비율이 늘어난 사례는 이 글의 논지를 반박하므로, 이 글의 논지를 강화하지 않는다.

④ 이 글은 교사 양성 프로그램 확대가 도시 이외 지역의 초중고 교사 부족 문제를 해결하는 근본적 대책이 아니라고 주장한다. 따라서 교사 양성 프로그램으로 도시 이외 지역의 교사 수가 증가한 사례는 이 글의 논지를 강화하지 않는다.

03 ④

해설 2문단에 따르면, 앳킨슨은 기원전 3,000년경에 세워진 스톤헨지를 세운 사람들이 과학적 사고를 할 줄 모른다고 주장한다. 따라서 기원전 3,000년경 인류에게 천문학적 지식이 있었다는 증거가 발견되면 앳킨슨의 주장이 반박되므로 앳킨슨의 주장은 약화될 것이다.

오답 풀이 ① 스톤헨지가 제사를 지내는 장소였다는 기록은 스톤헨지의 모양이 태양과 달의 배열을 나타낸 것이라는 호킨스의 주장과 무관하다. 따라서 호킨스의 주장은 강화되지 않는다.
② 호일은 스톤헨지가 일종의 연산 장치라고 주장한다. 따라서 스톤헨지 건설 당시의 사람들이 숫자를 사용했다는 증거는 호일의 주장을 지지하므로, 호일의 주장은 약화되지 않는다.
③ 글쓴이는, 스톤헨지가 건설되던 시기에는 정교한 문자 기록이 없어서 수학과 천문학의 지식이 보존될 수 없을 것이라고 주장한다. 따라서 스톤헨지의 유적지에서 수학과 과학에 관련된 기록물이 발견되면 글쓴이의 주장은 반박되므로, 글쓴이의 주장은 강화되지 않는다.

04 ②

해설 ㉮ '주장'은 인류의 주거 양식이 혈거(움집형)에서 소거(고상식)로 발전한 것이 아니라, 혈거와 소거가 기후에 따라 다른 자연환경에 적응해 발생했다는 것이다.
㉠ 기후가 주거 양식에 미치는 영향, 즉 우기에 비가 넘치는 자연재해에 적응하기 위해 바닥을 들어 올린 고상식 건축을 만들었다는 증거이므로, ㉮를 강화한다.
㉢ 계절에 따라 서로 다른 건축 유형을 사용했다는 증거이므로, 주거 공간이 기후에 따라 다른 자연환경에 적응해 발생했다는 ㉮를 강화한다.

오답 풀이 ㉡ 두 가지 유형이 공존한 주거 양식에 대한 증거이므로, 기후와 주거 양식의 상관관계를 주장하는 ㉮와는 무관하다. 따라서 ㉮를 강화하지 않는다.

05 ④

출전 2011학년도 법학적성시험, 지문 발췌 및 수정
해설 ㉢은 전쟁의 원인이 국제적 무정부 상태로 규정되는 국제 체제의 상황에 있다고 본다. 그리고 중앙 집권적 권위를 지닌 국제 연맹이 있다면 전쟁 가능성을 완화할 수 있다고 주장한다. 따라서 국제 연맹이 활동한 시기에 국지전이 늘었다는 것은 ㉢을 반박하므로, ㉢을 약화한다.

오답 풀이 ① ㉠은 인간의 사악한 본성과 권력에 대한 욕구 때문에 전쟁이 발생한다고 본다. 이에 따르면 인간이 있는 어느 곳이든 전쟁이 일어날 수 있다. 이는 특정한 지역, 시대에만 전쟁이 빈번하게 발생했다는 것과 반대되므로 ㉠을 강화하지 않는다.
② ㉠은 인간의 본성이 악하다는 입장이므로 '다른 사람과 싸워 빼앗으려는 마음'과 인간의 본성을 연결한 견해는 ㉠을 지지하므로, ㉠을 약화하지 않는다.
③ ㉡은 민주 정치 체제가 비민주 정치 체제에 비하여 전쟁을 결정하기가 힘들다고 본다. 따라서 민주주의 체제를 갖춘 미국이 전쟁에 많

이 연루되었다는 사실은 ㉡을 반박하므로, ㉡을 강화하지 않는다.

06 ②

출전 캘빈 S. 홀, 《융 심리학 입문》
해설 의식은 유아기 때 감정, 사고, 감각, 직관의 의식을 통해 성장해 가며, 의식의 개성화 과정을 통해서 생겨나는 새로운 요소가 '자아'라는 것이 ㉠ '칼 구스타프 융의 분석 심리학'의 논지이다. 따라서 타인과 구별되는 '의식'의 발달 과정을 통해 '자아'가 형성된다는 견해는 ㉠의 논지에 부합하므로, ㉠의 논지를 강화한다.

오답 풀이 ① ㉠은 정신을 의식, 개인 무의식, 집단 무의식의 세 가지 수준으로 설명했다. 인간의 정신을 의식이나 무의식으로 구분할 수 없다는 견해는 ㉠의 논지를 반박하므로, ㉠의 논지를 강화하지 않는다.
③ 의식은 유아기 때 감정, 사고, 감각, 직관의 의식을 통해 성장해 가는데, 이 네 가지 요소는 동일하게 사용되는 것이 아니고, 어떤 아이에게는 사고가, 어떤 아이에게는 감정이 강화되기도 한다는 것이 ㉠의 논지이다. 따라서 사람에 따라 직관과 감정의 발달이 다르다는 것은 ㉠의 논지에 부합하므로, ㉠의 논지를 약화하지 않는다.
④ 경험이 의식의 수준까지 도달되기 전에 자아가 불필요한 부분을 제거한다는 ㉠의 논지에 부합하므로, ㉠의 논지를 약화하지 않는다.

07 ③

출전 이성엽, 〈혁신과 규제의 갈림길에 선 챗GPT〉, 《서울경제》 (2023. 12. 4.)
해설 ㉡ 효과적 가속주의는 AI로 인한 위험보다는 발전을 강조하여 AI 개발의 필요성을 강조한다. 발전된 기술이 궁극적으로 세상을 더 나은 곳으로 만들 것이라는 믿음은 기술 개발이 필요하다는 입장이므로, 효과적 가속주의를 강화한다.
㉢ 효과적 이타주의는 AI가 인류에게 실존적 위험을 초래한다고 본다. 따라서 AI로 인한 위험성을 강조하고 AI에 대한 통제를 강조하는 주장은 이에 부합하므로, 효과적 이타주의를 강화한다.

오답 풀이 ㉠ 효과적 이타주의는 AI 개발이 필요 없다는 것이 아니라 AI를 윤리적으로 안전하게 개발하자는 입장이다. 따라서 AI 개발의 무용론이 효과적 이타주의를 강화하지 않는다. 반면 효과적 가속주의는 AI 개발을 가속화해야 한다는 입장이므로, AI 개발의 무용론은 효과적 가속주의를 약화한다.

08 ④

출전 염정윤 외, 〈가짜 뉴스 노출과 전파에 영향을 미치는 요인〉, 수정
해설 ㉡은 '시스템이나 기술' 때문에 가짜 뉴스 문제가 발생한다고 주장한다. 따라서 SNS의 알고리즘과 같은 시스템이 가짜 뉴스가 확산하는 주된 원인이라는 것은 ㉡의 견해를 지지하므로, ㉡의 견해는 강화된다.

오답 풀이 ①·② ㉠은 가짜 뉴스는 진보 성향 사람들은 진보 성향 혹은 중도 성향의 매체를, 보수 성향 사람들은 극보수 성향의 매체를 중심으로 사용한다는 연구 결과를 바탕으로, 가짜 뉴스 문제는 시스템이 아니라 이용자 개인의 선택 때문에 나타난다고 주장한다. ①은 이에 부합하는 것이므로 ㉠의 견해를 약화하지 않는다. 반면 ②는 '시스템'이 가짜 뉴스 문제를 일으키는 원인이라는 것이므로 ㉠의 견해를 강화하지 않는다.
③ 가짜 뉴스가 쉽게 공유되는 원인으로 기술을 드는 것은 ㉡의 견해

에 부합하므로, ㉡의 견해는 약화되지 않는다.

09 ③
출전 이어령, 〈백남준과 비디오 아트〉, 수정
해설 ㉮는 동양과 서양이 모든 분야에서, 특히 문화와 예술에서 서로 공존하면서 화합할 수 있다는 백남준의 태도를 의미한다.
㉢ 서양의 문물과 동양의 감정 등을 결합하여 동양과 서양의 상호 연결성을 예술로 표현한 사례는 ㉮를 지지하는 것이므로, ㉮를 강화한다.
오답 풀이 ㉠ 동양과 서양의 그림의 차이를 강조한 것이므로 동서양의 공존과 화합을 강조하는 ㉮를 강화하지 않는다.
㉡ 서로 다른 문화는 대결할 뿐이라는 내용은 동서양의 문화가 공존할 수 없다는 것을 의미한다. 이는 ㉮와 대비되므로 ㉮를 강화하지 않는다.

10 ①
출전 이재호, 〈언어가 사고를 지배하는가〉
해설 ㉡ ㉮는 언어가 다르면 사고도 다르다는 언어 결정론에 대한 반박이다. 언어를 배운 사람과 언어를 배우지 않은 사람 간 사고와 인지적 능력에 차이가 없다는 것은 언어가 사고와 무관하다는 것이므로, ㉮를 강화한다.
오답 풀이 ㉠ 어린아이가 다양한 문장을 만들 수 있다는 사례는 언어와 사고의 관계를 주장한 ㉮와 무관하다. 따라서 ㉮를 강화하지 않는다.
㉢ 영어 화자와 러시아어 화자가 물체의 위치를 인식하는 방법이 다르다는 것은 '언어가 다르면 사고도 달라진다'라는 언어 결정론을 뒷받침하는 사례이다. 따라서 언어 결정론을 반박하는 ㉮를 강화하지 않는다.

11 ①
출전 서지원 외, 〈시간 제약 제시 방식이 과제 수행에 미치는 영향〉, 《한국자료분석학회》, 수정
해설 ㉠ ㉮는 시간 제약이 작업 기억 처리 용량을 압박하여 과제 수행을 방해한다고 주장한다. 따라서 시간 제약이 있는 상황보다 시간 제약이 없는 상황에서 학습자의 인지적 작업 용량이 많아진다는 것은 ㉮의 근거를 뒷받침하므로, ㉮를 강화한다.
㉡ 시간 제약이 없는 A 그룹과 시간 제약이 있는 B 그룹 중 후자의 시험 성적이 더 높았다는 것은 시간 제약이 과제 수행에 긍정적 역할을 했음을 의미한다. 따라서 시간 제약의 부정적 영향을 설명하는 ㉮는 약화하고, 긍정적 영향을 설명하는 ㉯는 강화한다.
오답 풀이 ㉢ 동일한 시간 제약 상황에서 과제의 난이도에 따라 과제 수행의 결과가 달라짐을 보여 주는 사례이다. 이는 과제 수행과 시간 제약 간의 관련성을 설명하는 것과 무관하므로, ㉮와 ㉯를 각각 약화하지도, 강화하지도 않는다.

12 ④
출전 김성태 외, 〈여론 조사 보도에 대한 제3자 효과 검증〉
해설 ㉠ A는 온라인 여론 조사가 저렴하다고 강조한다. 따라서 온라인 여론 조사 비용이 유선 조사 비용보다 저렴하다는 것은 이 글의 논지에 부합하므로, A의 견해는 강화된다.
㉡ B는 온라인 여론 조사가 특정 계층의 자발적 참여만 두드러질 수 있어 여론을 왜곡할 가능성이 있다고 지적하고 있다. 따라서 여론 조사의 결과가 응답자의 자발성에 따라 좌우될 수 있다는 것은 B의 견해를 강화한다.
㉢ A는 온라인 여론 조사의 높은 응답률을 강조하고, B는 온라인 여론 조사의 대표성이 떨어진다는 점을 강조한다. 따라서 여론 조사의 신뢰도에서 응답률보다 대표성이 더 중요하다면, A의 견해는 약화되지만, B의 견해는 강화된다.

13 ②
출전 〈장내 미생물로 초기 치매 환자 찾는다〉, 《동아사이언스》, (2023. 6. 15.)
해설 2문단에 따르면, 초기 치매 환자들의 장내 미생물은 건강한 사람들의 것과 다르다. 따라서 장내 미생물 분석으로 조기에 치매 여부를 확인할 수 있게 된다는 견해는 이 글의 논지에 부합하므로, 이 글의 논지를 강화한다.
오답 풀이 ① 2문단에 따르면, 초기 치매 환자들은 신경 퇴화나 인지 저하와 같은 실제 치매 증상을 보이지는 않았다. 따라서 초기 치매 환자들에게 신경 퇴화가 나타났다는 것은 이 글의 논지를 반박하므로, 이 글의 논지를 강화하지 않는다.
③ 2문단에서, 초기 치매 환자들과 건강한 사람들의 장내 마이크로바이옴이 다르다는 사실만 알 수 있을 뿐이다. 유산균 섭취와 치매 발병률 간의 관계를 추론할 수 있는 내용은 제시문에 나오지 않으므로, 이 글의 논지를 약화하지 않는다.
④ 2문단에서 뇌 스캔·뇌척수액 검사로 치매 진단을 한다는 것을 알 수 있지만, 검사가 더 늘어난다는 전망은 이 글의 논지와 무관하다. 따라서 이 글의 논지를 약화하지 않는다.

14 ④
출전 박주헌, 〈재생 에너지, 성장 동력 되기 힘든 까닭〉, 《한국경제》 (2023. 8. 21.)
해설 ㉠ 화석 에너지든, 재생 에너지든 산출된 전기의 가치는 변하지 않는다는 점을 근거로 에너지 전환이 경제 성장을 이끄는 동력이 되기에 한계가 있다는 것이 이 글의 주장이다. 화석 에너지로 생산한 전기에 비해 재생 에너지로 생산한 전기가 이점을 지닌다는 것은 이 글의 근거를 반박한 것이므로, 이 글의 논지는 약화된다.
㉡ 화석 에너지에 비해 재생 에너지의 투자 비용이 크다는 사실은 재생 에너지 발전 단가가 화석 에너지에 비해 여전히 높다는 것을 의미하므로, 에너지 전환은 경제 성장 동력이 되는 데 한계가 있다는 이 글의 논지를 지지한다. 따라서 이 글의 논지를 강화한다.
㉢ 제시문에서는 화석 에너지와 재생 에너지의 전기 생산 단위당 부가 가치만을 기준으로 에너지 전환이 경제 성장 동력이 되기에 어렵다고 주장하고 있다. 따라서 에너지 전환의 경제 파급 효과를 '전기 생산 단위당 부가 가치'만으로는 파악할 수는 없다는 견해는 이 글의 논지를 반박하므로, 이 글의 논지를 약화한다.

15 ①
출전 《20대 기업 최근 32년간 기출문제집》
해설 갑: 이 글에서는 인공 지능이 빅 데이터를 활용하기 때문에 객관적이라는 점을 근거로 인공 지능 면접 활용을 찬성하고 있다. 따라서 인공 지능이 활용하는 데이터가 편향적이라는 사실은 이 글의

을: '인공 지능 면접은 면접에 소요되는 인력과 시간을 줄인다'라는 이 글의 논지를 뒷받침하므로, 제시된 실험 결과는 이 글의 논지를 강화한다.

오답풀이 병: 이 글에서는 인공 지능 면접은 시간과 공간에 구애받지 않으므로 지원자에게 편리하다는 점을 근거로 '인공 지능 면접은 더 많이 활용되어야 한다'라고 주장하고 있다. 그런데 AI 면접을 위해 인터넷 연결 여부 등과 같이 고려할 요소들이 있다는 사실은 제시문에 나타난 근거를 반박하므로, 이 글의 논지를 강화하지 않는다.

정: 신입 사원 지원자들과 경력직 사원 지원자들의 면접 방식 선호도에 관한 설문 조사 결과는 이 글의 논지와 무관하므로, 이 글의 논지를 약화하지 않는다.

25 논증 평가 2: 견해의 비교 평가

연습하기

출전 2017 민경채 PSAT, 지문 발췌

01 ○ 갑은 공동선 증진이라는 결과를 가져온다면 일반적인 도덕률을 벗어난 공직자의 행위도 정당화될 수 있다고 본다. 또한 병은, 공직자는 일반 시민의 의지를 반영하고 동의를 얻었으므로 공직자의 모든 공적 행위는 정당화될 수 있다고 본다. 반면 을은 특정 상황에서 최선의 것이었다고 해도 공직자가 잘못된 행위를 했다는 것은 부정할 수 없다고 본다. 따라서 공직자가 옳지 않은 수단을 사용해 공동선을 증진했을 경우, 갑과 병은 이를 옹호하지만, 을은 이를 비판할 것이다.

02 × 갑, 을, 병은 모두 공직자가 바람직한 결과를 달성하기 위해 일반적인 도덕률에서 벗어난 행위를 했을 때, 이를 정당화할 수 있는지에 대해 논하고 있다. 즉 갑, 을, 병은 모두 일반적인 도덕률에서 벗어난 행위를 했을 때 바람직한 결과가 일어날 수도 있음을 전제하고 있는 것이다.

유형 탐구

01 ②

해설 ㉡ 을은 오늘날 계급 불평등은 해소되지 않고 오히려 더 고착화되었다고 주장하고 있다. 병도 현대 사회에서 계급 체계는 여전히 남아 영향을 미치고 있다고 주장하고 있으므로, 을의 주장과 병의 주장은 대립하지 않는다.

오답풀이 ㉠ 갑은 이제는 계급이 없는 사회 질서가 새로 정착되었다고 주장하고 있고, 을은 오늘날 계급 불평등은 오히려 더 고착화되었다고 주장하고 있으므로, 갑의 주장과 을의 주장은 대립한다.

㉢ 갑은 전통적인 계급은 사라지고, 이제는 계급이 없는 사회 질서가 새로 정착되었다고 주장하고 있다. 그러나 병은 계급의 전통적 영향력은 약해지고 있지만 현대 사회에서 계급 체계는 여전히 남아 있다고 주장하고 있다. 따라서 갑의 주장과 병의 주장은 대립한다.

02 ②

해설 갑은 인간 사고의 내용과 구조는 언어에 의해 형성된다고 말하면서, 언어가 사고에 영향을 미친다고 주장하고 있다. 반면 을은 사고가 언어에 영향을 미친다고 주장하고 있다. 따라서 ②는 갑과 을을 서로 바꾸어 말한 것이므로, 적절하지 않다.

오답풀이 ① 병은 언어와 사고는 서로 영향을 주고받으면서 발전한다고 주장하고 있다. 따라서 언어와 사고가 서로 영향을 주고받는 관계라는 점에 대해 병은 동의하지만, 갑과 을은 동의하지 않을 것이다.

③ 언어가 다르면 세계를 다르게 인식한다는 것은, 언어가 사고에 영향을 미친다는 갑의 견해이다. 병 역시 이 견해에 동의하므로, 적절한 내용이다.

④ 사고의 차이가 언어의 차이를 낳는다는 것은, 사고가 언어에 영향을 미친다는 을의 견해이다. 병 역시 이 견해에 동의하므로, 적절한 내용이다.

03 ③

출전 2015 국가공무원 5급 PSAT, 지문 발췌 및 수정

해설 ㉠ 갑은 과학이 초래하는 사회적·윤리적 문제에 과학자가 개입할 필요가 없다고 주장한다. 반면 을은 과학이 초래하는 문제나 부작용을 과학자도 고민해 봐야 한다고 주장한다. 따라서 갑과 을의 주장은 대립한다.

㉢ 을은 과학이 초래하는 문제를 과학자도 고민해 봐야 한다고 주장하고, 병 또한 과학자들이 과학과 관련된 윤리적 문제를 도외시해서는 안 된다고 주장한다. 따라서 을과 병의 주장은 대립하지 않는다.

오답풀이 ㉡ 과학의 사회적 영향에 대한 과학자들의 참여에 갑은 반대하고, 병은 찬성하고 있다. 따라서 갑과 병의 주장은 대립한다.

04 ④

해설 ㉠ 갑은 피고인의 진술과 주변 사람들의 증언을 고려할 때 피해자가 사망했을 것이라 확신하고 있다. 그러나 을은 시체가 발견되지 않았다는 점에서 피해자가 사망했다는 것에 대해 확신하지 못하고 있다. 따라서 피해자의 사망을 확신하는가에 대한 갑과 을의 견해는 서로 대립한다.

㉡ 갑은 피고인이 피해자를 살해한 범인이라고 판결을 내리는 것이 옳다고 생각하고 있다. 반면 병은 피해자의 시체를 발견하지 못했기 때문에 살인 사건은 성립할 수 없다고 말한다. 따라서 피고인의 살인죄 판결에 대한 갑과 병의 견해는 서로 대립한다.

㉢ 을과 병 모두 살인 사건이 성립하기 위해서는 시체가 발견되어야 한다고 생각한다. 따라서 살인죄 성립 조건에 대한 을과 병의 견해는 서로 대립하지 않는다.

05 ②

출전 2023년도 법학적성시험, 지문 발췌 및 수정

해설 갑은 형사 절차에서 객관적 진실을 찾기 위해 판사가 적극적으로 개입할 수 있다는 입장이다. 반면 을과 병은 판사는 형사 절차에서 적극적으로 개입하지 말고 제3자의 입장에서 중립적인 판단자의 역할을 수행해야 한다는 입장이다. 따라서 갑과 을, 갑과 병의 견해는 양립할 수 없지만, 을과 병의 견해는 양립할 수 있다.

06 ②

출전 2024학년도 대학수학능력시험 9월 모의평가, 재구성

해설 ㉠ 갑은 글자를 깨치기 이전부터 지도를 통해 읽기가 발달할 수 있다고 주장한다. 반면 을은, 읽기 지도는 글자를 읽을 수 있는 기초 기능을 배운 후에 해야 한다고 주장한다.
㉢ 갑은 아이가 글자를 깨치기 이전부터 자연스러운 지도를 통해 듣기·말하기가 같이 발달할 수 있다는 입장이다. 또한 을도, '듣기·말하기와 달리 읽기 발달은 글자를 읽을 수 있는 기초 기능을 배운 후부터 시작 ~'에서 알 수 있듯이 글자를 읽기 전에 듣기·말하기를 지도할 수 있다는 입장이다.

오답 풀이 ㉡ 읽기와 쓰기 영역이 함께 발달할 수 있는 학습 지도에 찬성하는 사람은 을이 아니라 갑이다. 갑은 글자를 깨치기 이전부터 지도를 통해 읽기·쓰기가 같이 발달할 수 있도록 해야 한다고 주장하지만, 을은 듣기·말하기를 먼저 가르친 후 읽기, 쓰기의 순으로 가르쳐야 한다고 주장한다.

07 ④

출전 2017 국가공무원 5급 PSAT, 지문 발췌 및 수정

해설 B는 동물에 대한 복지를 증대시킨다는 전제하에서 동물 실험이 허용될 수 있다고 본다. C는 몇몇 포유류만이 실험에 이용되지 않을 권리가 있다고 했으므로, 그들을 제외한 동물들은 실험에 이용될 수 있다는 입장이다. 따라서 B와 C 모두 일부 동물 실험의 허용이 가능하다는 것이므로, 둘의 주장은 양립 가능하다.

오답 풀이 ① A는 동물 실험을 옹호한다. B도 동물에 대한 충분한 배려 속에 전체적인 복지를 증대할 수 있다면 일부 동물 실험은 허용할 수 있다고 본다. 따라서 동물 실험 허용에 관한 A와 B의 주장은 양립 가능한 면이 있다.
② A는 언어 능력, 도구 사용 능력, 이성 능력 등의 면에서 인간과 동물이 질적으로 다르다고 본다. 반면 B는 이러한 A의 주장을 반박한다. 따라서 인간과 동물의 질적 차이에 관한 A의 주장과 B의 주장은 양립 가능하지 않다.
③ C는 고유한 가치를 지닌 몇몇 포유류에게만 동물 실험을 허용해서는 안 된다는 입장이므로, 이를 제외한 다른 동물을 대상으로 한 동물 실험은 허용한다. 따라서 일부 동물 실험을 옹호하는 B의 주장과 양립 가능하다.

08 ④

출전 2017년도 법학적성시험, 지문 발췌

해설 ㉠ 갑은 개인의 어떤 행동이 자신에게만 영향을 주고 다른 사람에게 아무런 손해도 입히지 않는다면, 그 행동을 국가가 간섭할 수 없다고 주장한다. 이에 따르면, 타인에게 피해를 주지 않는 개인의 과음을 국가가 막는 것은 정당하지 않다.
㉢ 갑의 경우, 다른 사람에게 손해를 입혔을 때 국가가 간섭하여 처벌할 수 있다고 본다. 그런데 병은 다른 사람에게 손해를 입히는 것을 포함해 손해를 입힐 가능성이 있을 때에도 국가가 간섭할 수 있다고 본다. 따라서 병은 국가의 간섭 범위를 갑이 주장한 것보다 더 넓게 본 것이므로, 갑이 주장한 것보다 더 많은 행동(손해를 입힐 가능성이 있는 행동)을 국가가 간섭할 수 있다.

오답 풀이 ㉡ 을은 다른 사람에게 손해를 입힐 때만 국가의 간섭이 정당화되지만, 그 간섭이 언제나 정당화되는 것은 아니라고 주장한다. 즉 다른 사람에게 피해를 주더라도 국가가 간섭할 수 없는 행동이 있다는 것이다. 이에 따르면, 타인에게 손해를 끼친 개인의 '모든 행동'을 국가가 간섭할 수는 없다.

26 논증 평가 3: 사례의 적절성 평가

연습하기

01 ②

해설 ㉠ '사전 조치'는 개인이나 사회가 의지박약, 감정, 충동, 단기적 이익 추구 등의 이유로 합리적 행동을 하지 못하는 것을 방지하기 위해, 행위자의 기회나 선택지를 제한하는 조치이다. 그런데 B 보험사가 암 보험 가입자의 신체검사 결과를 제출하게 한 것은 가입자의 비합리적 행위를 방지하기 위한 것이 아니라, 가입자의 건강 상태에 맞는 조건으로 보험 상품 계약을 체결하기 위한 것이다.

오답 풀이 ① 친구의 휴대폰 번호를 수신 차단하는 것은, 빌린 돈을 갚지 않는 고질적 습관이 있는 친구에게 감정이나 충동 등의 이유로 돈을 빌려주는 A 자신의 비합리적 행동을 방지하기 위한 사전 조치이다.

유형 탐구

01 ④

출전 이원재, 〈신용 카드 '2월 미스터리'〉

해설 사회적 시선이 원인이 된 소비를 뜻하는 '사회적 소비'가 꼭 상류 계층의 일만이 아니라는 ㉠의 내용에 부합하는 사례가 나와야 한다. 따라서 얼리 어답터의 사회적 소비의 사례가 가장 적절하다.

오답 풀이 ① 선호하는 스타를 모방하는 것은 사회적 소비와 관련이 없다.
② 실질적 소비에 해당하는 것이므로 남을 의식하여 소비를 하는 사회적 소비와는 관련이 없다.
③ 부유층들, 즉 상류 계층이 하는 소비의 사례이므로 적절하지 않다.

02 ②

해설 재화는 탐색재와 경험재로 나뉘는데, 탐색재는 소비자가 그 상품을 사기 전에 그 특성을 분명히 알 수 있는 상품을 의미한다. 따라서 사양을 통해 성능을 알 수 있는 로봇 청소기는 탐색재에 해당한다. 나머지 ①·③·④는 모두 경험재에 해당한다.

03 ②

해설 ㉡ '사회적 의미'는 말이 그것을 사용하는 사람의 출신 지역, 사회적 지위, 교양 수준 등 사회적 환경과 관련되는 의미를 전달하는 것을 가리킨다. '경찰이 왔다'를 '짭새가 떴다'로 말하는 것은 이를 사용하는 범죄자들의 사회적 환경을 반영한 것이므로 ㉡의 사례로 적절하다.

오답 풀이 ① 억양으로 화자의 감정이나 태도를 나타내므로 ㉢ '정서적 의미'에 해당한다.
③ '피바다'에서 '피'는 사람의 성씨를 가리키는데 이와는 아무런 관계 없는 '피'로 부정적 반응을 일어난 것이므로 ㉣ '반사적 의미'에 해당한다.

④ '목석'의 관습적 의미를 말하고 있으므로 ㉠ '함축적 의미'에 해당한다.

04 ④

해설 ㉣ '판매 채널 기반의 가격 책정'은 오프라인 매장, 온라인 매장 등 여러 창구마다 동일한 제품에 대한 가격을 다르게 적용하는 것을 의미한다. 그런데 D는 하나의 창구에 서로 다른 제품의 가격을 다르게 제시하고 있다. 이는 여러 창구에 '동일한 상품'의 가격을 다르게 책정하는 ㉣의 사례가 아니다.

오답 풀이 ① ㉠은 시간대에 따라 다른 가격을 적용하는 것이다. 성수기와 비수기에 따라 펜션 숙박비를 다르게 책정하는 것은 이를 뒷받침하는 사례로 적절하다.

② ㉡은 고객 그룹에 따라서 가격이 달라지는 것이다. 신규 고객 그룹에 한해 저렴한 가격으로 상품을 제공한 것은 이를 뒷받침하는 사례로 적절하다.

③ ㉢은 수량에 따라서 가격이 달라지는 것이다. 물건을 많이 살수록 더 많이 할인해 주는 것은 이를 뒷받침하는 사례로 적절하다.

05 ③

출전 얼 C. 엘리스, 《인류세》

해설 어떤 원인에 의해 나타나는 결과가 다시 원인에 작용하여 그 결과를 촉진할 때 강화 피드백, 그 결과를 억제할 때 억제 피드백이라고 한다.

㉠ 태양이 북극의 얼음을 녹이는 것, 즉 뜨거워진 지구로 인해 바닷물이 더 많이 노출되고 온난화가 더 많이 진행(결과 촉진)되는 현상이다. 이는 온난화가 더 큰 온난화로 이어지는 경우이므로 '강화 피드백' 순환을 보여 주는 사례에 해당한다.

㉡ 지구가 차가워지면 생물권이 온실 가스를 증가시켜 온난 효과를 만들어 내는 현상이다. 이는 차가워진 지구로 인해 온난화라는 정반대의 효과가 만들어진 것이므로 '억제 피드백' 순환을 보여 주는 사례에 해당한다.

27 논리 형식의 지문 적용

연습하기

01 제시문을 기호화하면 다음과 같다.

비 옴 → 땅 젖음

① **거짓** [비 옴]은 [땅 젖음]의 필요조건이 아니라, 충분조건이다.

② **참** 조건문에서 후건을 부정하여 전건 부정의 결론을 도출하는 것은 참이다. 따라서 '~땅 젖음 → ~비 옴'은 참이다.

③ **거짓** '오직 p여야만 q이다'는 'q → p'로 기호화된다. 따라서 '오직 땅이 젖어야만 비가 온 것이다'는 참이다.

④ **참** 'p를 입증하려면 q여야 한다'는 'p → q'로 기호화되므로, 참이다.

02 충분조건

해설 "마찰하면 반드시 ~ 열이 발생하지 않는 것은 아니다"는 '마찰 → 열'이지만 '~마찰 → ~열', 즉 '열 → 마찰'은 아니라는 의미이다. 다시 말해 [마찰]은 [열]의 충분조건이지만, 필요조건은 아니라는 것이다. 따라서 빈칸에는 '충분조건'이 들어가야 적절하다.

03 필요조건

해설 "공부를 잘하지 ~ 합격하는 것은 아니다"는 '~공부 잘함 → ~대학 합격' 즉 '대학 합격 → 공부 잘함'이지만 '공부 잘함 → 대학 합격'은 아니라는 의미이다. 다시 말해 [공부 잘함]은 [대학 합격]의 필요조건이지만, 충분조건은 아니라는 것이다. 따라서 빈칸에는 '필요조건'이 들어가야 적절하다.

유형 탐구

01 ①

해설 '만약 어떤 것이 과학일 경우 거기에서 사용되는 문장은 유의미하다'는 '만약 어떤 것이 과학일 경우(p이면) → 그것에 사용되는 문장은 유의미하다(q이다)'로 나타낼 수 있다. ①은 여기에서 후건을 부정하여 전건의 부정을 도출해 낸 것이므로 적절한 추론이다.

오답 풀이 ② '과학의 문장'은 '유의미한 문장'에 포함된다. 그러나 과학의 문장 이외에도 유의미한 문장은 존재할 수 있으므로 잘못된 추론이다.

③ 검증 원리란 '경험을 통해 참이나 거짓을 검증할 수 있는 문장은 유의미하고 그렇지 않은 문장은 유의미하지 않다'는 것이다. 즉 '아직까지 경험되지 않은 것'이라 하더라도 경험을 통해 참, 거짓을 검증할 수 있다면 유의미하다.

④ 검증 원리에 따르면, 경험을 통해 거짓을 검증할 수 있는 문장이라면 유의미하다.

02 ④

해설 ㉠·㉡ 이 글에서 다음의 명제들을 도출해 낼 수 있다.

명제 1. 결정론적 법칙의 지배를 받는 시스템은(p이면) 자유 의지를 가지지 않는다(q이다).: p → q

명제 2. 자유 의지를 가지지 않는 시스템은(q이면) 도덕적 의무에 귀속되지 않는다(r이다).: q → r

컴퓨터는 결정론적 지배를 받는 시스템이다. 따라서 컴퓨터는 명제 1에 따라 자유 의지를 가지지 않는다.(㉠)

명제 1과 명제 2에서 가언 삼단 논법에 의해 'p → r'이 도출된다. 따라서 컴퓨터는(p이면) 도덕적 의무에 귀속되지 않는다(r이다).(㉡)

또한 'p → r'은 대우 규칙에 따라 '~r → ~p'와 동치이다. 따라서 도덕적 의무를 귀속시킬 수 있는 시스템은(~r이면) 결정론적 법칙의 지배를 받지 않는다(~p이다).(㉢)

㉢ '어떤 선택을 할 때 그것과 다른 선택을 할 수 없는 시스템'이란 결정론적 시스템을 말한다. 따라서 이러한 시스템은 명제 1에 따라 자유 의지를 가지지 않는다.

03 ①

출전 2007 국가공무원 5급 PSAT, 발췌 및 수정

해설 제시문의 내용을 기호화하면 다음과 같다.

> A: 타인의 권리 침해 → 규제 대상
> B: ~타인의 권리 침해 → ~규제 대상 ≡ 규제 대상 → 타인의 권리 침해

타인의 권리를 침해하더라도 규제의 대상이 되지 않은 행동이 있다는 것은 A의 견해를 반박하므로, A의 견해는 약화된다.

오답 풀이 ② A의 견해를 통해 도출할 수 없는 정보이므로 A의 견해는 강화되지 않는다.
③ 규제의 대상이 된 행동이 타인의 권리를 침해한 사실은 B의 견해에 부합한다. 따라서 B의 견해는 약화되지 않는다.
④ 타인의 권리를 침해하지 않은 행동이 규제되지 않은 사례는 B의 견해에 부합한다. 따라서 B의 견해는 약화되지 않는다.

04 ②

출전 이지인, 〈자율 주행 자동차 환경에서의 운전자 경험에 대한 연구: 신뢰와 불신 형성 모형 중심으로〉, 《디지털 콘텐츠 학회 논문지》, 수정

해설 1~2문단에 따르면, 사용자가 자동화 시스템을 신뢰하지 않으면(~q이면) 그 시스템을 활용할 수 없다(~p이다). 그리고 자동화 시스템의 정확도가 높으면(r이면) 신뢰가 형성된다(q이다). p → q, r → q는 서로 연결될 수 없다. 따라서 사용자가 자동화 시스템을 활용한다면(p이면) 그 자동화 시스템의 정확도는 높다(r이다)는 적절하지 않다.

오답 풀이 ① 1문단의 '사용자가 믿지 않아 ~ 반드시 필요한 핵심 요소'는 '사용자가 자동화 시스템을 활용하려면(p이면) 그 시스템을 신뢰해야 한다(q이다)'로 기호화된다. 따라서 '자동화 시스템에 대한 사용자의 신뢰'는 '자동 시스템을 활용'하기 위한 필요조건이다.
③ 2문단의, '사용자들은 자동화 상황에 대해 충분한 정보를 받으면 신뢰를 형성한다'라는 내용에서 알 수 있다.
④ 조건문 's이면 q이다'에서 후건을 부정해 전건을 부정하면 참이다. 따라서 2문단 마지막 부분의, 사용자는 자동화 시스템이 본인의 준법 의식과 맞으면(s이면) 자동화 시스템을 신뢰한다(q이다)에서 후건을 부정(~q이면)하여 전건 부정(~s이다)의 결론을 도출한 것은 적절하다.

05 ④

해설 ㉠ 실험 참가자들은 A의 요청에 답하기 위해, 동영상 속 흰색 옷을 입은 사람들이 패스를 주고받은 횟수에 집중했을 것이다. 참가자들이 고릴라 복장을 한 사람의 존재를 인지하지 못한 이유는, 그의 존재가 A의 요청에 답하기 위해 필요한 정보가 아니었기 때문이다. 따라서 A가 실험을 통해 도출한 결론인 ㉠에는 '인간은 중요하다고 생각하는 것 위주로 주의를 기울인다'가 들어가야 적절하다.
㉡ 2문단에 따르면, 밝은색 옷은 자동차 운전자의 눈에 잘 보이지만 모든 자동차 운전자가 밝은색 옷을 입은 오토바이 운전자를 알아보는(인지하는) 것은 아니다. 이는 인지를 위해 바라보는 행위는 꼭 있어야 하는 조건(=필요조건)일 수는 있어도, 바라보는 행위만 있다고 해서 언제나 인지하는 결과를 내지는 못한다는 점에서 충분조건이 될 수는 없다는 것이다.

06 ②

출전 조항범, 〈'나무' 이름의 어원에 대하여〉, 《국어학회》, 수정

해설 나무의 특징을 통한 나무 이름의 유래 찾기는 한계가 있고, 특히 나무 이름의 형태가 크게 변질된 경우에는 더욱 그렇다는 것이 제시문의 내용이다. 이는 나무의 특징을 알아도 나무 이름의 유래를 파악할 수 없음을 의미하므로 빈칸에는 '충분조건이 아니다'가 들어가야 적절하다.

오답 풀이 ①·③·④ 나무의 특징을 파악하기만 하면 나무 이름의 유래를 찾는 것은 아니므로 나무의 특징은 나무 이름의 유래를 찾는 데 충분조건이라고 볼 수 없다. 또한 나무 이름이 크게 변한 경우, 나무의 특징과 나무 이름의 형태는 관련성이 없어지므로 나무의 특징 파악이 나무 이름의 유래를 찾는 데 필요조건인 것도 아니다.

07 ③

출전 경성대, 〈철학적 계절, 12월〉, 《부산일보》(2023. 11. 30.), 수정

해설 하이데거에 따르면, 죽음을 의식하지 않고도 인간은 살기는 살겠지만, 그것은 생활일 뿐 존재는 아니다. 그리고 죽음을 의식해야만 인간은 존재할 수 있다. 그러므로 살아 있는 것 중에서 죽음을 의식한 것만 존재할 수 있다. 따라서 살아 있는 모든 것이 존재하고 있다고 추론할 수 없다.

오답 풀이 ①·② '죽음을 의식하지 않으면 인간 존재는 불가능하다'는 '~죽음 의식(~p) → ~인간 존재(~q)'로 기호화된다. 여기에 대우 규칙을 적용한 '인간 존재(q) → 죽음 의식(p)', 즉 '인간이 존재하기 위해서는 죽음을 의식해야 한다'가 하이데거의 견해이다. 이는 곧 죽음을 의식하는 것을 인간이 존재하기 위한 필연적 조건, 즉 필요조건으로 생각한 것이다.
④ 하이데거는 '진정한 삶은 늘 죽음과 마주한다'라고 주장하므로, 그는 진정한 삶은 죽음과 분리될 수 없다고 생각할 것이다.

08 ①

해설 상관관계가 없는 변수들 간에는 인과 관계도 없다는 것은 '~상관관계 → ~인과 관계'로 기호화되며, 이는 대우인 '인과 관계 → 상관관계'와 동치이다. 따라서 상관관계는 인과 관계의 '필요조건(㉠)'일 뿐 '충분조건(㉡)'이 아니다. 또한 'A이면 B이다'에서 A는 B의 충분조건이며, B는 A의 필요조건이다. 따라서 ㉢에는 '충분조건'이, ㉣에는 '필요조건'이 들어가야 한다.

09 ③

해설 '자유는 정의를 실현하는 올바른 사회 질서에 의해서만 보장될 수 있다'와, 빈칸에 생략된 전제를 통해 '법이 없다면 자유도 없다'라는 결론을 도출하고 있다. 이를 기호화하면 다음과 같다.

> 1. 자유 → 정의를 실현하는 올바른 사회 질서
> 2. ☐
> ∴ ~법 → ~자유 ≡ 자유 → 법

[자유]는 1과 결론에 모두 있으므로, [정의를 실현하는 올바른 사회 질서]와 [법]을 연결해 주면 가언 삼단 논법에 의해 주어진 결론을 도출할 수 있다.
따라서 '정의를 실현하는 올바른 사회 질서 → 법'인 '정의를 실현하는 올바른 사회 질서는 법에 의해서만 확립될 수 있기'가 빈칸에 들어갈 내용으로 가장 적절하다.

01 기업에 사회적 책임을 요구하는 것은 기업의 사적 이윤 추구를 제한하는 행위이다

- 대전제: 사적 이윤 추구 제한 → 기업 손해
- 소전제:
- 결론: 기업에 사회적 책임 요구 → 기업 손해

대전제와 결론에 모두 [기업 손해]가 있으므로, 소전제에는 [사적 이윤 추구 제한]과 [기업에 사회적 책임 요구]를 연결한 것이 들어가야 한다. 따라서 '기업에 사회적 책임 요구 → 사적 이윤 추구 제한'이 소전제에 들어가면, 대전제와 연결되어 주어진 결론이 도출된다.

02 올림피아의 승리자는 월계관을 받는다

출전 김용규, 《설득의 논리학》

1. 도리에우스 → 올림피아 승리자
2.
∴ 도리에우스 → 월계관 받음

1과 결론에 모두 [도리에우스]가 있으므로, [올림피아 승리자]와 [월계관 받음]을 연결한 것이 빈칸에 들어가야 한다. 즉 '올림피아 승리자 → 월계관 받음'이 빈칸에 들어가면, 1과 연결되어 주어진 결론이 도출된다.

03 ㉠ 필요조건 ㉡ 충분조건

출전 최훈, 《논리는 나의 힘》

'단일화를 한다고 해서 ~ 단일화를 해야만 한다'는 '단일화 → 승리'는 성립하지 않지만, '승리 → 단일화'는 성립한다는 의미이다. 따라서 [단일화]는 [승리]의 '필요조건(㉠)'이지만 '충분조건(㉡)'은 아닌 것이다.

04 ① ○ ② ○ ③ ✕

뇌 특정 부위 활동 증가 → 헤모글로빈 비율 증가

① [뇌 특정 부위 활동 증가]만으로 [헤모글로빈 비율 증가]를 알기에 충분하다는 의미이므로, 주어진 명제에 부합한다. 따라서 반드시 참이다.
② '~헤모글로빈 비율 증가 → ~뇌 특정 부위 활동 증가'로 기호화되므로, 대우 규칙에 의해 주어진 명제와 동치이다. 따라서 반드시 참이다.
③ 'p여야만 q이다'는 'q → p'로 기호화된다. 따라서 '헤모글로빈 비율 증가 → 뇌 특정 부위 활동 증가'로 기호화되므로, 주어진 명제에서 후건 긍정의 오류를 범한 것이다.

05 ① ✕ ② ○ ③ ○

A국 시민 특정 도시 생활 → 정부 허가

① '정부 허가 → A국 시민 특정 도시 생활'로 기호화되므로, 주어진 명제에서 후건 긍정의 오류를 범한 것이다.
② 주어진 명제에 부합하므로, 반드시 참이다.
③ [정부 허가]가 [A국 시민 특정 도시 생활]의 필요조건이라는 의미이므로, 주어진 명제에 부합한다. 따라서 반드시 참이다.

06 ① ○ ② ○ ③ ✕

지도자 판단 단념 → 국민에 대한 배신

① [지도자 판단 단념]이 [국민에 대한 배신]의 충분조건이라는 의미이므로, 주어진 명제에 부합한다. 따라서 반드시 참이다.
② '~국민에 대한 배신 → ~지도자 판단 단념'으로 기호화되므로, 대우 규칙에 의해 주어진 명제와 동치이다. 따라서 반드시 참이다.
③ '국민에 대한 배신 → 지도자 판단 단념'으로 기호화되므로, 주어진 명제에서 후건 긍정의 오류를 범한 것이다.

07 ① ✕ ② ○ ③ ○

청소년 건강 → 올바른 식습관

① '올바른 식습관 → 청소년 건강'으로 기호화되므로, 주어진 명제에서 후건 긍정의 오류를 범한 것이다.
② 주어진 명제에 부합하므로, 반드시 참이다.
③ '~올바른 식습관 → ~청소년 건강'으로 기호화되므로, 대우 규칙에 의해 주어진 명제와 동치이다. 따라서 반드시 참이다.

08 ① ○ ② ○

데이터 센터 로봇 도입 → 노동자 업무 효율 상승

① [노동자 업무 효율 상승]이 [데이터 센터 로봇 도입]의 필요조건이라는 의미이므로, 주어진 명제에 부합한다. 따라서 반드시 참이다.
② 주어진 명제에 부합하므로, 반드시 참이다.

09 ① ○ ② ○

경제 원리만 고려 → ~경제 정책 성공

① '경제 원리라는 과학적 요소를 포함한 다른 것도 고려해야 한다'는 경제 원리만 고려하는 것이 아니므로 [~경제 원리만 고려]이다. 따라서 '경제 정책 성공 → ~경제 원리만 고려'로 기호화할 수 있다. 이는 대우 규칙에 의해 주어진 명제와 동치이므로, 반드시 참이다.
② 조건문 'p → q'에서 전건 p가 존재한다면 후건 q도 필연적으로 존재할 때 p는 q의 충분조건이다. 그런데 [경제 원리만 고려]이면 [경제 정책 성공]인 것은 아니라고 했으므로 경제 원리만 고려하는 것은 경제 정책이 성공하기 위한 충분조건이 아니다.

PART 5 실전 감각 모의고사

01 실전 감각 모의고사 1회

01 ② 02 ③ 03 ② 04 ④ 05 ②
06 ④ 07 ① 08 ① 09 ① 10 ③

01 ②
출전 조용헌, 〈'짜맞춤' 기술〉, 《조선일보》, (2008. 11. 06)
해설 2문단에, 통장부 짜임은 대형 쌀뒤주를 짤 때 사용하는 짜맞춤 기법이라는 내용 있을 뿐 이것이 중국 전통 목가구에서 많이 발견된다는 내용은 나오지 않는다. 중국 가구에서 많이 발견되는 짜맞춤은 쌍장부 짜임이다.
오답 풀이 ① 2문단의, 쌍장부 짜임은 두 가닥의 나무를 깎아서 박는 방법이고, 삼장부 짜임은 세 가닥의 나무를 박는 것이라는 내용에서 알 수 있다.
③ 1문단의, 짜맞춤이 제대로 되면 틈새로 습기가 먹지 않기 때문에 수명이 아주 오래간다는 내용에서 알 수 있다.
④ 마지막 문단의, 사개물림은 두 개의 목재를 서로 요철처럼 파낸 다음에 아귀를 맞추는 기법으로, 김덕령 장군의 묘에서 나온 목재 관의 짜맞춤 형식도 아주 정교한 사개물림 방식이었다는 내용에서 알 수 있다.

02 ③
출전 이지훈, 〈유아기 기억 못 하는 이유는 '기억 형성'보다 '인출 실패' 때문〉, 《나침반 36.5》(2025. 5.), 수정
해설 ㉮는 아기가 이전에 본 적이 있는 사진을 새로운 사진보다 더 많이 쳐다볼 것이라고 전제하고 실험 결과를 도출한다. 생후 4~25개월 된 영아들이 본 적 없는 사물을 이미 본 사물보다 더 많이 쳐다본다는 것은 ㉮가 전제한 내용을 반박하는 것이다. 따라서 ㉮의 주장은 약화된다.
오답 풀이 ① ㉮는 유아 기억 상실 증상이 기억 형성 자체의 문제가 아니라 형성된 기억을 인출하는 과정의 실패 때문에 나타난다고 주장한다. 따라서 생후 4~25개월 된 영아들의 기억이 형성되지 않았다는 것은 ㉮의 주장을 반박하므로, ㉮의 주장은 강화되지 않는다.
② ㉮는 유아 기억 상실은 형성된 기억을 인출하는 과정의 실패 때문일 가능성이 높다고 주장한다. 생후 15개월 된 아기가 자신의 기억을 정확하게 인출해 낸 사례는 ㉮의 주장을 반박하므로, ㉮의 주장은 강화되지 않는다.
④ 생후 12개월 이후의 아기들의 해마가 성인의 해마와 유사하다는 것은 생후 12개월 이후 아기들의 해마가 그만큼 발달했다는 의미이다. 이는 생후 12개월께부터 해마가 기억을 저장하는 능력을 갖춘다는 ㉮의 주장을 약화하지 않는다.

03 ②
해설 ㉠·㉢·㉣은 미국 예일대 연구 팀의 실험 참가자인 '생후 4~25개월 된 아기들'을 의미한다. 반면 ㉡은 실험을 주관하는 '미국 예일대 연구 팀'을 의미한다. 따라서 지시하는 바가 다른 하나는 ㉡이다.

04 ④
출전 〈별의 겉보기 등급과 절대 등급〉
해설 마지막 문단에 따르면, 별의 실제 밝기는 광도가 클수록 밝아지게 되는데, 광도는 별의 반지름의 제곱과 별의 표면 온도의 네제곱에 비례한다. 따라서 별의 실제 밝기, 즉 광도는 표면 온도가 높을수록 밝다는 내용이 적절하므로 ㉣은 수정하지 말고 그대로 두어야 한다.
오답 풀이 ①·② 별과의 거리가 멀수록 그 별은 더 어둡게 보인다는 내용으로 보아, ㉠은 '반비례하기 때문에'로, ㉡은 '거리에 따라 다르게 관측되기 때문에'로 수정하는 것이 적절하다.
③ 광도는 별의 반지름의 제곱과 별의 표면 온도의 네제곱에 비례한다는 내용으로 보아, ㉢은 '표면적이 클수록'으로 수정하는 것이 적절하다.

05 ②
출전 권재일, 〈표준어의 필요성, 방언의 가치〉, 《경향신문》(2009. 4. 24.)
해설 표준어와 방언의 각기 다른 가치의 중요성을 주장하는 글이다.

> 가 표준어와 방언의 관계를 잘못 이해하는 경우를 흔히 본다. → 다 광복 후 표준어의 필요성을 앞세워 지역 방언의 가치를 폄하한 것은 방언에 대한 올바른 가치를 모르는 데서 비롯되었다. → 라 그러나 방언의 가치만 강조한 나머지 표준어의 필요성을 인정하지 않으려는 극단적인 주장도 있다. → 나 그러나 이 두 생각은 모두 옳지 않다. 표준어는 국민의 올바른 의사소통을 위해 필요하며, 방언은 우리의 문화유산이다.

06 ④
출전 홍태희, 《3일 만에 읽는 서양 미술사》
해설 2문단의, 낭만주의는 신고전주의의 엄격한 형식성에 반발하여 나타난 사조라는 내용과, 마지막 문단의, 사실주의는 낭만주의가 역사적 사건을 개인의 주관과 상상력을 바탕으로 표현함으로써 현실을 있는 그대로 다루지 못하는 것을 비판했다는 내용에서 알 수 있다.
오답 풀이 ① 마지막 문단에 따르면, 사실주의 작가들은 평범한 사람들의 삶을 묘사하는 것이 진정한 예술이라고 주장했다. 역사적 사건을 주요 소재로 삼은 것은 낭만주의 작가들이다.
② 2문단에 따르면, 낭만주의 작가들은 인간 감정에 주목하여 격정적으로 역사적 사건을 표현했다. 평범한 사람들의 일상을 주요 소재로 삼은 것은 사실주의 작가들이다.
③ 1문단에 따르면, 신고전주의는 이전의 관능적이며 향락적인 로코코 양식에 반기를 들어 나타난 미술 사조이다.

07 ①
출전 한승빈, 〈2022년 한국 문학과 형식주의〉, 《아트인사이트》(2022. 1. 30.), 수정
해설 ㉠ 창작 과정에서의 의도나 사회적 배경을 고려하지 않고 오직 텍스트에 초점을 맞춰 문학을 감상해야 한다는 것이 이 글의 논지이다. 문학 감상 시 독자는 작가가 처했던 정치적·사회적 상황을 고려해야 한다는 것은 이를 반박하는 견해이므로, 이 글의 논지를 약화한다.
㉡ 감각을 통해 추상 예술 작품의 예술적인 감성을 느낄 수 있는 것처럼 문학 또한 텍스트 그 자체에 초점을 두어 감상해야 한다는 것이

이 글의 논지이다. 예술 작품의 감상으로 감각적인 쾌감이 아니라 거기에 담긴 어떠한 의미(메시지)와 가치를 논하는 것이 중요하다는 견해는 이를 반박하는 것이므로, 이 글의 논지를 약화한다.

오답 풀이 ㄷ 미술 작품이 전시되는 공간의 중요성은 이 글의 논지와는 무관하다. 따라서 이 글의 논지를 강화하지 않는다.

08 ①

출전 남미정, 〈한글과 한국어〉, 《한국일보》(2021. 8. 20.)

해설 마지막 문단에 따르면, 외래어의 유입으로 한글과 한국어가 소멸하지 않으므로 외래어 사용을 지나치게 경계하거나 배제할 필요는 없다. 하지만 외래어의 유입과 사용이 한국어의 발전에 긍정적 영향을 미친다는 내용은 제시문에서 추론할 수 없다.

오답 풀이 ② 2문단의, 일반적으로 한 음성 언어와 한 문자의 결합이 필연적인 건 아니므로 하나의 문자가 여러 언어를 적는 데 쓰일 수도 있는데, 한글도 다르지 않다는 내용에서 추론할 수 있다.
③ 마지막 문단의, 말의 쓰임에 대한 최종 결정권은 그 말을 쓰는 사람들에게 있으므로 대다수의 사람들이 한글과 한국어를 구분하지 않고 사용한다면 그것을 막을 도리는 없다는 내용에서 추론할 수 있다.
④ 마지막 문단의, 한글에 대한 민족적 자부심이 되레 외래 요소를 지나치게 경계하고 배제하는 태도로 확장되어 특히 영어를 무분별하게 수입하여 쓰는 현실을 개탄한다는 내용에서 추론할 수 있다.

09 ①

해설 ㉠ '쓰이다'는 '어떤 일을 하는 데에 재료나 도구, 수단이 이용되다'의 의미로 쓰였다. 이와 가장 가까운 의미로 쓰인 것은 ①이다.

오답 풀이 ② **머리에 쓰이다**: 모자 따위가 머리에 얹어져 덮이다.
③ **곡이 쓰이다**: 머릿속에 떠오른 곡이 일정한 기호로 악보 위에 나타내지다.
④ **적재적소에 쓰이다**: 사람이 일정한 돈을 받고 어떤 일을 하도록 부려지다.

10 ③

출전 김기림, 〈문장론 신강〉, 《김기림 전집》

해설 주지는 1문단에 제시된 '글은 생각과 말의 끊임없는 대립과 반발과 충돌과 중화를 통한 싸움의 결과'이다. 이러한 주지를, 2~마지막 문단에서 비유, 인용 등으로 상술하여 뒷받침하고 있다. 따라서 '생각과 말의 부단한 대립에서 글이 탄생한다'가 중심 내용으로 가장 적절하다.

오답 풀이 ④ '올바른 생각'을 표현하기 위해 고민한다는 내용은 제시문에 나오지 않는다.

02 실전 감각 모의고사 2회

| 01 ④ | 02 ③ | 03 ② | 04 ① | 05 ③ |
| 06 ③ | 07 ④ | 08 ③ | 09 ① | 10 ② |

01 ④

해설 'Ⅱ'의 세 하위 항목으로 인해 'Ⅰ'의 세 하위 항목의 문제점이 나타나고 있다. 보행자의 무단 횡단을 언급하는 내용은 나오지 않으므로, 보행자의 무단 횡단을 방지하기 위한 방안은 빈칸에 들어갈 내용으로 적절하지 않다.

오답 풀이 ① '보행자 전용 공간 확충'은 'Ⅱ-3'으로 인해 발생하는 'Ⅰ-3' 문제의 개선 방안으로 적절하다.
② '보행자 인식형 음성 안내 시스템 도입'은 'Ⅱ-1'로 인해 발생하는 'Ⅰ-1' 문제의 개선 방안으로 적절하다.
③ '불법 주정차 강력 단속 및 물리적 차단'은 'Ⅱ-2'로 인해 발생하는 'Ⅰ-2' 문제의 개선 방안으로 적절하다.

02 ③

출전 볼프강 조프스키, 《폭력 사회》

해설 ㄴ 개인 간의 상해 사건을 막기 위해 상호 보호 및 규약이 생겨났다는 것은, 신체적 고통을 두려워하기 때문에 각종 계약이 생겨났다는 이 글의 논지를 뒷받침한다. 따라서 이 글의 논지는 강화된다.
ㄷ 이 글에서는 신체적 폭력과 그로 인한 불안감이 사회가 발생할 수 있었던 이유라고 주장하고 있다. 따라서 신체적 폭력 없이 사회가 형성된 사례는 이 글의 논지를 반박하므로, 이 글의 논지는 약화된다.

오답 풀이 ㄱ 폭력의 경험으로 인해 사회가 구성되었고, 그 사회에서는 절대적 자유의 상태가 끝이 난다는 것이 이 글의 논지이다. 폭력을 경험했기 때문에 절대적 자유를 보장하는 사회가 건설되었다는 견해는 이 글의 논지와 반대된다. 따라서 이 글의 논지는 강화되지 않는다.

03 ②

출전 이소운, 〈여로형 소설의 크로노토프〉, 수정

해설 2문단에 따르면, 일상적 시간과 내적 시간의 충돌로 인해 일상 공간에서의 위기적 시간이 발생하고, 이로 인해 인물은 모험의 시공간에서 여로에서의 위기적 시간을 대면한다. 따라서 일상적 시간과 내적 시간의 존재가 위기적 시간이 나타나기 위한 전제이다.

오답 풀이 ① 2문단의, 일상에서의 위기적 시간은 여로형 소설의 구성 요소인 인물의 떠남과 직접적인 관련이 있다는 내용과 일치한다.
③ 2문단의, 여로 공간에서의 위기적 시간을 대면하면서 인물은 정신적으로 성장하고 더 나은 존재로 변화한다는 내용에서 알 수 있다.
④ 1문단의, 여로형 소설에는 일상 공간에서의 위기적 시간과 여로의 과정에서의 위기적 시간이 존재한다는 내용에서 알 수 있다.

04 ①

해설 ㉠과 ㉡은 인물의 일상 공간 위에서 이루어지면서, 내적 시간과 대항하는 '일상적 시간'을 의미한다. ㉢은 개인의 내면성과 관련이 있는 '내적 시간'을 의미하고, ㉣은 인물의 떠남과 직접적 관련이 있는 '일상에서의 위기적 시간'을 의미한다. 따라서 문맥적 의미가 동일한 것을 모두 고르면 ㉠과 ㉡이다.

05 ③
출전 〈하이브리드 자동차〉

해설 1문단의, 하이브리드 자동차는 시동을 걸 때, 가속할 때, 감속할 때, 정차할 때, 저속 정속 주행할 때, 고속 정속 주행할 때마다 전기 모터나 내연 기관 엔진이 다르게 작동하여 에너지 효율을 높인 자동차라는 내용에서 알 수 있다.

오답 풀이 ① 2문단의, 하이브리드 자동차는 내연 기관 엔진을 장착하여 근본적으로 배기가스를 배출할 수밖에 없다는 내용과 배치된다.
② 2문단의, 하이브리드 자동차는 차체가 무겁고 구조가 복잡해서 차량 정비에 어려움이 가중된다는 내용과 배치된다.
④ 1문단의, 하이브리드 자동차는 차량 속도나 주행 상태 등에 따라 내연 기관 엔진과 전기 모터의 힘을 적절히 조절함으로써 불필요한 연료 소비를 차단한다는 내용과 배치된다.

06 ③
해설 생산물 시장과 노동 시장의 차이에 대해 설명한 글이다.

> ⓒ 생산물 시장에서는 오로지 재화 자체의 가격과 품질을 고려하여 수요·공급 의사를 결정한다. → ㉠ 그러나 노동 시장에서 노동의 수요와 공급자는 단순히 물건을 사고파는 것 이상의 인간적 관계를 맺게 된다. → ⓛ 수요·공급에 있어서는 가격 이외의 비경제적 요소가 많은 영향을 미친다. → ⓔ 따라서 노동 시장은 가격의 변화에 따라 수요·공급이 유연성 있게 변화하지 않는다.

07 ④
출전 송혜진, 〈국악 감상 방법론〉

해설 마지막 문단에서, 시김새의 맛을 알기 위한 좋은 방법으로 입문자의 음악과 노련한 음악가의 음악을 비교하는 것을 제시하고 있다. 그러나 이를 통해 입문자와 노련한 음악가가 유사한 시김새를 연주할 수 있다는 내용을 추론할 수는 없다.

오답 풀이 ① 1문단의, 서양 음악에서는 음이 곧게 지속되는데 우리 음악은 '시김새'에 의해 음을 곧게 내지 않고 흔들어 낸다는 내용에서 추론할 수 있다.
② 1문단의, 시김새는 직선보다는 곡선을 좋아한 우리 민족 고유의 문화가 음악에 반영된 결과로 볼 수 있다는 내용에서 추론할 수 있다.
③ 2문단의, 시김새는 불분명한 음높이를 가지고 있어 악보에 기록할 때 정확한 기록을 어렵게 해 음높이와 무관한 기호들로 기록되는 경우가 대부분이라는 내용에서 추론할 수 있다.

08 ③
출전 이재신, 〈이성과 감정: 인간의 판단 과정에 대한 뇌 과학과 생물학적 접근〉, 수정

해설 2~마지막 문단에 따르면, 사이먼은 인간의 합리성을 인정한다. 하지만 감정의 합리성도 인정했는지는 알 수 없다. 사이먼이 주장한 제한된 합리성은 인간이 일부 조건에서만 합리성을 보인다는 것이다.

오답 풀이 ① 마지막 문단의, 사이먼의 주장은 전통적 합리적 인간관을 바탕으로 한 수정안에 해당한다는 내용에서 알 수 있다.
② 1문단에 따르면, 데카르트는 합리적 인간관을 따른다. 그리고 합리적 인간관에서는 인간이 비합리성을 보일 수 있다고 본다.
④ 1·마지막 문단에서 알 수 있다. 합리적 인간관에서는 이성을 감정과 대립적이며 우월한 것으로 보았으며, 뇌 과학자들은 이성이 합리적이며 감정은 비합리적이라는 전통적 관점에 강한 의문을 제기했다.

09 ①
해설 ㉠은 합리적 인간관에서 다루고 있는 대상이므로, '사람들'을 지시한다. ㉡은 제한된 합리성을 주장한 사이먼 등을 지시한다. ㉢은 이성을 지닌 '사람들'을 지시한다. ㉣은 '뇌 과학자들'을 지시한다. 따라서 지시 대상이 같은 것은 ㉠과 ㉢이다.

10 ②
출전 2010학년도 법학적성시험, 지문 발췌

해설 ㉠ 갑은 법이 실제로 사람들에 의해 잘 지켜지고 또 법을 지키지 않는 사람이 제재될 경우에만 효력이 있다고 말한다. 즉 갑은 법의 이행이 법의 효력을 위해 필요하다는 입장이다. 그러나 을은 법이 실제로 지켜지고 있는지의 여부는 법의 효력과 무관하다는 입장이므로, 갑과 을의 견해는 양립하지 않는다.
ⓒ 을은, 법이 정해진 절차에 따라 제정되고 공포되면 효력이 있다는 입장이다. 반면 병은 법이 정해진 절차에 따라 제정되고 공포되었다고 하여 무조건 효력이 있는 것은 아니라고 말하고 있으므로, 을과 병의 견해는 대립한다.

오답 풀이 ⓛ 병은 법은 법이 추구해야 할 올바른 이념 내지 가치를 구현할 경우에만 효력이 있다는 입장이다. 그러나 갑이 이에 대해 어떻게 생각하는지는 알 수 없으므로 둘의 견해는 양립하지 않는다.

MEMO

MEMO

선재국어

2026 선재국어

**수비니겨
독해**